985 项目《民族文学关系的生态研究》前期成果

项目批准号：98503YWS－0213

肥

套

神人和融的仪式
——毛南族肥套的生态观照

吕瑞荣 ◎ 著

毛南族肥套是流行于广西毛南山乡、具有丰富艺术元素的综合性仪式，是毛南族传统的百科全书，被列入国家首批非物质文化遗产保护名录。作者借助于肥套的主要元素及其环境，运用生态批评的理论与方法，对其做了全面、深入而系统的研究；揭示了肥套的建构特点及艺术价值，探讨了肥套的孕育和发展图式，肥套与族内其他艺术形态、与其他民族艺术形态之间的影响与融合，肥套所体现出来的毛南族艺术的精神、理想和规律等，提出了保护肥套的理念与方法。

中国社会科学出版社

图书在版编目（CIP）数据

神人和融的仪式：毛南族肥套的生态观照／吕瑞荣著 . —北京：中国
社会科学出版社，2014.3
ISBN 978 - 7 - 5161 - 4054 - 3

Ⅰ.①神…　Ⅱ.①吕…　Ⅲ.①毛南族 - 祭礼 - 研究　Ⅳ.①K892.26

中国版本图书馆 CIP 数据核字（2014）第 051033 号

出 版 人	赵剑英
责任编辑	任　明
特约编辑	乔继堂
责任校对	韩天炜
责任印制	李　建

出　　版	中国社会科学出版社
社　　址	北京鼓楼西大街甲 158 号（邮编100720）
网　　址	http：//www. csspw. cn
	中文域名：中国社科网　　010 - 64070619
发 行 部	010 - 84083685
门 市 部	010 - 84029450
经　　销	新华书店及其他书店

印刷装订	北京市兴怀印刷厂
版　　次	2014 年 3 月第 1 版
印　　次	2014 年 3 月第 1 次印刷

开　　本	710×1000　1/16
印　　张	17. 25
插　　页	2
字　　数	307 千字
定　　价	55. 00 元

凡购买中国社会科学出版社图书，如有质量问题请与本社联系调换
电话：010 - 64009791

序

袁鼎生

　　瑞荣的新著《神人和融的仪式——毛南族肥套的生态观照》，综合地运用人类学、民族学、神话学、艺术学、生态美学的理论与方法，揭示了研究对象动态的本质结构，呈现了少数民族艺术醇厚的人文价值与多位一体的审美生态功能。

　　神人和融是瑞荣对"肥套"本质与功能的系统概括。"肥套"中的神人和融，显示了毛南族与自然的关系，显示了"肥套"的生发机理，有着丰富的人类学与民族学意义。毛南族聚居之地，多为偏远的石山地区，中华人民共和国成立之前，交通闭塞，土地贫瘠，生计艰难，时有瘴疬，猛兽间出，生态环境恶劣，靠天吃饭成为定式。在这样的生境中，极易萌发依生自然的意识。瑞荣揭示了"肥套"产生的自然环境机理，显现了这一毛南族传统艺术生发神人和融主旨的缘由。在依存自然的生态关系里，古代的毛南族人民认为：万物有灵，自然和自身由各种各样的神灵掌控着，只有依和诸神，才能进而依和自然，以形成人与神、人与自然的生态和谐，以保障自身更好地生存与生活。"肥套"作为毛南族和融神人的仪式，也就应运而生了。这样，瑞荣关于"肥套"神人和融主旨的框定，也就有了扎实的人类学与民族学依据，也就有了生态哲学的理论支撑。

　　"深浅聚散，万取一收"（司空图《二十四诗品·含蓄》）。在"深"、"聚"、"收"的理论概括中，神人和融成了"肥套"全部意义的抽取，成了从事实中求索与升华出来的"一"，即全书的理论总纲。瑞荣遵循人类学和民族学的规范，在"浅"、"散"、"取"的事实选择与展开中，运用民族志、田野调查、案例分析、深描、文献佐证等各种方法与手段，通过大量的材料特别是第一手材料，显现与确证了前述之"一"，形成了理论抽象与事实具体的统一，显示了科学研究的严谨性与实在性。

　　瑞荣这样做，不仅仅是一种事实具体对理论抽象的还原，而且借此生成了更多的理论意义，形成了更为完整的理论境界。我把这种规律的深化与丰富，称为"一"的生长，和抽象事实所得出来的"一"衔接，在转承与发展中，形成理论结构的活态化。

　　"一"的生长，体现在神人和融的丰盈方面。通过大量的访谈，瑞荣展示了各类型各层次毛南族群众对"肥套"的态度，对"肥套"神人和融的认同，对通过"肥套"实现神人和融的民族诉求，这就显现了主位的神人和融意识，和瑞荣客位立场的神人和融认识相互佐证，形成统一，拓展了"肥套"的民族审美文化意蕴。

　　"一"的生长，还体现在神人和融的生态审美意识的整合方面。"肥套"是毛南族神人和融的仪式，有着复合的生态审美意义。瑞荣具体描述了"肥套"的宗教文化仪式与艺术审美形式的耦合展开，让人们看到了毛南族师公，身兼神职与艺职，以艺术的方式，展开通神、请神、谢神、颂神、求神的宗教文化仪式，显现了神人和融的审美生态化规程，表达了毛南族人丁兴旺、五谷丰登、万事顺遂的诉求。这就显示了毛南族艺术与文化结合，更好地实现自身生产与物资生产之目的。这种结合，确证了毛南族艺术的依生性，即艺术在服务宗教巫术文化、服务生产中生发的规律，确证了"肥套"是一种审美与文化、生产结合的生态艺术，表现了毛南族艺术智慧与生存智慧结合的生态审美智慧。在生产力低下时期，毛南族的"肥套"在服务宗教和服务生产中生发，显示了自身存在的合理性，自身发展的必须性与必然性，这当是一种很高的艺术智慧。与此相应，凭借艺术的颂神、娱神、求神功能，达到神人和融，实现生产丰收，这又是一种很高的生存智慧。这两种智慧的统一，形成了毛南族的生态审美意识。正是这种生态审美意识，成为"肥套"神人和融的深刻机理，促成了毛南族文化的规律与目的、生产的规律与目的、艺术的规律与目的走向统一，达成三位一体的发展，这无疑是"一"的系统生长。

　　"一"的生长，更体现在神人和融的超循环方面。瑞荣展示了"肥套"在漫漫的历史时空中的发展变化，相应地标识了其神人和融的超循环发展图式：环境造就的人与自然和谐的需求—仪式的神人和融展现—仪式促成的族内和谐—仪式生发的族际和谐—仪式推进的社会和谐—仪式指向的人与自然和谐。这一圈进旋升的图式，是"肥套"功能的历时空生发，是神人和融规律的整生性显现。这种巨大的生态和谐的张力，拓展了"肥套"的整生性审美价值。这颇有海德格尔的此在、关联前在、他在、将在的意义。海德格尔对壶的分析，在由壶及它的序列化关联中，拓展了壶的审美整生意义。他指出："壶之壶性在倾注之赠品中成其本质"，"在赠品之水中有泉。在泉中有岩石，在岩石中有大地的浑然蛰伏。这大地又承受着天空的雨露。在泉水中，天空与大地联姻。在酒中也有这种联姻。酒由葡萄的果实酿成，果实由大地的滋养与天空的阳光所生成。在水之赠品中，在酒之赠品中总是栖留着天空与大地。但是，倾注之赠品乃是壶之壶性。故在壶之本质中，总是栖留着天空与大地"。在海德格尔眼里，壶的审美意象，通过生态关系，关联天地神人，形成了绵绵不绝的整生无限的审美时空。（孙周兴选编：《海德格尔选集》，上海三联书店 1996 年版，第 1172 页。）在瑞荣的笔下，"肥套"的神人和融，也有了天地神人周走环升的大和谐意义。

神人和融的"一"，有了这三个方面的生长，达成了"万万生一"的态势，有了审美整生的境界。凭此，瑞荣的"肥套"探索，在理论具体与事实具体的耦合并进中，实现了艺术生态、文化生态、社会生态、自然生态的复合旋升，有了第次发展的理论境界，学术意味也就深长了。

与瑞荣相识十余年，从同事到朋友再到亦师亦友，深感他为人的真诚与为文的勤勉。人文科学的探索需要精思与沉淀，他已经到了出好成果的时节，我期待他在民族文学与民族艺术的研究方面，不断超越自己。

是为序。

2013 年 11 月 1 日于广西民族大学二坡友于间

内 容 提 要

　　毛南族肥套是流行于广西环江毛南族自治县西南一隅的毛南山乡，熔毛南族多种传统艺术形态为一炉，表达毛南族传统的神人和融期盼，并且试图通过多种方式达成神人和融目的，本身蕴含丰富的艺术元素的综合宗教性仪式。肥套是广西毛南族人传统社会生活中的人生大典，是人们最为注重的人生仪式。在 20 世纪 50 年代之前的广西毛南山乡，毛南族几乎每家每户的每一代人都要举办一次肥套。直到今天，毛南山乡的绝大多数毛南族人仍然热衷此一仪式。从某种程度上讲，肥套已经成为毛南族人一生的牵挂。毛南族肥套有着独特的孕育与发展道路，与广西百越系各民族的傩愿既有联系更有区别，是毛南族诸多传统生活场景的浓缩，也是打开毛南族人传统文化心理的重要钥匙，还是研究毛南族传统艺术的重要视角。

　　毛南族肥套系逐渐艺术化的宗教仪式，客观上体现了聚合与离散高度统一的民间素朴的艺术建构手法，在体现神人和融期盼以及通过各种方式达致神人和融目的之基础上，进一步追求和融民族、和融社会及和融自然。它熔铸并展现了多种艺术元素，初具毛南族戏剧艺术雏形，但仍然未能成为戏剧。

　　毛南族肥套有韵文朗诵、故事说唱、歌舞表演以及敬神法事等。表演肥套的毛南族师公是毛南山乡一个亦巫亦农、号称能够在特殊情境下沟通神界与人界并且能够达成人们宗教期盼的特殊群体。他们借助于家庭大堂这一特殊场地以及敬神、祈神与酬神等宗教仪式，将长期以来人们所认知的毛南族传统社会生活中有关历史、地理、天文、人伦、神话等各种知识及公序良俗标准展示出来，不断地锤炼着毛南山乡这部独特的百科全书。

　　笔者借助于广西毛南族肥套这一综合仪式的主要元素及其生成与发展环境，运用生态批评的理论与方法，从自然环境和人文环境入手，对广西毛南族肥套做全面、深入而系统的研究；以毛南山乡整体生态系统为背景，探讨了毛南族肥套的孕育与发展图式，即岭南古百越民族文化基因的传承→独特自然环境的孕育→其他民族艺术形态的融合→本民族文化特色的凝聚→多民族艺术形态的相互促进；揭示了毛南族肥套的发展特点，即毛南族肥套在发展过程中逐渐突出审美功能、发展观念日益开放、相关文本渐趋稳定、表现形式愈加规范、神灵形象日益丰满、人神界限逐渐模糊、神人和融模式大为拓展和整体形态更为娱人等；探讨了毛南族肥套与族内其他艺术形态以及与周边其他民族艺术形态之间的影响与融合，毛南族肥套所体现出来的毛南族艺术的精神、理想和规律；揭示了毛南族肥套的价值及建构特点，提出了保护毛南族肥套的理念与方法。

Abstract

Feitao of Maonan nationality, popular among the south – west hilly villages of Huanjiang Maonan autonomous county in Guangxi Region, is a comprehensive religious ceremony, containing abundant artistic elements. It combines various traditional art forms of Maonan nationality, conveys the expectation of Maonan people of harmony between gods and human, and tries in various ways to achieve that. It is a grand ceremony in the traditional social life of Guangxi Maonan people, and is regarded by them as the most significant rite of their life. In the hilly villages of Maonan nationality in Guangxi, before the 50s of 20th century, almost every generation in every Maonan family holds it once in their lives, and most of them are till attached to it nowadays. To a certain extent, it has been the concern of a lifetime of Maonan people. It is related to but different from the Nuo plea of Guangxi Baiyue nationalities. With a unique formation and development course, it reveals various scenes of traditional life of Maonan people. It is an important key to unlock the traditional cultural psychology of Maonan people, and a valuable perspective to study traditional Maonan art.

The religious rite of Feitao of Maonan nationality objectively embodies the simple folk artistic technique of the perfect unity of gather and separation, presents the expectation of and seeks in various ways the harmony of gods and human, and further purchases the harmony among their ethnic group, society and nature. It gradually obtains the form of art, involving and presenting various artistic elements, seemed like the rudiments of Maonan dramas. However, it is not drama.

Maonan Feitao includes verse recitation, story telling combined with singing, singing and dancing performances, and worship of gods. The performers of Feit-

ao—Maonan wizards are a special group of people who are both wizards and farm-
ers, and claim to be able to link up the divinity world and the human world and
realize people's prayers under certain conditions. They present information of histo-
ry, geography, astronomy, human relations, myth etc as well as criteria of pub-
lic order and good customs that people know about traditional Maonan social life
through religious ceremonies of worshiping gods, praying to gods and thanking
gods on the special site of family hall, and thus enrich the particular encyclopedia
of Maonan hilly villages.

　　The thesis, applying the theory and method of eco – criticism, presents an o-
verall, deep and systematic research on the comprehensive rite of Maonan Feitao
from the aspects of its main elements as well as its formation and development envi-
ronment (natural environment and humanistic environment); probes, under the
background of the overall eco – system of Maonan hilly villages, into its formation
and development schema, that is the dramatic changes of the cultural genes of the
ancient Baiyue people in the south of the Five Ridges→the nurture of unique natu-
ral environment→integration with the art forms of other nationalities→accumulation
of Maonan cultural characteristics→mutual promotion of the art forms of various
ethnic groups; reveals the development characteristics of Feitao, that is it devel-
ops with the gradual highlight of aesthetic functions, the more and more opening
up of notions of development, the gradual stabilization of relevant texts, the nor-
malization of presentation, the better – and – better – developed images of gods,
the little by little blurred boundary between human and gods, the greatly expanded
pattern of the rite and its overall form being more entertaining; probes into the mu-
tual influence and assimilation of Maonan Feitao, other art forms of Maonan na-
tionality, and the art forms of nearby nationalities, and into the spirit, ideal and
laws of Maonan art that Feitao reflects; reveals the value and constructional char-
acteristics of Maonan Feitao, and puts forward the concept and means of its pro-
tection.

目　　录

绪　　论

一　研究缘起与范围

（一）研究缘起

毛南族"肥套"是一种在家庭中举办，由毛南族师公班子表演，融说唱、念诵、法事、舞蹈等为一体，运用多种艺术手法表达宗教期盼的请神、颂神、祈神和酬神的综合性宗教仪式。它以叙说、歌唱、对白、舞蹈及器乐演奏等艺术方式，集中呈现了毛南族的历史发展、自然科学、社会伦理、情感生活、生产情景以及宗教期盼，具有极为丰富而古朴的艺术元素。"肥套"是这一综合仪式的毛南语名称，汉语译为"还愿"、"傩戏"，毛南山乡周边其他民族称其为"毛南傩"、"傩愿"。这里的"肥"在毛南语中意谓"做、举办、举行"等，"套"意即含有说唱、朗诵、舞蹈等祈神成分的综合表演仪式。肥套分红、黄两类。前者为毛南族人向婆王祈求子孙繁衍、人丁兴旺，被称为"红筵还愿"、"红筵"、"婆王愿"；后者为毛南族人向雷王（雷神）祈求消灾祛病、人畜平安及五谷丰登，被称为"黄筵还愿"、"黄筵"、"雷王愿"。肥套主要流行于广西毛南族聚居的环江毛南族自治县的下南、中南和上南等毛南山乡，周边的壮、瑶等民族地区在过去也偶有请毛南族师公举办的。肥套与岭南古百越族的傩有密切的关系，但内涵、形式以及客观效果与传统意义上的"傩"有极大差异。表演肥套的神职人员被称为"师公"或"三元公"（毛南话叫"公三元"，其语法特点为中心词在前、修饰词在后）。肥套一般在深秋、冬天举办（其时已无有雷声，有雷声的日子则不能举办肥套）。

包括毛南族在内的广西百越系民族（也有广西其他民族的许多人，甚至有汉族中的一些人）大多笃信天界有一个巨大的花园，花园的总管为"婆王"（不同民族或者不同地区的人们赋予这一总管以不同称谓，诸如"花婆"、"花王"、"万岁娘娘"、"三尊圣母"、"花王圣母"以及其他名称。

毛南族人一般称为"婆王"或者"万岁娘娘"等），其下有众多司职女神。凡世间每一个人都对应着花园里的一枝花朵。婆王将花朵赐予人间，即意味着人间生命的降临；人间生命的消失，则意味着婆王将花朵收归花园。婆王是包括毛南族在内的广西百越系许多民族极为尊崇的神灵。在旧时代，一般家庭尤其是新婚夫妇为求生育繁盛，往往虔诚地向婆王举行许多仪式。毛南族一代代祈求婆王（许愿），一代代酬谢婆王（还愿），以达致神人和融。

毛南族先民还为此敷陈了一个故事：一对叫韩仲定、卢氏襄的夫妇，家财万贯，可惜没有子嗣，苦恼万分。有人给他们出主意，让他们向婆王祈求。于是韩氏夫妇祈求婆王送给他们花朵，并在神灵跟前立下文书，承诺如愿后一定重谢婆王。后来韩氏夫妇得到五男二女。但韩仲定得到了儿女后，不仅不酬谢婆王，反而口出恶言，并将许愿文书丢进河里。婆王一气之下派遣司职花神将韩仲定儿女尽数收回花园。失去儿女的韩仲定夫妇日夜哭天喊地。经过旁人指点，韩仲定举行了隆重的酬谢婆王的仪式（还愿），七个儿女才又回到他的身边。

毛南族先民也为"黄莲还愿"（"雷王愿"）敷陈了一个故事：一个叫黄莲的人错揭了朝廷征人出战的榜文而被迫出征。临行前，他向雷王祈求并立下文书：倘若雷王保佑他平安归来，一定重谢雷王（许愿）。但黄莲打完仗平安归家以后，不仅未兑现诺言，反而将许愿文书当作鞋垫。雷王生气，将灾病降于黄莲身上。病得九死一生的黄莲在亲友的帮助下举行了隆重的仪式向雷王谢罪，并酬答雷王的恩情（还愿），之后才获得平安。

肥套是毛南族传统生活中极为隆重的仪式，一般请6—12位师公（旧时一般请12位以上，现在一般为6位），从开坛到收兵连续历时三天三夜，最长的可达七天七夜。"红筵还愿"和"黄筵还愿"曾经是分开举办的，到后来两类仪式往往合在一起举办。除了大多数蒙姓毛南族人之外，毛南族人一般一个家庭一代人举办一次，也有满两代、三代人才举办一次的。但至迟必须三代人举办一次。三代人才举办一次的称为"套三朝"。一代人举办一次的，设一门殿坛，杀18只家禽牲口作祭品；两代人举办一次的，设两门殿坛，杀36只家禽牲口作祭品；三代人举办一次的，设三门殿坛，杀72只家禽牲口作祭品（现在一代人举办一次的，也往往搭建三门殿坛）。肥套的主要内容为36位神灵的表演及其相关神话故事，另外还有其他民间传说、百科故事、家世叙述、情歌对唱等。毛南族肥套实际上是以宗教仪式作舞台，展现毛南族人所认识的自然、社会等多方面知识，是毛南族传统社会的百科全书。

民国时期官修《思恩县志》谈到肥套，但"延专歌男二人"与实际情况略有差异，疑句中脱一"十"字："思恩地系蛮疆，除城厢有操官语外，类皆操参军蛮语，其体向分数种。酬神还愿则延专歌男二人，戴木面具，互歌诙谐之歌，博人欢笑，有类宋元之滑稽戏。其歌以猗那二音为尾声。"[①]毛南族肥套较为全面地保存了毛南族传统文化，具有极为浓厚而独特的原生态色彩，2006 年 5 月被列入国家首批非物质文化遗产保护名录，毛南族师公谭三岗、谭益庆为肥套代表性传承人。肥套的某些场次于 1994 年和 2000年被日本邀请去该国演出，后来又到韩国及我国台湾地区演出。

广西毛南族有其独特的文化历史、自然环境、艺术形态和艺术审美心理，在漫长的历史进程中，孕育并发展了强烈的与自然、社会和谐相处的神人和融期盼，而且在不断地丰富和实践这样的和融期盼。其肥套是毛南族传统观念和艺术心理的综合体现，熔铸了毛南族各类传统艺术的许多精华。毛南族艺术是中华民族整体艺术的有机组成部分，是体现世界文化多样性的鲜活样本。其艺术形态、艺术心理是该民族与自然环境、人文环境和融生发及循环提升的产物。毛南族肥套是毛南族传统文化形式的代表，其中融会了毛南族传统的说唱、舞蹈、建筑、宗教、雕塑和绘画等艺术类型的主要元素，是探索毛南族传统艺术审美心理的有效标本。毛南族肥套将毛南族多种传统艺术形态融为一体，集中体现了毛南族的宗教心理和艺术审美追求，是展现毛南族各种艺术形式的综合平台，其本身蕴含丰富而独特的艺术元素，具备发展成毛南族综合艺术形态的许多特质。着眼于生态视阈，通过对肥套仪式的分析与审辨，结合相关的文献资料，系统、深入地研究毛南族肥套的产生与发展、毛南族肥套的特征与价值，以及毛南族肥套的建构手法与建构效果等，揭示毛南族神人和融期盼的独特体现方式，寻求出该民族神人和融期盼通过肥套体现的轨迹与规律，阐述毛南族与自然生态和文化生态相联系的宗教及艺术心理，将有利于该民族建构新型的整体生态和谐局面。

由于社会生活和自然生态的急剧变化，包括肥套在内的毛南族艺术元素或艺术形态赖以生存和发展的土壤日新月异，毛南族肥套面临着严重的生存与发展危机，因而保护毛南族肥套中的优秀元素进而为毛南族传统艺术发展注入科学的活力成为当务之急。20 世纪 50 年代以后，毛南族的生产与生活条件得到快速改善，整体文化水平得到大幅度提高。这是毛南族祖祖辈辈梦

---

① 梁杓修，吴瑜总纂：《思恩县志》，民国二十二年九月铅印，台湾成文出版社有限公司 1975年 6 月据原铅印本印行，第 95 页。

寐以求的，总体上符合毛南族人民的愿望，是顺应毛南族社会发展趋势的。但与此同时，孕育毛南族独特传统艺术的土壤因此受到不同程度的侵蚀，特别是20世纪50—70年代，毛南族的许多传统艺术形态遭受到不合理的冲击，[①] 其生命力严重受损，这其中包括肥套及其艺术元素。例如一些体现毛南族艺术精神的传统艺术形态被破坏，民间的许多艺术队伍后继乏人，艺术观念错位。曾经活跃于毛南族文化舞台、对周边民族有重要影响的肥套，唱本散佚，道具不齐，表演人才缺乏，表演水平下降，呈现出严重空壳化趋势；有的表演甚至将一些文化糟粕融入其中。[②] 这些都不同程度地加重了肥套的生存与发展阻力。虽然中华民族大家庭内各个民族的文化艺术融合乃至整体生发是文化艺术发展的总体趋势，但这种融合与整体生发似不应该以某一民族传统艺术形态的快速、整体消亡为代价。我们有理由更有责任为各个少数民族的传统艺术形态中的有益成分有机地融入中华民族主体艺术熔炉并在其中发挥其应有的作用作出贡献。本研究在这些方面试图有一定的担当。

广西毛南族居住相对集中，主要在广西环江的毛南山乡（广西环江毛南族文化传统上可细分为上南、中南、下南三个区域，以中南、下南文化区最为典型，最有影响），其文化事象最为集中、典型，中南地区还是毛南族及其传统文化的发祥地。这样便于笔者对毛南族肥套及其体现出来的宗教艺术心理作广泛而细致的田野调查与理论探究。就目前所得情况来看，在广西毛南族文化研究方面比较著名的专家以广西本土人士居多，而且多居住在南宁和广西环江毛南族自治县，这便于笔者研究本论题时请教。

前人对毛南族，特别是广西毛南族的文化事象做了较为广泛和深入的资

---

　　① 笔者2012年3月8日到环江毛南族自治县考察，晚上与毛南族学者、作家、诗人谭亚洲先生住宿于县城长城宾馆同一房间。在谈到20世纪50年代初期毛南族肥套及其师公班的艰难处境时，谭亚洲先生说了一件逸事：中华人民共和国成立之初，毛南山乡掀起破除迷信风潮，肥套及其师公班子首当其冲。谭亚洲的大哥当时是民兵连长，带头将其父亲谭善明看管起来，并将其"担子"（毛南族师公将其表演所用的服装、面具、经书及其他重要道具装入两个竹筐中，外出表演时一担挑之。久而久之，人们将这些重要行头称为"担子"）销毁。2012年10月25日，谭亚洲家做肥套，笔者应邀前往观摩，其间碰上了谭亚洲的三哥谭乾洲（时年82岁，极为健康）。谭乾洲跟笔者闲聊的时候也说道："我父亲以前是很有名的师公。他（谭乾洲指着谭圣慈，此次肥套活动师公班子的领班）是我父亲的徒弟。我父亲很大年纪了还做师公。新中国成立初期，我大哥是民兵干部，带头破除迷信，把我父亲的担子上交烧毁了，还叫人把我父看管起来。（说到这里，谭乾洲老人仰头大笑。）那时候我大哥带头破四旧，要下南的师公交出担子，别人说，你父亲是师公头，你先收了他的担子再收我们的。我大哥就把我父亲的担子交出去了。"

　　② 韩德明：《与神共舞——毛南族傩文化考察札记》，广西人民出版社2006年版，第74页。

料性集纳工作和基础性研究工作，笔者手头上已经找到关于毛南族文化的理论专著和民间文学、民俗材料采集等集子共 20 余种，论文 120 余篇，基础文献材料较为丰富和权威。据初步分析以及向该领域研究较有权威的人士了解，笔者认为现有文献资料有三个特点：一是采集和编选方面比重很大，而且多集中于语言、舞蹈和民俗等艺术方面，尚难以体现广西毛南族传统艺术的全貌；二是描述概括性研究基本上侧重在某些方面（比如专著仅见理论性的《毛南族神话研究》和重于述且略兼有作的《毛南族文学史》、《毛南族简史》三种），而对广西毛南族传统艺术尤其对肥套做全面、深入和系统研究的资料还比较缺乏；三是研究视阈较为狭小，着眼点较为传统，批评理念稍显落后。故此，本论题拟采用生态批评的理论和方法，着眼于自然和人文相互影响、融会的视阈，对毛南族肥套做全面、深入而系统的研究，有待涉及的领域还比较大。这体现出本论题尚具备进行相应深度和广度研究的开拓空间。

（二）研究范围

广西毛南族人很早就生活在桂西北一隅，被称为"毛难人"或"毛难"。1956 年 2 月 11 日，国家民族事务委员会批准毛难人为"毛难族"。为尊重该民族人民意愿，国务院于 1986 年 6 月 5 日批准同意将"毛难族"改为"毛南族"。20 世纪 90 年代以前所有关于毛南族的研究基本上以广西特别是广西环江毛南族自治县的毛南族为对象，毛南族艺术也是指生活在毛南山乡及其周边地区的毛南族人民创造的文化成果。因此，有的学者习惯称毛南族为"广西壮族自治区特有的少数民族"①。本研究将对象定位在广西毛南族传统艺术领域，既有毛南族历史发展的原因，也有毛南族传统艺术成果呈现事实的原因；本研究中出现的"广西毛南族"、"毛南族"等概念，均指生活于广西壮族自治区，尤其指生活于环江毛南族自治县西南一隅的毛南族；而肥套则是广西环江毛南族自治县西南一隅毛南山乡的土特产品，与其相关的地域也就自然局限于毛南山乡一带。

通常所言的"毛南山乡"，系指广西环江毛南族自治县的上南、中南和下南及其周边邻近地区。此一区域的毛南族传统艺术形态最具民族特色。本研究将以毛南山乡为中心，探讨毛南族的肥套。毛南族其他传统民间艺术形态能够展现其民族特色，是探讨毛南族肥套的生成、生存和发展轨迹与规律的重要参照材料，也是探讨毛南族艺术心理的重要窗口。因此，本研究必要

---

① 央吉等：《中国京族毛南族人口研究》，中国人口出版社 2003 年版，第 217 页。

时将兼及毛南族其他传统艺术形态，以及毛南山乡周边地区与毛南族肥套相关的其他民族的传统艺术。

二　现有文献之价值与局限

相比较而言，人们对毛南族及其艺术形态的研究还是比较少的，尤其在20世纪50年代之前的文献资料，涉及毛南族的就更为罕见。国内外对于毛南族及其艺术的研究，兴盛于中华人民共和国成立以后，20世纪五六十年代和八九十年代分别形成了资料搜集整理高峰以及在收集整理的基础上作初步的描述概括性研究的高峰。21世纪初，涉及毛南族社会形态及其艺术研究的学者队伍逐渐扩大，其研究延伸到毛南族艺术的独特性领域。研究成果较20世纪丰富，研究成果中亦见出一定的理论高度。

（一）集纳整理性研究成果

毛南族作为一个具有共同语言、共同地域、共同经济生活以及表现于共同文化上的群体，很早就存在于广西西北部毛南山乡。但作为正式而统一的民族称谓，则是在1956年2月11日被确立的。[①] 中华人民共和国成立之初，需要对毛南人的社会状况及其艺术形态进行识别、发掘和整理，以便为毛南族的确定提供依据。在毛南人作为一个民族被确认之后，有关毛南族的艺术形态调查、发掘及整理活动，即关于毛南族艺术形态集纳整理性研究被推向新的高潮。这类的研究主要体现在下述方面。

1. 社会情况调查资料与社会发展综述。至今可见，与环江毛南族自治县及毛南族先民相关的明朝万历年间至清朝道光年间的金石碑文7道（经整理后刊载于广西环江毛南族自治县地方志编纂委员会编、广西人民出版社2002年6月出版的《环江毛南族自治县志》）。这些金石碑文有的是毛南族社会文化的历史写照，具有很强的直接证据力量。梁杓任主持、吴瑜任总纂，民国二十二年九月成书的《思恩县志》（思恩县为环江毛南族自治县前身），翔实叙述了思恩县社会生活的各个方面，其中有涉及肥套的情景记录。这是极为少有的见之于文献记载的与肥套相关的材料，在汉文史料中显得殊为珍贵。1953年12月广西省民族事务委员会编印的《环江毛难人情况调查》（内部参考），从"人口分布与社会情况"、"历史来源"、"传说与神话"、"语言"、"风俗习惯"、"经济生活"、"民族关系"等7个方面，较为

---

① 环江毛南族自治县地方志编纂委员会：《环江毛南族自治县志》，广西人民出版社2002年版，第16页。

详细、全面地展示了毛南人的社会结构及艺术形态。参与调查的有中南民族事务委员会调派的 11 位人士和广西省民族事务委员会调派的 13 位人士。这是中华人民共和国成立以后，也是此前历史上关于毛南人社会形态与艺术成果调查整理的最为全面、最为系统的历史文献，具有重要的史料价值。广西壮族自治区编辑组修订整理、广西民族出版社 1987 年 3 月出版的《广西仫佬族毛难族社会历史调查》，在《环江毛难人情况调查》（内部参考）的基础上，经过专家整理、修正和审定，描述更为合理，史料更为翔实，参考价值也更为突出。环江毛南族自治县地方志编纂委员会编、广西人民出版社 2002 年 6 月出版的《环江毛南族自治县志》从环江毛南族自治县的境域位置、建置沿革、地理环境到社会、人物，对环江作综合性、历时性叙述，上溯至秦始皇三十三年（公元前 214 年），下迄公元 1999 年，其中亦有述及毛南族社会尤其是艺术状况者。作为官修信史，该志是研究毛南族传统艺术以及肥套发展脉络的权威文献。

2. 艺术成果的发掘与翻译、整理。这一部分成果以民歌、民间故事、舞蹈、建筑和风俗为主。展示毛南族民歌艺术原貌的选本、全本较多，其中以《毛南族民歌选》、《毛南族民歌》较为著名。由袁凤辰、谭贻生、蒙国荣、韦志华、韦志彪、蒋志雨、王弋丁、过伟等先生编辑，广西民族出版社 1987 年 9 月出版的《毛南族民歌选》，分引歌、神话歌、史歌、礼俗歌、情歌、叙事歌等 11 辑，另有曲谱 1 辑，收录民歌 200 首，较为全面地展示了毛南族民歌的精华和艺术风貌，是研究毛南族传统艺术的活化石，更是研究毛南族肥套的珍贵资料，因为肥套的许多内容与毛南族民歌有很大关系，肥套中歌唱的曲调在该曲谱中有详细的反映。蒙国荣、谭亚洲译注，广西民族出版社 1999 年 12 月出版的《毛南族民歌》，集典型民歌 51 首，可以称得上是毛南族民歌精汇。该书分古歌、劳动歌、仪式歌、情歌、生活歌、故事传说歌等六大类，另附"毛南族民歌常用曲谱" 1 章。译注者运用国际音标标注典型民歌中的毛南语音和壮语语音，用壮语、汉语译注歌词，可供国内其他族人民和外国相关人士吟唱、研究毛南族民歌参考，其原生形态更为多样，学术参考价值更高。作为毛南族传统艺术主枝之一的毛南族民间故事，中华人民共和国成立之后也得到了较好的搜集和整理。其中以《毛南族、京族民间故事选》、《回、彝、水、仫佬、毛南、京族民间故事选》和《中华民族故事大系·第十二卷》（布朗族、撒拉族、毛南族）具有代表意义。由袁凤辰、苏维光、蒙国荣、王弋丁、过伟等先生编辑，上海文艺出版社 1987 年 3 月出版的《毛南族、京族民间故事选》，载毛南族民间故事 116

则，按照类别排列，并对一些故事做简要介绍，比如该故事与他族同类故事的渊源。这个选本中的毛南族民间故事部分，是编选者本着忠实记录、慎重选择和认真整理的原则，在众多毛南族民间故事当中遴选出的有代表性的作品，基本上可以反映毛南族民间故事的整体面貌，其中有毛南族传诵的神话故事，这是研究毛南族肥套的重要参照物，因为毛南族肥套集中呈现了大量的毛南族神话传说。毛南族的舞蹈艺术有着长远的历史源流，民间色彩和原生态色彩至为浓烈，学者们对其发掘整理工作也卓有成效。其中较为值得称道的有《毛南族舞蹈》和《与神共舞——毛南族傩文化考察札记》。《毛南族舞蹈》集中地展示了毛南族的舞台造型艺术，尤其是最具毛南族民间传统舞蹈特色的木面舞（傩舞），亦即肥套。韩德明著，广西人民出版社2006年1月出版的《与神共舞——毛南族傩文化考察札记》，重点展示了毛南族的宗教性舞蹈艺术形态，同时也兼具毛南族的建筑艺术、宗教艺术、器物艺术与神话传说，并且在忠实记录的基础上兼有少量理论探讨。该书为研究者提供了较好的有关肥套等原生态艺术元素和考察毛南族传统艺术的视角（该书将在后文做重点介绍）。风俗既是民族传统艺术的表现形态，同时又是某些民族艺术类型的生成及发展的社会文化氛围。许多学者在涉及毛南族艺术形态的田野调查中或多或少会触及毛南族特有的风俗习惯。在这方面有突出价值的当首推蒙国荣、谭贻生、过伟等编著，中央民族学院出版社于1988年12月出版的《毛南族风俗志》。该书分"物质生活"、"生产"、"家庭与社会组织"、"恋爱与婚姻"、"人生礼仪"、"岁时"、"体育与娱乐"、"杀牲祭祀供诸神"八类，对毛南族的风俗做了全方位展示和探讨。这为研究毛南族肥套及其生成与发展规律提供了难得的辅助资料，因为从反映社会生活的角度而言，毛南族肥套本身完全可以看成是毛南族传统社会的风俗总集，将其与《毛南族风俗志》参照，我们能够更为恰切地解释肥套。

　　毛南族文化生活中的服饰、雕像和其他相关器物，其造型与艺术手法运用方式等方面独具毛南族特色，是毛南族肥套的有机组成部分，也是考察毛南族整体艺术内涵和演变规律的重要材料。毛南族服饰具有明显的性别、年龄、季节和社会角色特征。《毛南族风俗志》对此有详细的叙述和展示。毛南族雕塑以木雕和石雕最为著名。毛南族民居往往是木雕和石雕艺术的集大成者，而毛南族的墓葬和牌坊更凸显了其石雕艺术的精湛。这些艺术形态既普遍存在于毛南族的村寨之中或墓地、通衢，实物随处皆有，也散见于多种文集之中。毛南族舞蹈（包括娱乐性舞蹈和祭祀性舞蹈等）所用的神像面具——木面，体系完备且各具神态，集中体现了毛南族独到的艺术构思、精湛的制作技术和别致的审美观念。对此,《毛南族风俗志》、《与神共舞——毛南族傩文化考察札记》,以及由卢敏飞、蒙国荣编著,四川民族出版社1994 年 9 月出版的《毛南山乡风情录》,均有生动的叙述和典型图片。毛南族人民所用的器物,包括在保持实用功能基础上努力体现毛南族人民艺术审美观念的生活用具和歌舞道具及乐器,这些器物形态及其功用在《毛南族风俗志》、《毛南山乡风情录》和《与神共舞——毛南族傩文化考察札记》等专集中均有集中体现。这是后续研究者认识和进一步探讨毛南族肥套源流的重要参考资料,因为肥套在呈现过程中大量运用到毛南族传统生活中的服饰、雕像和其他相关器物,这些物件的演变在一定程度上讲也是肥套发展的有力见证,是研究不同阶段肥套形态的活化石性材料。

在述说集纳整理性研究成果方面,很值得提及的是毛南族学者谭亚洲先生发掘整理的、毛南族宗教艺术集大成者、神话与唱师艺术的文字范本——《还愿》(对于毛南族肥套,谭亚洲先生翻译时取其汉语含义。其实这一称谓在毛南族民间说西南官话的场合已经被广泛采用)。肥套这一综合仪式有文字抄本,基本上为毛南族师公手抄传承。经过谭亚洲先生整理的《还愿》文本主要含巫语25700 多字,叙事歌谣 27 首共计 3280 多行,30 多个神话故事。这个文本虽然还不能说展现了毛南族肥套艺术元素的全貌,但在肥套的发掘、整理和注释方面做了大量有益的工作,从而使肥套有了一个规整的文学范本,为后来的研究者尤其为笔者此方面的专门研究提供了宝贵的原始材料(这在后文仍将与《与神共舞——毛南族傩文化考察札记》一道做充分叙述)。

3. 同一艺术形态在不同时代的呈现方式记载。毛南族的习俗、服饰、器物等艺术形态在不同时代有很大差异,尤其在中华人民共和国成立后的一二十年中变化巨大。这种对比性描述在社会调查报告中虽然不甚多见,但在一些展示文化形态的专集中却多有涉及。由蒙国荣和谭贻生著,广西人民出版社 1987 年 8 月出版的《毛南山乡》,由莫家仁著,民族出版社 1988 年 1 月出版的《毛南族》,由蒋志雨著,云南人民出版社和云南大学出版社 2003 年 12 月联合出版的《走出大山看世界(毛南族)》等专著,较为详细地记述或描写了毛南族某些艺术形态或艺术形态元素,其中包括毛南族肥套在不同时代的大致呈现方式和发展轨迹,展现了毛南族肥套在不同时代的相关形式。

上述集纳整理性研究多属"述而不作"或述而少作。虽然其研究形态基本上处于田野调查成果范畴,有的成果甚至显露出较为粗糙的痕迹,但内容丰富，涉及毛南族较为广阔的传统社会生活领域，较大程度地深入毛南族传统艺术或艺术元素层面，囊括了毛南族传统艺术的各个分支；各类原生态艺术资料较为完备而翔实，大致完整地展示了毛南族艺术谱系。近十多年来，除了个别情况以外，属于前期的发掘、整理和辩证的集纳整理性研究活动及研究成果逐渐少见，也从一个侧面说明该阶段的集纳整理性研究成果已经具有相当的深度和广度，一般学者难以在短时期内企及或超越。广西毛南族人民生活地域狭小，生境艰难。在漫长的封建王朝时期和民国广西旧政府统治时期，毛南人处于官府及其他强势民族的挤压之中，受歧视较重，涉及其艺术成果或艺术元素的文字记载、文人优化传播等活动几乎呈空白状态。因此，中华人民共和国成立以后对毛南族艺术形态或艺术元素这种前期性的发掘、整理与辩证工作，显得至为重要和迫切。尤其在近几十年中，中国整体面貌发生巨变、毛南族传统艺术或其艺术元素所处的自然生境和文化氛围出现根本性变革以后，毛南族曾经有过的某些独特艺术形态或艺术元素消失或渐趋衰落以至于难以抢救，这种前期性的发掘、整理与辩证工作的成果，以文字、图片和音像等手段保存了毛南族已经消亡了的艺术形态或者艺术元素，因而显得尤为珍贵，使人们据此最大限度地复原毛南族艺术形态全貌成为可能。尽管这些前期性工作尚不足以搭建起毛南族肥套研究的整体平台，缺乏对肥套仪式做深入而全面的描述和剖析，但它们为后来的研究者提供了选点参考与基础建设性条件。可以说，后来的研究者可以在这些成果的基础上搭建起任何与毛南族传统艺术或艺术元素，其中包括毛南族肥套相关的研究平台；而期望搭建与毛南族肥套相关的研究平台者，则几乎不可能避开这些基础性成果。

谭亚洲先生和韩德明先生在涉及毛南族肥套的研究方面作出了奠基性与开拓性贡献，笔者在本研究中受其教益良多，此处再作重点叙述。

谭亚洲先生出生于毛南山乡的毛南族师公世家，其父谭善明老先生为毛南山乡著名师公。谭亚洲先生曾经参与表演过肥套，20 世纪 60 年代在环江县文艺宣传队供职，后在环江县邮政局做邮递员，几乎跑遍了环江县的村村寨寨；后调任环江毛南族自治县文联副主席，参与或主持环江毛南族自治县"三套集成"工作，是毛南族民间歌手、诗人、作家、毛南族文化学者。就毛南族肥套仪式的观察整理而言，谭亚洲先生可以称得上能够"入乎其内，出乎其外"的人，因为他能够读懂毛南族师公用土俗字写就和传抄的文本，熟悉肥套仪式的各个环节，并且能够尽可能用汉语"信、达、雅"地翻译整理出来。尽管谭亚洲先生整理、翻译的《还愿》文本尚显得较为粗糙，但其开拓性贡献仍然是较为显著的。谭先生的《还愿》文本第一次以较为规范的汉文记载了肥套仪式的故事、歌谣、巫语、舞蹈、主要场景等文学艺术成分，因而对于肥套仪式的规范化以及仪式过程中相关故事、歌谣、巫语、舞蹈、主要场景的稳定性有着积极意义。谭亚洲先生整理的《还愿》成为笔者研究肥套时极为借重的材料。但谭亚洲先生在整理时对肥套的构成要素取舍欠妥，而且谭先生侧重文学视角，未能对肥套仪式及其构成元素作全方位审辨；加上成书匆忙，① 《还愿》的翻译整理距谭亚洲先生追求的"信、达、雅"目标确实仍有较大距离，笔者研究时还得做大量的田野调查、对毛南族师公手抄本做仔细的核对以及对其他相关文献做艰难细致的校研等工作，同时还需要从生态批评视野对肥套做全方位审辨。

供职于广西民族文化艺术研究院的韩德明先生，对毛南族传统艺术情有独钟，多次深入毛南山乡考察毛南族传统文化事象。韩先生多年从事戏剧表演及戏剧研究工作，因而对毛南族肥套的戏剧元素给予了更多的关注，且对其舞蹈部分做了较为深入的研究，这也是此前其他研究者未能到达的境界。韩先生的《与神共舞——毛南族傩文化考察札记》分五大板块，包括："一、初识毛南：1. 偶然机遇，2. 干栏石楼，3. 经历还愿；二、毛南傩：1. 原生态的艺术，2. 现世报的鬼神，3. 与神共舞，4. 诸神汇集与文化共生；三、三元公的担子：1. 三元公，2. 担子与传承，3. 编花竹帽的师公，4. 面具的情态与人心的善恶，5. 孙子孙女绘的神像，6. 师公家的'孝字经'与'孝敬诗'；四、祈求与报答：1. 还愿的由来——人对神的承诺，2. 瑶王送花的传说，3. 五月分龙节；五、文化的自尊与文化的自卑：1. 由族源引起的疑惑，2. 古墓里的文化遗迹，3. 自尊所隐含的自卑，4. 文化的重建"。正如书名所示，该书注重于一般表象的田野观察，更像一部旅游兼考察札记，其记叙的范围也超出傩文化边界，但蕴含了作者对毛南族肥套较为浅层次的理性思考。韩先生在书中的一些提法以及剖开的视角为笔者提供了较为广泛而有益的借鉴。但韩先生受自己的研究定位影响，其研究视阈未能有较为广泛和深刻拓展，因而在其研究基础之上仍然有必要做更全面和更深入的工作。

（二）描述概括性研究成果

一些学者一边从事关于毛南族及其艺术成果的集纳整理性研究，一边在

---

① 谭亚洲先生多次跟笔者谈及，由于某种原因，《毛南族神话研究》要急着成书出版，而对作为《毛南族神话研究》构成、附录部分的《还愿》整理翻译文本，也尚欠仔细斟酌。每言及此，谭老多有遗憾之意。

集纳整理性研究的基础上进行描述概括性研究。这些研究有许多涉及肥套。之所以如此，一是因为广西毛南族聚居地狭小，集中在毛南山区的人口不多，在经过前一段时期的对毛南族传统艺术形态的大规模收集、发掘、整理和抢救以后，前期的集纳整理性研究工作基本上可以告一段落；二是一些学者已经获得相应的研究经历积累和研究材料储备，具备进行描述概括性研究的条件；三是科学研究规律昭示，当前一阶段的研究工作基本结束、后一阶段的研究条件有所具备以后，相关的研究工作必须在观念、路径、领域和品质等方面有所突破，研究才有存在的必要，研究工作本身才具有前行的动力。这一阶段有关于毛南族及其传统艺术的描述概括性研究工作主要在下述领域展开。

1. 毛南族源流及毛南族社会发展现状描述。作为岭南百越族系的一支，毛南族历史较为悠久，封建王朝时代的历史文献中略有记载。民国时期广西省政府官方虽然仅将毛南人作为特种民族的一部分对待，未确认其民族地位，但相关文献中仍偶有零星记载。中华人民共和国成立以后，许多学者对毛南族的形成与发展广做探讨，取得了令人瞩目的成果。这些成果对于毛南族传统艺术形态的民族属性界定和艺术谱系排列，进而对毛南族传统艺术做发展性、系统性研究等方面有着标杆性指针作用，更为毛南族肥套的研究提供了良好的条件。在这方面的研究成果中，系统性、严谨性和翔实性兼而有之的当首推民族出版社于 2008 年 12 月出版的《毛南族简史》（1983 年民族出版社曾经出版了由莫家仁、梁友寿负责的编写组编写的《毛难族简史》，《毛南族简史》是在《毛难族简史》的基础上修订而成。修订本编写组由张世保、孟凡云、邹反修组成。修订本《毛南族简史》增加了贵州省毛南族的相关内容，这里只取与广西毛南族有关的部分）。该书分"族称和族源"、"古代社会概况"、"近代的毛南族社会"、"中华人民共和国成立后的毛南族社会"、"文化、教育和生活习俗"等 5 章，另附"毛南族历史大事记"，全面而清晰地展示了毛南族的形成和发展情况。这对于毛南族传统文化形态尤其是肥套的"根性"研究具有指标意义。该书中的"文化、教育和生活习俗"一章，本身就是着重于毛南族传统艺术形态或艺术元素包括肥套的展示与描述，因而在肥套研究方面有着直接的资料价值。与《毛南族简史》相为印证和补充，研究毛南族人口变化发展规律，在研究毛南族社会变迁方面很有参考价值的，是由著名人口学者央吉负责的课题组撰写、中国人口出版社 2003 年 10 月出版的《中国京族毛南族人口研究》"毛南族人口"部分。其研究对象基本上为广西毛南族。该部分由"毛南族的起源与变迁"、

"毛南族人口身体素质和文化素质"、"毛南族人口的年龄和性别结构"、"毛南族人口的职业构成"、"毛南族人口死亡率变动"、"毛南族人口的婚姻与家庭"、"毛南族人口与发展"等 10 章构成。这些内容有许多可以作艺术性解读，或者说能够从中解读出与毛南族传统艺术形态及艺术心理相关的基本要素，因为人是艺术的创造者和接受者，研究艺术，最重要的对象或媒介就是人。从毛南族人口角度观照毛南族传统艺术，研究者能够更深刻地描述出毛南族传统艺术的真实面貌以及概括其生成与发展规律，其研究结果也更具科学性，而这些描述与概括对于研究毛南族肥套仪式是极有帮助的。

2. 毛南族文学历史的梳理与概括。毛南族只有本民族的语言而没有本民族的文字。其文学主要呈四种形态：一是口耳相传的文学，即民间文学作品；二是用土俗字记录的民间歌谣、神话故事及肥套等宗教活动表演文本；三是用汉字记录的流传于毛南族地区且具有明显毛南族印记的文学作品，包括金石碑文楹联等；四是毛南族作者用汉文创作书写的作品。毛南族文学是展现毛南族传统艺术形态或其元素包括肥套面貌的重要窗口。对毛南族文学历史的梳理与概括，有助于对毛南族文学成就的系统剖析和科学评价；关于毛南族民间文学作品的收集、整理、翻译与出版，有助于人们完整地认识毛南族的文学成就，进而有助于探讨毛南族宗教仪式肥套。毛南族文学历史的研究，主要涉及纵（毛南族文学发展脉络）和横（毛南族文学谱系）两个维度。这方面的代表作是由蒙国荣、王弋丁和过伟撰写，广西人民出版社1992 年 7 月出版的专著《毛南族文学史》。该书分"绪论"、"远古文学"、"古代文学（前期）"、"古代文学（后期）"、"近现代文学"、"当代文学"等 6 个板块，其中对肥套作了专门介绍，是关于毛南族文学成就系统研究的开创性成果，为研究毛南族文学奠定了较为坚实的基础和搭建了较为宽阔的平台，同时也为研究毛南族肥套仪式提供了较为完整的资料。

3. 专一艺术形态研究。专一艺术形态研究是关于毛南族艺术研究的细化和深入，有利于揭示毛南族艺术特定形态的特质，为人们更深入地认识毛南族整体艺术展现个性化视阈，从而为研究肥套提供指导和参考。韦秋桐、谭亚洲所著，广西人民出版社于 1994 年 1 月出版的《毛南族神话研究》当属此类研究翘楚。其书分"毛南族创世神话"、"演变的龙神话"、"人类起源神话"、"神话与民族生存"、"神话与民族源流"、"神话与民族宗教"、"毛南族神话与西南少数民族神话"、"神话与唱师文学"、"神话、仙话和人话"等 9 部分，梳理了毛南族神话谱系，理清了毛南族神话的发展脉络，呈现了毛南族神话的独特个性，概括性地描述了毛南族神话在毛南族社会生活以及民间艺术建构中的地位，初步具备理论探讨的雏形，给后来研究者以很大助益，是研究毛南族肥套难得的参照资料。蒙国荣先生的《毛南族傩文化概述》亦属此列。另外还有张景霓著、中央民族大学出版社于 2006 年 9 月出版的《毛南语动词研究》，对毛南族语言中的动词作了深入、细致而系统的考察与描述，其中对研究毛南族语言艺术形态（肥套就包含有丰富的语言艺术成分）很有启迪作用和借鉴意义。

4. 对阶段性、广泛性及零散性学术成果的描述与概括。20 世纪 80 年代中期，一批广西本土学者尤其是广西毛南族学者会聚于毛南族群体研究领域和毛南族传统艺术研究领域，就广泛的课题展开研究，并取得相应成果。覃永绵先生将这一时期该方面的研究成果集纳、选择和归类，广西民族出版社于 1987 年 11 月出版《毛南族研究文选》。集纳、整理、选择和归类，其本身属于优化研究成果的学术研究。该集子收入这一时期的关于毛南族社会及毛南族艺术研究论文 24 篇，所集论文涉及毛南族及其社会生活的多个范围和不同层面，其中尤为注重毛南族传统艺术，并有探讨毛南族肥套仪式者，一些研究成果具有相当高的学术价值，对于其后一些学者展开更深入的专题性研究多有启发和借鉴意义。卢娇兰的《毛南族研究综述》则对有关于广西毛南族研究的总体情况进行描述和概括，并对其进行简略的评价，这对于后来研究者确定新的研究视角和范围有参考意义。

（三）学科拓展性研究成果

关于毛南族及其艺术的研究活动起步较晚，研究队伍在很长时期内未成规模且不甚齐整，因而研究视角和视阈有相当大的局限性，这就造成了研究成果的品质局限性。进入 21 世纪以后，文化多样性越来越受到人们的关注，学人们更多地着眼于具有独特性的少数民族艺术形态或艺术元素，以及产生这些形态和元素的相关氛围，亦即学人们既注重毛南族传统艺术或艺术元素本身的广泛性和深入性研究，也注重对与艺术相关的其他元素的研究。由此导致毛南族及其传统艺术方面的学科拓展性研究活动有所兴起，也出现了一批可喜的研究成果。这类学科拓展性研究主要体现在下述方面。

1. 原有领域拓展。关于毛南族及其艺术的研究，前人虽然开辟了许多视角和领域，但其中许多方面的研究仍然有深化和细化的必要，并且应该与前人的研究成果形成系列，从而使毛南族艺术的特色和特征更为彰显。例如孟凡云的《论广西毛南族形成的时间问题》和《论明代广西毛南族谭姓"轻"组织的性质》、明伟的《"三南"山区的民族——毛南族》、黄平文的《文化视野下的毛南族族群认同》等，就是在毛南族历史的研究领域内的深化，与自身前期研究或他人的研究成果形成印证或补充。晓临的《毛南族婚礼》，甘品元的《毛南族婚姻行为变迁研究》，黄润柏的《毛南族人口发展面临的问题与对策探析》，《毛南族聚居区新农村建设面临的现实难题与对策》和《毛南族农村家庭消费结构的优化与小康社会建设——广西环江南昌屯毛南族社会经济发展状况个案研究之二》，陆庆学的《饮食"变革"在毛南山乡——广西环江毛南族自治县开展群体性聚餐申报监管工作侧记》，唐峥华的《毛南族村民的心理卫生状况》，卢伟益的《环江毛南族自治县：帮助农民实现"角色"转换》等，就是在毛南族社会状况研究的基础上，对毛南族在新形势下所面临的问题展开学科拓展性研究，促使原来的研究领域更为宽广。卢玉兰的《枫蛾歌（毛南族古歌）》、曾宏华等的《毛南族古歌研究》、彭家威的《毛南族肥套仪式中的造型艺术及其文化功能阐释》、蒙国荣的《毛南族傩文化概述》等，则是在原有研究成果的基础上，对某些曾经被学者们涉及过的对象进行细化研究，是对研究对象内涵更为深化的挖掘或拓展。这些在原有研究成果基础上所作的深化和细化类型的学科拓展性研究，发掘了研究对象中未被前人发掘的内涵，有助于人们更准确地认识毛南族肥套的特质。

2. 创新领域拓展。进入21世纪以后，关于毛南族及其艺术的研究，许多学者开辟了一些全新的领域。有的研究对象尽管前人已经涉及，但新的研究展现的是研究对象中尚未为人触及的一面，将研究对象置于另一新颖平台进行审视；有的研究尽管着眼的不是艺术，但对考察毛南族艺术尤其是传统艺术有着间接的借鉴作用，可以被认定为与艺术领域有交叉、重叠的成分。周舟的《毛南族"南瓜节"》、谢铭的《毛南族"分龙节"的渊源、现状及保护》、吕洁的《毛南族花竹帽制作工艺考察》和《毛南族花竹帽艺术的文化内涵》、曾宏华的《试论桂西北地区毛南族民歌中的女性形象》、王欢的《毛南族还愿仪式"条套"中的女性形象与动作特征——以〈土地配三娘〉中的三娘形象为例》、杨秀昭的《毛南族肥套仪式及其音乐解析》、吕铁力的《毛南族妇女的生育风俗》（英文）等，就是将毛南族传统艺术或艺术元素置于一个新的研究平台，在人们面前展开毛南族某一艺术形态曾经不为人注重的一面，这有助于展现研究对象的全貌。李大春的《体育课程对毛南族学生人格发展的影响》、徐林的《广西毛南族青少年体质发育分析》、徐莉的《毛南族儿童的棋游戏及其教育价值》、赵学森的《毛南族聚居区居民体育锻炼行为分析》等，虽然涉及的是体育学科或者与艺术内涵仅有交叉的领域，但其旨归是培养人的健康体魄与心理，亦即与艺术创造的主体关系极为密切，因而对研究毛南族传统艺术创造，包括毛南族肥套呈现的方式及规律有借鉴作用。

3. 研究视角和研究观念的拓展。如果说，集纳整理性研究和描述概括性研究着眼的重点主要是在发掘、整理和揭示毛南族传统艺术包括肥套的原有成果及其价值的话，学科拓展性研究则是从更为广泛的层面和角度关注毛南族艺术以及与毛南族艺术相关的诸多元素。长期以来，保护民族传统艺术形态及其创造方式，尤其是保护少数民族的传统艺术形态及其创造方式成为许多学者的共同呼声，但基于毛南族传统艺术形态及其建构方式的保护理念及行为，并未得到实质性重视（当然，我们不能否认关于毛南族艺术研究活动中的集纳整理性研究和描述概括性研究层面无论在主观上还是客观上都具有保护传统艺术的性质，但这是另一个话题）。而毛南族及其传统艺术的生境，无论是从历史而言还是从现实而言，都属极为独特和艰难——人口稀少、居住地狭小、周边其他民族文化强势明显、自然与社会环境变化极为迅速等——毛南族传统艺术的特色正在被急剧淡化，故而其传统艺术形态及其建构方式的保护尤显迫切。同时，关于毛南族及其传统艺术的研究，相关学者的研究观念必须有所更新，这样才能给毛南族及其传统艺术等方面的研究带来新的天地。现有文献表明，这样的研究已经崭露头角，并取得了相应的成果。侯玉霞的《毛南族花竹帽的保护与发展》、刘琼秀的《在发展中保护——浅论少数民族感恩文化的传承——以毛南族傩文化为例》、卢娇兰的《毛南族传统文化发展的困境及对策研究》等，在警示毛南族传统艺术的生存与发展危机的同时，初步提出了相应的保护理念与措施；欧雯瑄的《毛南族民间音乐的历史与发展浅探》、赖程程的《论毛南族舞蹈语汇的美学特征及艺术精神》等则从毛南族传统艺术宝库中最具特色的艺术形态入手，探究毛南族传统艺术的美学特征及艺术精神，因而显示出毛南族传统艺术研究的新颖视角。文萍的《广西京族、毛南族中学生的知识价值观探析》、黄润柏的《毛南族的资源生态、土地制度与农民收入的变迁——广西环江南昌屯毛南族社会经济发展状况个案研究之三》等则涉及毛南族新生代的知识价值观——当然与其艺术价值观有密切关系，以及毛南族居住地区的生态安全——当然与毛南族艺术的生态批评有内在联系——乃至于毛南族传统艺术的生态安全。这些应该说是与毛南族及其传统艺术研究有关的较为新颖的观念，能够给后来研究肥套仪式者以新的启迪。

（四）其他相关研究

毛南族为岭南古百越民族后裔，岭南古百越民族的艺术形态是毛南族传统艺术形态的重要源头，毛南族民间艺术形态与岭南古百越民族艺术形态有诸多相同或相似之处，尤其肥套与岭南古百越民族文化联系直接。由于文化根性及后期生境有许多相似之处，或者相关民族比邻而居，近、现代以后直至当今，毛南族的许多艺术形态与生活在周边地区的百越族裔其他民族如壮、侗、仫佬、水、布依等民族的传统艺术形态有着许多内在联系，故而与此相关的一些研究成果对本研究极富指导意义和参考价值。撮其要者，下述文献很值得提及。

宋代范成大、周去非二公在广西为官有年，且较多关注民风民情。范氏所著的《桂海虞衡志》和周氏所著的《岭外代答》，有关广西的情形，当属其时某些民风较为真实的写照，其中所述民俗，至今尚有存于毛南山乡者；关于毛南山乡的一些直接记载，已经被学界公认为权威，弥足珍贵。在封建王朝时代，岭右虽号称僻远荒蛮，然而多有官吏商旅及文人雅士涉足其间并留下墨迹且载诸典册。清朝曾任职桂林府和太平府通判达 10 年之久的汪森，康熙年间将相关资料辑录成集，号"粤西三载"（《粤西诗载》、《粤西文载》及《粤西丛载》），其中《粤西丛载》"是一部关于广西社会、经济、文化各方面的资料辑录"①，系岭右（其中有的地方极为靠近毛南山乡甚至即为毛南族先辈曾经生活过的地域）多段时期风土人情之记叙，其中虽不乏荒谬之词，但对于研究少数民族历史与艺术，当属极具参考价值的文献。黄振中、吴中任等先生对其校正、注释，无疑大为强化了《粤西丛载》的学术性，因而对笔者的研究有开阔视野和指证风俗的作用。清朝嘉庆年间谢启昆编、胡虔修纂的《广西通志》（广西师范大学历史系中国历史文献研究室点校，广西人民出版社 1988 年 9 月出版），作为官修信史，内容极为详备。其中述及毛南山乡及其周边地区地理、民俗者，对研究毛南族历史及传统艺术形态，特别对研究毛南族肥套多有参考价值，是非常难得的文献资料。吴瑜任总纂、思恩县（今环江毛南族自治县前身）修志局编修、民国二十二年九月成书的《思恩县志》，为当时广西省民政厅统一部署下成其文功的官修信史，其中的《风俗》篇有直接描述毛南族肥套者，当属至今所能见到的官方最早、最翔实、最生动的文献记载，且有比较性阐述，语虽简练，但意蕴丰富，甚为难得。另外，钟文典先生主编的《广西通史》也为本研究的历史维度提供了很好的指导与参考。

今人吴永章先生的《中国南方民族文化源流史》，较为系统、详尽地介

---

①　黄振中、吴中任等：《粤西丛载校注·前言》，广西民族出版社 2007 年版，第 3 页。

绍了中国南方，尤其楚、粤（含岭南广西地区）、滇、黔等地少数民族文化源流、发展、嬗变的历史，内容周详细致，取材广博权威，有很高的学术价值。其中多有涉及广西百越族裔民族历史文化者，对研究毛南族肥套极有宏观参考意义。陈跃红、徐新建等著的《中国傩文化》，王兆乾、吕光群合著的《中国傩文化》，皆为图文并茂之作，阐述了中国傩文化的历史与现状；李路阳、吴浩所著的《广西傩文化探幽》对广西的傩文化现象做了全面而深入的探讨，这为研究毛南族肥套提供了很好的指导，尤其《广西傩文化探幽》述及的现今居住于广西地区百越族裔各少数民族原始宗教观念与习俗，是考察毛南族宗教仪式肥套时难得的具有活化石意义的民俗比较材料。鉴于毛南族与壮族具有同源关系、传统文化中具有极多的相同和相似的根性、毛南族聚居地周边生活着大量的壮族居民、毛南族整体文化深受壮族文化的影响、研究毛南族传统艺术必须同时观照广西壮族等相关少数民族传统艺术等情形，张声震先生主编的《壮族通史》全面、深刻地展示了壮族的历史画卷，能够为本研究提供较为宏阔的视角，展现必要的社会生活画面，从而为本研究提供难得的指导。与此有同等意义的，还有壮族学者黄秉生先生的《壮族文化生态美》和侗族学者张泽忠先生的《侗族古俗文化的生态存在论研究》等，都是研究毛南族肥套时很值得参考的文献。

　　笔者综合能够查阅到的现有文献情况得知，关于毛南族肥套以及与其相关的研究，其集纳整理性研究在深度和广度上已经颇具规模，先行学者们收集、整理了大量的原始性材料，而且这些材料基本上能够反映毛南族传统艺术形态或艺术元素的总体面貌和发展脉络，呈现了相当丰富的研究成果，已经为后续研究奠定了较为扎实的基础及搭建了相应的平台；其描述概括性研究则是在集纳整理性研究的基础上开启并强化了相关的理性描述探讨，而且这些理性描述探讨已经在一定程度上揭示出毛南族及其传统艺术的形成与发展原理，特别是对毛南族传统的语言艺术、宗教艺术等方面，研究已经较为深入，也体现出一定程度的理论性；其学科拓展性研究出现了一些新的研究视角和研究观念，甚至偶有将某些新的艺术批评理论——例如生态批评等方面的理论——运用于毛南族及其传统艺术的形成与发展等领域的研究中，出现了少量虽然属初级型但却对后续研究者具有启迪意义的成果。虽然这三个方面的研究除了集纳整理性研究具有明显的基础层级的特性外，描述概括性研究与学科拓展性研究之间并不表现出简单梯级递进的关系，但在逻辑上具有一定的生发顺序。

　　由于此前的研究力量、研究条件和研究理念与毛南族肥套研究要求还有一定距离，以及研究规律本身的发展尚未达至相应的高度，目前关于毛南族传统艺术包括肥套的研究尚有许多局限性。这些局限性主要表现在下述方面。

一是研究成果的规模未能与毛南族传统艺术成果及其发展态势相适应。毛南族作为一个人口较少民族，其传统艺术成果相当丰富，许多传统艺术形态发展的势头较为强劲，其艺术规律具有独特性。但关于毛南族传统艺术的研究，无论是从研究队伍而言还是从研究成果——特别是理论升华性研究成果——而言，与国内其他许多对少数民族传统艺术研究状况相比，弱势相当明显，与毛南族现有的艺术成果、艺术创造欲望、艺术创造力以及艺术创造中所需要的理论推力极不相称。尤其进入 21 世纪以后，关于毛南族传统艺术的研究已经显示出徘徊甚至停滞的局面：研究队伍渐趋萎缩，有重要影响的高品质研究成果呈现速度缓慢，一些新的研究领域难以成规模展开，全方位的理论升华性研究还未曾见出大规模突破态势，在肥套方面的研究及其成果更为少见。

二是创新性研究行为及成果较为缺乏。对于个别研究领域和研究对象，创新性研究活动已经有所触及，但大多还没有以此为契机做深入的和大面积的展开，因而创新性研究在关于毛南族传统艺术研究中至今显得气势严重不足，难以在关于毛南族传统艺术的整体研究中产生引导和促进作用。由于对毛南族肥套缺乏全方位认识，学人们对肥套的研究更为有限。综观毛南族艺术现状、发展趋势以及相关研究，关于毛南族传统艺术研究中的创新性研究应该予以高度重视，这样才有可能对毛南族艺术，包括肥套的健康发展，对蕴涵于毛南族传统艺术中的整体规律有确切的揭示，也才能真正提高毛南族传统艺术包括肥套研究的品质。

三是系统性研究严重不足。这主要表现在两个层面。首先是研究队伍缺乏系统性整合，研究力量分散，尤其近年来研究毛南族艺术的学者基本上处于各自为战的状态，研究合力缺乏。这属于另一个层面的课题，与本书宗旨距离较大，此不赘述。其次是研究活动及选定的研究对象缺乏相应的系统性，少见高屋建瓴型的研究指针和引导力强的研究课题，因而往往导致研究成果缺乏系统性关联，这就在客观上削弱了研究的力量及研究成果的品质，从而使毛南族艺术研究的整体局面显得沉闷，毛南族传统艺术的价值也就难以获得整体性揭示与提升。

四是某些研究理念有待创新。毛南族传统艺术尤其肥套的形成与发展，与其独特的生存环境——包括特殊的自然生态环境与文化生态环境——有着密切的关系。研究毛南族传统艺术尤其是肥套，必须着眼于其特殊的生存环境，才能从根本上揭示出毛南族人民创造、欣赏、提升其艺术品质的整体原理。虽然此前的研究在客观上或多或少已经触及且体现了相应的生态批评理念，但有意识地运用生态批评理论对毛南族传统艺术特别肥套进行研究的学者及成果还不多见，亦即某些研究理念亟待更新。

总之，就目前看来，关于毛南族传统艺术的研究，集纳整理性研究成果丰富而且品质较高，描述概括性研究成果已经显示出亮点，某些领域的研究成果基本上具备了系统性整合的基础，个别学者及其研究成果初步触及生态批评的边沿。因此，本研究就是试图在丰富、厚实的集纳整理性研究成果的基础上，借鉴描述概括性研究成果的启迪与条件，对毛南族肥套做系统性、生态批评性研究，对毛南族肥套作出论述或论证，从而揭示出毛南族肥套的本质、理想和规律。

三 研究理念与视角

（一）确定肥套的艺术属性

毛南族肥套集毛南族传统社会生活中的许多艺术形态于一体，蕴含极为丰富的艺术元素。毛南族肥套的艺术属性主要体现在下述三个方面。

其一，毛南族肥套系逐渐艺术化的宗教仪式。肥套仍然具有明显而丰富的巫傩与跳神的成分，是毛南族实践子孙繁衍、人畜平安等宗教期盼的主要手段，但整个过程所体现出来的艺术元素已经极为丰富，有的场次甚至可以被看作相对完整的艺术形态。土地与三娘的相互挑逗与取悦的舞蹈、瑶王和鲁仙的劳作与生活舞蹈、神灵为表现个性和渲染气氛的舞蹈等，大量的情歌对唱、家世吟咏、民族史诗、巫语颂语等，场景设置中的剪纸、图画、联语等，表现神灵容貌与个性的傩面，歌唱及舞蹈时有固定曲谱的器乐伴奏，等等，都是相当成熟而且颇具民族特色的艺术形态。即便是请神、颂神、祈神和酬神的许多情节，毛南族师公仍然力图用艺术的方式将其展现出来，企图用艺术的方式建构起人与神和融、人与社会和融乃至人与自然和融的模式。所以，毛南族肥套属于艺术化或者艺术性极强的综合性宗教仪式。

其二，毛南族肥套系体现宗教期盼的戏剧雏形。毛南族肥套仪式中集聚了单个神灵的故事，有民族演变的故事，有家庭或家族发展的故事，有世俗生产生活故事，还有孕育于毛南山乡、对天地万物进行独特解说的故事，等等，而且其中的许多故事都是以歌舞的形式呈现出来。这些很符合戏剧特征。但是，肥套整体过程没有完整的故事情节，仪式过程中各个故事是单独、分散敷陈的，故事之间没有必然联系；贯穿仪式始终的是以宗教期盼以及实践宗教期盼的艺术性活动为主线而不是以故事情节发展及人物形象的变化为主线。所以，毛南族肥套仪式中许多以歌舞演绎的故事环节可以看成是戏剧的缩影，具有浓郁而鲜明的戏剧色彩，但仪式整体还不具备戏剧的特质，因而将其定性为体现宗教观念但包含较为丰富的戏剧艺术元素的戏剧雏形应该是较为恰当的。

其三，毛南族肥套客观上体现了聚合与离散高度统一的民间素朴的艺术建构手法。多神聚合、多宗旨聚合、多生活形式聚合、多艺术元素聚合、仪式起因与人生价值取向聚合等；各个故事情节之间离散、某些神灵性格与宗教诉求离散、仪式主线与某些情节离散、仪式初衷与主观效果离散等，这就导致肥套所体现的属性多样化：宗教慰藉仅仅是其属性之一，而体现人生道德价值取向、确立社会生活规范、传播毛南山乡式的百科知识等已经演变成其越来越重要的属性，甚至成为毛南族肥套的本质属性之一。

（二）描述肥套的生成与发展图式

考察毛南族的民族历史、所处的自然环境、毛南族与周边其他民族的文化交流情况，以及毛南族肥套的特点，笔者认为毛南族肥套的生成与发展路径，大致经历了如下阶段：岭南古百越民族文化基因传承→独特自然环境孕育→吸收他族文化与凝聚本民族特色→多族艺术融会整体生发。尽管这些阶段并不一定呈现出规则、完整的阶梯性状，但这样的总体路径描述应该是与毛南族肥套的生成与发展特征、与毛南族肥套所依存的整体生态氛围相吻合的。

毛南族先民是岭南古百越民族的后裔，古百越民族文化基因在毛南族身上有较多的保留，因而毛南族传统的艺术观念、艺术建构方式以及据此建构的艺术形态中包含岭南古百越民族文化基因，比如饮食、建筑、服饰、出生与丧葬仪式、宗教、婚姻等风俗，都具有鲜明的岭南古百越民族文化遗迹。但这样的基因并不是一成不变的，而是经过裂变、重组乃至再生。这些都可以从毛南族传统文化形态尤其肥套中分辨出来。这是毛南族肥套生成与发展道路上较为深刻的印记。正如丹纳所说，"环境与艺术既然这样从头至尾完全相符，可见伟大的艺术和它的环境同时出现，绝非偶然的巧合"①。毛南族由岭南古百越民族那里继承来的文化艺术基因，经过裂变、重组乃至再生

---

① ［法］丹纳：《艺术哲学》，傅雷译，人民文学出版社1963年版，第144页。

以后，再经过毛南山乡独特的自然环境孕育，其艺术形态中就具有了更为丰富、独特的生态内涵。

由于地缘关系和长期的文化交流，以及与同为古百越民族后裔的壮、侗、水、仫佬等族在文化基因上具有同源关系，加之汉文化在当地具有明显的优势，毛南族肥套在发展过程中不断吸收汉、壮等其他民族文化，并且在吸收他族文化的过程中注重凝聚本民族艺术特色。应该说，处于这样的文化地理和艺术氛围中，毛南族肥套在发展中吸收他族文化与凝聚本民族艺术特色的举措并重，是毛南族肥套今天仍然呈现出倔强生命力的重要原因。

毛南族肥套与其他民族的相关艺术在相互交流和影响的同时，正从个别、局部的形态或领域走向整体融合，这应该是毛南族传统艺术或艺术元素当前和可预见的未来一段时间的发展道路与趋势。因为随着社会整体生活的相互交流与融合，不同民族之间艺术的融合与共同发展应该是顺理成章、水到渠成的事情。以毛南族长期以来所形成的宽阔文化心胸，这样的艺术发展路径应该不会有太多的障碍。因此，沿着毛南族肥套的生成与发展图式对毛南族肥套作整体、深入研究，正是本研究主要的学术取向，也是本研究的创新之处。

（三）揭示毛南族的宗教艺术心理

以原始宗教观念为核心、以外来宗教诸如道教、佛教等宗教元素为外壳的混融宗教体系，在毛南族传统社会生活中发挥着非常重要的影响。因此，毛南族传统的文化心理被烙上了鲜明而深刻的宗教印痕，这是毛南族肥套形成与发展的重要土壤。通过研究毛南族肥套，我们可以在一定程度上较为准确地把握毛南族传统的宗教心理；而借助于毛南族传统的宗教心理的特质，又可以更好地认识毛南族肥套仪式，二者可以互为因果且相辅相成。通过剖析肥套去认识毛南族传统社会凝聚其原始宗教观念的方式，进而辨析毛南族传统的宗教心理，从而为剖析毛南族传统的文化心理提供帮助，系本研究的目的之一。

毛南族肥套中的许多环节已经逐渐脱离单独跳神的巫傩层面而向精致艺术的层面过渡，肥套仪式的许多环节乃至肥套仪式本身已经具有较为丰富的审美元素，其仪式建构方式和建构结果都体现出明晰的审美追求及审美效应。这些均系毛南族传统社会生活中朴素的艺术心理在肥套仪式中的呈现。通过把握肥套仪式探析毛南族的传统艺术心理，也应该是本研究的任务之一。

（四）探讨保护肥套的理念与方法

毛南族肥套仪式曾经在毛南族传统社会生活中发挥了重要作用，尤其仪式的客观效用已经远远超出宗教范畴，其中含有许多合理成分。尤其毛南族通过肥套仪式体现的人与神灵和融的期盼被拓展到期盼人与社会和融、人与自然和融的层面以后，仪式的客观意义大为升华，其中所体现出来的某些观念以及仪式所呈现的某些艺术方式也很值得提倡和保护。但毛南族肥套仪式毕竟系特定时代及特定生态环境下的产物，反映了人们特定的神人和融期盼以及实践神人和融的方式，与今天的现实以及与人们在过去很长时期的文化诉求存在较大差距，亦即肥套的精华与糟粕并存。因此，保护肥套仪式或者保护肥套仪式的某些成分，需要我们确立科学的理念，采取理性的方法，从而避免人们对毛南族这一传统文化样式产生误解甚至导致负面影响。

（五）新视野下的文献开掘与理论运用

从自然和人文视阈切入，考察毛南族肥套的现实呈现情况，沿着毛南族肥套的生成与发展路径，借鉴先行者的研究路线、方法和成果，对现有文献作系统的发掘，以求探讨出肥套的本质、理想、规律及体现出来的艺术心理，仍然有许多工作可做。在新的研究视阈中，在系统的整合理念与开掘方法下，关于毛南族的文献应该能够展现出新的价值。

本研究在实施过程中，诸多理论给笔者以有益指导，此处谨做概述。

法国社会学家哈伏瓦斯在社会记忆理论框架下阐发的集体记忆理论对笔者启发较大。哈氏认为，记忆是一种群体性的行为，现实生活中诸如家庭、家族和民族等群体都有其相应的记忆。这一理论对于笔者研究毛南族肥套仪式的原始属性有着较为重要的指导意义。

美国学者威廉·鲁克尔曼创立的生态批评理论成为笔者研究毛南族肥套仪式的前导或曰较为重要的指针。鲁氏明确指出，要将"文学与生态学结合起来"，这对于笔者选择研究视阈、将毛南族肥套置于毛南山乡整体生态的大背景中进行全息性考察具有启迪作用；中国学者鲁枢元在其著作（主要是《生态文艺学》）中对生态批评理论作了更为深刻和全面的阐述，为生态批评理论中国化作出了较多的贡献，笔者在研究中获得较多的启发。云南大学何明教授在其系列论著中注重解读生活、主张从实践出发对人类艺术进行研究的观点，段炳昌教授在其论著中体现出来的研究民族文化的观念与视野、所阐述的民族审美文化交流的一般原理，黄泽教授阐述的在非物质文化遗产视野下民族艺术与宗教艺术方面的研究视角和成果，等等，给本研究以极大的启示和指导。

　　笔者的导师袁鼎生教授的生态审美理论是本研究最为主要和重要的指针。袁先生以整生为基座的学术方法，以万生一、以一生万的学术视野，以超循环的生态方法与社会之道、自然之道结合，与思维之道、存在之道同构等学术悟力，对笔者有极为重要的引导与指导作用。袁先生的相关著作如《审美生态学》、《生态视阈中的比较美学》、《生态艺术哲学》、《超循环生态方法论》等，笔者不时拜读，受益甚巨。但要领会袁先生的学术思想并将先生的相关学术观念运用于自己的研究和论文撰写之中，笔者需要培养相应的学术悟性以及需要作出艰苦的努力。好在先生秉性敦厚，思维敏捷，学识深广，平易近人，对笔者的研究和写作无论是在宏观构建方面还是在微观呈现方面，均不时给予教诲和点拨，这给笔者以极大的教益和信心。

第 一 章

肥套及其传承

毛南族族源的多元性以及其自然生境的独特性，导致其传统宗教仪式肥套从形式到内容再到传承方式都呈现出与周边其他民族同类型的宗教仪式有着极为巨大甚至在许多方面属于本质性的差异。族源的多元性既造就了毛南族较为宽阔的文化胸怀，又使多民族文化的融合成为必然而且显得更为自然——无论是从文化心理还是从多民族文化融合的方式，毛南族较周边许多其他民族无疑有更多的天然优势，而且毛南族在融合其他民族文化元素的过程中较好地利用而且发挥了这些优势；毛南山乡独特的自然生境既为毛南族传统艺术的孕育与发展造就了独特的温床，同时又为传统艺术的独特性设置了相应的屏障，从而使其独特性得以凝聚和持久。而这些又都是毛南族肥套赖以生存和发展的氛围与土壤。以这些氛围和土壤作为研究毛南族肥套的视阈之一，我们将能够更为恰当地把握肥套的一般情形乃至本质。

尽管不一定是出自毛南族人的理性作为，但从客观形式及其社会效果来看，毛南族肥套处于由宗教仪式向舞台艺术过渡的发展阶段，因而其传承理念与方式既带有浓厚的民间宗教色彩，同时又具有舞台艺术传承范畴内的元素。毛南族肥套无论是从形式与内容而言，还是从其传承过程而言，已经逐渐走出宗教窠臼，更多地具有一般文化活动的传承特性。因此，从传承观念及传承方式入手，我们能够更为广泛和深刻地窥探到肥套的相关特质。

第一节　毛南族及其传统艺术活动

一　民族分布区域及其自然生态

毛南族是我国人口较少的民族。广西毛南族主要分布在广西河池市环江毛南族自治县。宋朝周去非的《岭外代答》中曾经有"茅滩"一词，①当可算毛南族在汉文史籍中与该族称相关的最早记载。此后，关于毛南族族称来源，在历代的汉语文献中曾经有"茆滩"、"茆难"、"茅难"、"冒南"、②"毛南"、"毛难"③等诸多写法。毛南族聚居区周围的壮族人称毛南族聚居地为"江毛南"，毛南族人则自称为"大毛南"。这里的"江毛南"和"大毛南"其意均为"毛南地方"。附近壮、汉、苗、瑶、仫佬等族人习惯称毛南族人为"毛难人"、"毛难"。2010 年人口普查，广西河池市环江毛南族自治县有毛南族人口 61919 人。毛南族居住地较为集中，主要生活在广西西北部环江毛南族自治县的毛南山乡，即传统上所说的上南、中南、下南（按地势高低大致划分）地区，其中尤以下南地区最为集中。三南地区（主要属现在的下南乡）面积约 256 平方公里，居住人口主要为毛南族。三南地区周边的环江毛南族自治县川山、水源、洛阳、思恩等乡镇，以及与环江毛南族自治县接壤的河池市的金城江区、宜州市、都安瑶族自治县和南丹县等地亦有较多数量的毛南族人居住。

　　传统上毛南族居住地"三南"地区不仅面积狭小，而且属多石山区，大部分地区主要为喀斯特岩溶峰丛地貌，平坝和平缓坡地不多，可耕地极为稀少。峰丛岩缝中多荆棘灌木，少乔木材林。尤其在中南、上南地区，溶洞和地下河流众多，地表侵蚀严重，峰峦挺拔，天坑幽深，水土保持极为艰难。水源奇缺、地表水稀少是 20 世纪 50 年代以前毛南人的深刻印象。平常年份，农用浇灌难得充裕；略有干旱，则人畜饮水无法保全，生计殊为不易。因此，耕地和水源是毛南山区，特别是上南和中南山区至为宝贵的财富。中华人民共和国成立以后，尤其在 20 世纪 80 年代以后，经过多方面努力，此种状况已经大为改善。

　　以下南六圩为中心，有一块不算大，但在毛南山乡却称得上鱼米之乡的山谷缓坡地带。这是毛南山乡的政治、经济和文化中心。除此而外，毛南地区以崇山峻岭为主，峰丛中面积狭小的洼地多呈封闭或半封闭状态。串珠状洼地大多由峰丛间山坳曲折相连，故而早前的毛南山乡交通极为不便。1957 年毛南山乡通往外界的第一条简易公路修通。此前的漫长时期里，毛南山区

---

① （宋）周去非：《岭外代答》，广西民族大学图书馆排印馆藏本，第 1 页。

② 环江毛南族自治县地方志编纂委员会：《环江毛南族自治县志》，广西人民出版社 2002 年版，第 904 页。

③ 《谭家世谱碑》。该碑由毛南族谭姓族人立于清乾隆年间，现存于环江毛南族自治县下南乡波川小学内。

从外界购进及由山区运出的货物，均靠人挑马驮。后于 1977 年、1980 年分别修通毛南山乡往南、往东两条简易出山公路，毛南山乡长期封闭、半封闭状况才基本被打破。

独特的自然生态环境养成了毛南族独特的生存方式和生活习惯。毛南山乡耕地稀缺，能栽种水稻的水田更少，所以毛南山乡的很多地方基本上以旱地作物为主。珍惜土地、善待土地成为毛南族重要的传统："地能生黄金，寸土也要耕"是毛南族的戒律。狭小的洼地，瘠薄的土层，成为毛南族寻求食物的最重要来源地。毛南山乡的主食除稻米外，还有玉米、红薯、南瓜等。即便如此，在 20 世纪 50 年代以前，绝大多数毛南人基本上一日三餐稀粥，欲求一饱极不容易。20 世纪 80 年代以后，毛南山乡的衣食逐渐丰富，近年来与山外已无明显差别。

二　族源及其与传统艺术相关的活动

毛南山乡古为百越之地，古百越族很早就在这里栖息繁衍。三国、南北朝之后，包括"茅滩蛮"在内的生活在该地域的"蛮僚"与古百越民族有直接关系或曰古百越民族的重要支系之一。[1] 广西毛南族的族谱记载或族源传说普遍认为自己的祖先分别来自湖南、山东、福建等地，因为官、避难或军旅留居毛南山乡生息繁衍。其中占毛南族总人口 80% 以上的谭姓人叙述先祖来源的《谭家世谱》记载，始祖谭三孝籍贯为湖南常德府，明嘉靖年间为官广西庆远府河池知州，因短少官银无力填补，遂罢职逃逸，辗转来到"毛难土苗地方"繁衍，逐渐发展成为毛南族主枝。[2] 毛南族其他大姓如覃、卢、韦、颜等姓，皆云自己祖先来自山东、福建等地。[3] 类似传说或族谱，不唯毛南族多见，广西壮族中的许多大姓中亦极为普遍。

【田野笔记】

广西各族人极为重视自己祖先来历及宗族分支情况，各宗族一般都保存有记载详细的族谱。笔者走访过广西左江、右江流域的许多地方（即古代文献中常被提及的"两江州峒"），当地许多居民，无论是民间

①　《毛南族简史》修订本编写组：《毛南族简史》，民族出版社 2008 年版，第 11 页。
②　《谭家世谱碑》。
③　广西壮族自治区编辑组：《广西仫佬族毛难族社会历史调查》，广西民族出版社 1987 年版，第 106 页。

大堂上供奉的香火牌位，还是族谱，都清晰地记载其祖先来自河南、陕西、山东等地；百姓口耳相传、永志不忘的，也是祖先来源。笔者于2012年7月14日赴毛南山乡考察，与笔者一同前往的环江毛南族自治县文化馆馆长谭承松（毛南族，出生于毛南山乡）告诉笔者，其祖先收藏有一份非常古老的族谱，记载祖先来源于湖南。该族谱后来被中南某高校一位到毛南山乡考察的专家借走后，几经讨要而未能归还。

当然，香火牌位或族谱所载，甚或民间口头传说，未必是家族来源信史，但也从一个侧面反映，居住于广西的许多少数民族，包括毛南族，主要由当地土著民族发展而来，同时又融合了外来民族成分。至于融合的外来民族的成分有多少，倒是无关紧要的。"现今民族历史的研究成果表明，壮、布依、傣、侗、仫佬、毛南、水、黎等民族都有历史渊源关系，犹如一株大树一样，大家同一根源，随着时代的发展，生长出支干，分化成不同的民族。"①

传统上的毛南语属于汉藏语系壮侗语族侗水语支，有66个声母，86个韵母，主要元音15个，声调8个。毛南族内部语言呈现高度一致性，基本上没有方言土语差别。毛南族是一个全民双语型、部分三语型的群体。人们平时交流，视情况不同使用毛南语、壮语或者汉语（西南官话）。20世纪80年代以后，随着族际间的交流越来越广泛，加上毛南族文化心胸素来开阔，人们交际中使用毛南语和壮语的情况日渐减少，使用汉语者越来越多（兼用西南官话和普通话），"毛南语已经成为一种衰变语言"②。而且随着近年外出务工者日益增多、进入毛南族地区的外地人队伍日益庞大、毛南山乡社会整体发展水平与山外基本无差异等因素日增，毛南语的这种衰变速度有愈来愈快的趋势。

毛南族有本民族的语言而没有本民族的文字。他们记录自己的语言艺术品时主要采用三种方式：一是口耳相传。这种最为原始的记录传承方式最大的缺陷就是容易导致作品在传承的过程中变异和散失。二是懂汉语、会汉字的人将毛南族的语言艺术品翻译成汉语作品后用汉字记录下来。这种情况极为稀少，因为在明代万历年间思恩县才开始建立学宫教习汉文，而这样的学宫不是一般人能够进得了的，毛南族普通百姓更难以用汉语翻译本民族语言

① 张声震等：《壮族通史》，民族出版社1997年版，第91页。
② 张景霓：《毛南语动词研究》，中央民族大学出版社2006年版，第4—6页。

作品再用汉文将其记录下来。再者，古时候有较高汉文修养的毛南族文化人往往直接用汉语或者汉文创作，对本民族这种口头文化成果缺乏足够的认识和重视，因而以该种形式记录与传承的毛南族语言艺术品目前极为少见。三是毛南族中有一定汉文化程度兼行歌师、经师或巫师职业者，用土俗字（毛南族人借用汉字及其部件创造的方块字）记载毛南族的民歌、故事和经文唱词等。这种借用汉字或其偏旁改造成与毛南语语音基本相符的书写符号，仅仅帮助兼行歌师、经师或巫师职业者记忆之用，而不注重于大面积保存和传播毛南族语言艺术作品，在创造和使用的过程中随意性极强，未能形成完整、确定和统一的表意系统，而且这类用土俗字记载作品的方式，到20世纪50年代以后已经逐渐减少。

毛南族尽管人口较少（1953年9月27日统计数字，毛南人总人口为18149人，其中居住在广西环江县的毛南人为16753人①），但在当地少数民族中非常注重汉文化教育，平均汉文化水平最高。相传古时候，当地土司（土官）对毛南族人民实行愚民政策，禁止毛南族人民读书识字。毛南人便暗中学习，其中有个人成了秀才。这个秀才为教毛南族人识字，在毛南山乡下南铁坳附近的一座岩洞里办起学校，并在岩口写了一副对联："四方父老兴办学岩培魁秀；八疆子弟苦读诗书树芳名。"②清朝乾隆年间，毛南族聚居地区始设私塾，至清朝光绪年间毛南族已经出现文武秀才20余人。这在文化较为发达的广西汉族地区都是罕见的。中华人民共和国成立前夕，毛南地区每个行政村几乎都有一所小学，适龄儿童入学率达30%左右。当时在不足2万人的毛南族中，有大专生5名，初中生和高中生（包括师范生）90多名。30年代思恩县（环江县前身）无中学，全县到外地国立中学读书的20人，其中毛南族子弟10人；上大学的9人，其中毛南族4人。③当时的思恩县长赞誉："三南文风颇盛"。1983年环江县有毛南族大学生120余人。上南乡的上南村，总人口4000余人，中华人民共和国成立后至1987年，有大专毕业生29人，中专毕业生47人。上南村是全县22个脱盲村中最早脱盲村之一。④毛南族人将求学读书看作为本民族争气，其民族性格之坚毅与奋发，由此可见一斑。

① 广西省民族事务委员会：《环江毛难人情况调查》，1953年12月编印，第1页。

② 莫家仁：《毛南族》，民族出版社1988年版，第63页。八疆，又称八轻、八强等，即谭姓毛南族人的八个宗支。

③ 《毛南族简史》修订本编写组：《毛南族简史》，民族出版社2008年版，第95—96页。

④ 莫家仁：《毛南族》，民族出版社1988年版，第66—67页。

从民间低层级的艺术活动以及古朴简约的艺术元素的层面去观照，毛南族在生产生活中与艺术相关的活动还是较为丰富而且艺术含量也是比较大的。

择居活动。毛南族所处的自然环境决定了他们的择居观念取向：多山、少地、缺水、潮湿、闷热等，居所当与此情形相适应。其择居活动的艺术性主要体现在两个方面：一是为生者择居，二是为逝者择居，由此表现出来的言行与心理均属择居活动艺术性的内涵与外延。在毛南族人民看来，逝者之居所与生者之居所同等重要，建构时都要举行相应的仪式，在注重功用的基础上极为强调居所的审美功能以及对生者心理的调适功能。除了附着一些风水玄学的成分之外，毛南族的择居活动中更多的是自然与宗教蕴意，表征的是理想化的栖息期盼。

生产活动。在 20 世纪 50 年代以前，毛南族的生产力相当低下，其生产活动主要属农耕、狩猎、畜牧和樵采等小农经济型。但他们的生产活动除了满足基本的居安求饱需求以外，许多活动或者活动中的某些环节已经体现出或者崇尚审美内涵，或者活动本身有的已经发展到艺术性的高度。

言语艺术活动。毛南族的言语艺术体系比较完整。中华人民共和国成立以前，其言语艺术形态以口头文学为主，包括神话、故事、歌谣、俚词等，也有文人用汉语创作的少量诗文语词。毛南族在歌谣吟唱方面很好地继承了岭南古百越民族的善于歌唱的传统，一般青年男女几乎都能够出口成章。中华人民共和国成立以后，毛南族产生了不少诗人和作家，用汉语创作了不少优秀作品。

舞蹈艺术活动。毛南族的传统舞蹈主要由毛南族师公在肥套仪式中呈现，一般百姓基本不舞蹈。传统的毛南族舞蹈糅进了浓厚的宗教色彩，甚至有许多舞蹈动作本身就是宗教愿望的表征。其独特的木面舞（傩舞，毛南族师公在肥套中舞蹈都要戴木制傩面）就是集艺术、祭祀和敬神等要素为一体。起源较早、20 世纪 50 年代以后发展较快的毛南戏，在肥套舞蹈艺术的基础上吸收了其他民族的舞蹈元素，艺术性更强。

服饰艺术活动。传统的毛南族服饰包括服装和饰品等要素。《谭家世谱》碑记载其祖先到达毛南山乡的时候，其地"妇女穿衣无裙"，反映了毛南族祖先女式服装的总体特点。传统上毛南族服装分类极细，具有区分年龄、性别、身份等作用。日常生活中毛南族无论男女皆不喜厚饰，头脸饰品简朴。近年来，毛南族服饰变化较大，不论男女老幼，多着汉式服装，传统服装极为罕见。

　　婚育活动。在中华人民共和国成立以前的毛南山乡，恋爱和婚姻往往是两个不同的概念：青年男女有谈情说爱的自由，但多无婚姻自主的权利。其婚姻多承父母之命、媒妁之言，而且有出嫁女子暂不落夫家的习俗。青年男女在婚前、已婚妇女在落夫家之前、已婚男子在其妻落夫家之前，均有自由选择社交对象甚至有谈情说爱的自由。这些青年男女结伙成对，走村串户，情歌互答，成为毛南山乡一景。毛南族相亲、订婚、结婚等仪式非常独特，流传及表演大量的礼俗歌。

　　建筑艺术活动。传统的毛南族民居建筑格局以干栏式为主，但与壮、水和仫佬等族的干栏式建筑相比，其特色更为鲜明。其中融合于建筑中的石雕和木雕艺术最具毛南族建筑艺术特色，体现出岭南古百越民族建筑艺术基因在独特的自然特征与社会文化交融环境中融会而成的毛南族建筑审美追求。

　　节庆活动。毛南族传统节庆繁多，有的节庆与周边其他民族共有，有的节庆则是毛南族独有。即便与周边其他民族共有的节庆，毛南族在节庆内涵和过节形式等方面仍然有自己的特色。由节庆衍生而出的艺术形态，有许多被深深打上了毛南族文化的烙印。

　　宗教艺术活动。居住在岭南一带的古百越民族跟楚人一样，保留有浓厚的原始宗教观念。《列子·说符》云："楚人鬼而越人禨。""是时既灭南越，越人勇之乃言：'越人俗信鬼，而其祠皆见鬼，数有效。'"[1] 楚越同源，楚文化与古百越文化中的"巫鬼"元素极为浓厚。实际上，楚人、越人的巫鬼文化在观念与表现形式上并无本质上的差异，生活在岭南地区的古百越民族后裔之"巫鬼文化"就承袭甚至发扬光大了楚越巫鬼文化成分。[2] 岭南古百越民族这种巫鬼文化基因遍布毛南族文化周身，并发育成多种巫鬼文化形态。传统上，毛南族宗教观念浓厚，宗教仪式烦琐，宗教意识及宗教行为渗透到生产生活中的各个角落。传统毛南族艺术有许多与宗教关系极为密切，有的艺术形态甚至直接为宗教服务或直接表达了毛南族独特的宗教观念。其中著名者当属毛南族肥套中的许多艺术元素。

　　丧葬活动。毛南族的丧葬仪式极为繁杂，丧葬礼仪中表现出对逝者的极度尊重与敬畏，对逝者到另一世界生活的周密考虑，以及对舅家的依恋。其仪式中保留有大量的岭南古百越民族的丧葬风俗："亲始死，披发持瓶瓮，

---

　　① （汉）司马迁：《史记》，中州古籍出版社1996年版，第88页。
　　② 巫瑞书：《越楚同俗探讨》，载广西民族大学文学院主编《百越论丛》第1辑，广西人民出版社2008年版。

恸哭水滨，掷铜钱、纸钱于水，汲归浴尸，谓之买水。"① 毛南族人正常去世后，"在邻居的陪伴下，孝男手执谷穗、香烛、纸钱和一条白布巾，到水井（或山塘、河溪）边，投入少许钱币，买水为死者沐身"②。传统毛南族丧葬仪式在继承岭南古百越民族丧葬习俗的同时，吸收了壮、汉等民族丧葬风俗的某些元素，融会了毛南山乡的自然特征以及毛南族自身对人生与世界的认识，形成了特定的传统仪规（尤其丧葬活动过程中的"肥谱"环节，主要是故事和歌谣说唱，有人物情节和固定的曲调，实际上属于民间说唱艺术范畴），因而具有更为浓厚的毛南族色彩。

器物艺术活动。毛南族的器物包括一般的生产生活用品和演艺道具，其造型与文化观念赋予毛南族器物丰富而独特的审美意义。许多器物集中体现了毛南族手工制作的美学造诣。这些器物或者是毛南族独有的，或者是他族中也有但毛南族所有之器物造型独特、体系完备且独具毛南族特色的。例如花竹帽（毛南语称为"顶卡花"），举行肥套等宗教仪式时跳木面舞所用的诸神面具、祥鼓和木鼓等，造型独特，做工精美，达到了极高的艺术境界，深为周边其他民族叹服。

文化传承活动。毛南族人口稀少、居住地狭窄、生活环境艰难，但却能以其独具个性的文化屹立于周边强势民族之林，而且在教育、艺术等方面甚至胜于与其毗邻的其他少数民族，这在民族发展史上应该算得上奇迹。毛南族能有此结果，其独特、坚韧的文化传承观念与活动发挥了巨大的作用。传统上做肥套仪式的师公要有很高的武功，要能背诵大量的经文、咒语，要会优美的舞步，有的还要具备高超的雕塑及织造手艺等。而毛南族师公是一个业余行当，其传习往往要经过两年的"穿针"（即基本步伐和队形调度）练习，③ 艰苦程度可以想见；且进出自由，没有任何强制性规定，全凭从业者自身定力。编织顶卡花工艺繁复，所用的篾条，有的细如发丝，编织一顶常常费时三到五天。毛南族的石雕工艺远近闻名，其传承态度的严谨非一般人所能想象：一位老石匠每天教其学徒学刻一只画眉，要求学徒凿出的石头粉末只能装满一个牛眼杯。如果凿出的石粉多了，就被认为是粗制滥造。④ 正是这种自觉、持恒的传承态度促使毛南族的艺术传承不仅仅是一种一般活

---

① （宋）范成大著，齐治平校补：《桂海虞衡志校补》，广西民族出版社 1984 年版，第 35 页。

② 卢敏飞、蒙国荣：《毛南山乡风情录》，四川民族出版社 1994 年版，第 177 页。

③ 韩德明：《与神共舞——毛南族傩文化考察札记》，广西人民出版社 2006 年版，第 76 页。

④ 蒙国荣、谭贻生等：《毛南族风俗志》，中央民族学院出版社 1988 年版，第 49 页。

动，而是具有更多的艺术内涵。

和融群体活动。旧时的毛南山乡宛如一座孤岛，周边是其他民族构成的海洋，而且这些构成海洋的民族相对于毛南族来讲有的还是文化强势民族。毛南族不仅未被这个海洋淹没，反而与其周边的海洋构成了一个和谐的整体。这不能不说是毛南族和融群体的观念与行为已达艺术高妙境界。毛南族和融群体的观念与其神人和融期盼有内在联系，其和融群体观念与文化传承观念一样在毛南族整体文化观念中具有较为独特的地位。毛南族对其周边的民族及其文化均采取和融的观念与方式：保持并发展自己民族文化的根性，大胆吸收他民族的优秀成分，对相对弱小的民族坦诚相待，这是毛南族和融群体观念中的要义。在当地少数民族中，毛南族的整体汉文化程度是最高的；毛南族的神灵谱系中多有来自壮、瑶、汉等民族的人物。毛南族在历史上与瑶族支系白裤瑶和苗族有过争执（《谭家世谱》碑记载"庶几苗瑶散于四方"），但毛南族有意无意将争执的历史淡化，长辈几乎不将这种争执情形告诉下一代，也不允许下一代对类似于白裤瑶这样的弱势群体表达歧视情感："小时候（看到）白裤瑶来下南赶圩，中午到毛南人家吃饭，不管是哪一家都是尽心招待，但就是没有多少语言交流。"① 虽然民族之间有过争执，甚至因为芥蒂尚存一时难以推心置腹，但仍然尽可能尽地主之谊。毛南族和融群体的观念与做法由此可见一斑。

三　毛南族与周边民族的关系

毛南族大聚居、小分散。"毛南山乡"既是一个地域概念，同时还是一个文化概念，即传统上指毛南族居住比较集中、毛南族文化特征甚为明显的地区。在中华人民共和国成立前的毛南山乡，同姓甚至同族居于一村的情况非常普遍，"在一个村寨之中，异姓杂居的现象是很少见的"；每个村落都习惯于崇拜社神，而神社的社王或社神基本上与祖宗合而为一，这种祖先与神灵同构观念导致毛南族聚居区的一个独特现象：往往有几个或者十几个村落崇拜一个社神，几乎没有一个村落的居民分别崇拜不同名称社神的现象。② 中华人民共和国成立以后毛南族这种大聚居、小分散的格局虽然仍旧基本保持，但与其他民族杂居的现象越来越多。特别是为了改善一些峒场地带毛南族居民的生活条件，政府主导、支持，从 1950 年到 1986 年，将生活

---

① 韩德明：《与神共舞——毛南族傩文化考察札记》，广西人民出版社 2006 年版，第 112 页。
② 卢敏飞、蒙国荣：《毛南山乡风情录》，四川民族出版社 1994 年版，第 5 页。

条件特别艰难的毛南族居民 1864 户共计 7922 人迁移到县内其他乡镇定居，毛南族与其他民族杂居就显得极为平常了。

　　毛南族跟世居该地的壮族一样，"是最早开拓这块土地的土著民族"①。除此之外，广西环江毛南族自治县还居住着壮、汉、瑶、苗、仫佬、水等11 个民族，其中有的民族多在清朝中期和清朝末年从县外其他地方迁徙而来。而与毛南族聚居区毛南山乡毗邻而居的是壮、汉、瑶、苗和布依族。整体上说，毛南族与其他民族和睦相处，相互依存。开放性强、极易接触和善于吸收其他民族的进步文化等成为毛南族极其鲜明的优秀传统。毛南族很早就有与外族通婚联姻的习尚。传说毛南族大姓谭氏始祖谭三孝"多蒙益友方刚振，始而结盟，继而婚姻……交朋结友，情意和稔，男婚女嫁"②。中华人民共和国成立以后，包括毛南山乡在内的广西各地民族关系更为融洽。20 世纪 50—80 年代许多毛南族人由山区迁徙到县内丘陵和平原乡镇，所到之处当地各族群众分拨土地、山林、耕牛和农具，帮助修建房屋；婚配以男女双方中意为准，不问民族。环江毛南族自治县川山乡一农户 5 口人，有毛南族、壮族、瑶族 3 个民族，小孩子会说毛南语、壮语和瑶语。③ 毛南山乡中，由 3 个甚至更多个民族组成的家庭，所在多有。

　　在毛南族早期的观念里，中华大地上各民族有机一体，是紧密不可分的。对此，毛南族古老的民歌里有生动的反映：

　　　　　结婚三年半，生个磨石仔。
　　　　　夫妻见怪儿，刀砍三百六。
　　　　　鸦衔丢四面，鸟衔投八方。
　　　　　三早七天后，沿路到处看。
　　　　　头肉变官人，嘴肉变皇帝。
　　　　　身肌变壮人，肠子变瑶人。
　　　　　颈肉变毛南，随即定姓氏。④

---

　　① 环江毛南族自治县地方志编纂委员会：《环江毛南族自治县志》，广西人民出版社 2002 年版，第 904 页。

　　② 《谭家世谱碑》。

　　③ 环江毛南族自治县地方志编纂委员会：《环江毛南族自治县志》，广西人民出版社 2002 年版，第 922 页。

　　④ 袁凤辰、谭贻生等编：《毛南族民歌选》之《天皇到盘、古》，广西民族出版社 1987 年版，第 17 页。

不可否认，毛南族在历史上与其周边民族，特别是苗、瑶等民族有过冲突，甚或是较为激烈的冲突，这在毛南族的某些艺术形态里有过反映。但这种冲突在毛南族发展史上完全可以视为极其偶然的、短暂的现象。总体上说，毛南族在保持自己民族特色的前提下，能够与周边其他民族和睦相处。在毛南族的肥套中，就有瑶王这一善良、慷慨的神灵。毛南族普遍供奉的保护神太师六官，传说是壮族英雄莫一大王的六弟；毛南族艺术形态中具有符号性地位的花竹帽"顶卡花"，在毛南族的传说中就是一位北方来的汉族小伙子传授的制作技艺。这些都反映出毛南族不仅有着和融自然，更有着和融其他民族的心胸与传统。

第二节　肥套的程序

一　一般程序

举办肥套的整个过程实际上是神灵主宰一切、人服务神、神福佑人的过程，而且在毛南族人看来，举办肥套之后，神福佑家庭的过程是持续不断、无处不在的。因此，毛南族师公通过仪式施展法力，建构人、神沟通的桥梁及神、人互助的平台，进而达致神、人和融的佳境。

毛南族肥套的整体程序大同小异，师公们需要掌握一般的表演程序，熟悉整体内容，以便在不同的表演场合及担当不同的表演角色时能够胜任其职。但不同的表演班底以及根据主办之家的要求，形式与内容程序以及各个场次呈现的顺序略有差异。这里谨录毛南族学者谭亚洲先生整理的肥套程序和环江毛南族自治县下南乡文化站整理的程序，作为一般常见式样。

谭亚洲先生整理的肥套程序：

> 第一场，三光；第二场，三元；第三场，社王；第四场，桥仙；第五场，鲁仙；第六场，花林仙官；第七场，三娘与土地；第八场，万岁娘娘；第九场，三界、蒙官；第十场，覃三九；第十一场，送花；第十二场，雷王、雷兵；第十三场，太师六官。

环江毛南族自治县下南乡文化站整理的肥套程序：

红筵：三界保筵　洗面配觅　洗面相公　接祖师　架桥移桥　安坛　安楼　开坛　鲁仙找木　瑶王打鸟　三光带众神　中宵　瑶王拾花踏桥　花林仙官送花　三娘与土地　万岁娘娘送花　太师六官、三界、蒙官部押凶神　杜丹纳亭　大堂送福、收桥（红筵结束。原展示的文字个别地方有疑误，笔者结合文献资料和田野材料作出修正）。

黄筵：第一场，六曹点牲、梁吾点榜文；第二场，雷兵点席；第三场，雷王坐殿；第四场，退光；第五场，满供；第七场，收兵。

上述所引以及师公戏班在表演过程中公示的场次名称不一，但实质并无多大差异，一般是命名相殊而已，因为登场表演的神灵、叙说的故事、演唱的歌谣、展现的情景及跳跃的舞蹈动作大致相同。

二　个案记录

2012 年 10 月 25 日上午至 28 日早上 8 时，谭亚洲先生家举办肥套仪式。笔者应邀前往观看并记录了仪式的整个过程，其间相机采访。兹将观察、记录及采访所得照录于后。

肥套仪式记录

地　点：环江毛南族自治县洛阳镇团结村团社屯思染社

主办者：谭亚洲，男，毛南族，72 岁；谭妻覃美珠，女，壮族，65 岁。

谭亚洲原住环江毛南族自治县下南乡古周村古周屯，曾任职于环江县邮政局、环江毛南族自治县文联，在县文联副主席任上退休。退休后回乡下洛阳镇团结村团社屯居住，系诗人、作家、毛南族文化学者，有诗集、小说、散文集及毛南族文化理论专著问世。在肥套仪式中，主办者谭亚洲被称为"才郎"。

时　间：2012 年 10 月 25—28 日

师公班子由下列人员构成：

谭圣慈（领班），法号仁三，男，毛南族，72 岁，环江毛南族自治县下南乡堂八村上八屯人。1972 年师从毛南族师公谭善明学做三元公。善刻毛南族肥套表演所用木面，为毛南族肥套木面雕刻艺术代表性传承人。

谭锦烈（主文事），法号仁新，男，毛南族，75 岁，环江毛南族自治县川山镇下久村下田屯人，父辈、祖辈均为世传三元公，1957 年师从其父学做三元公。

韦安家，法号仁德，男，毛南族，74 岁，环江毛南族自治县堂八村十圩人，1972 年师从颜仁利学做三元公。

覃万畅，法号仁畅，男，62 岁，环江毛南族自治县下南乡玉环村下开屯人。1980 年师从其父学做三元公。父、祖辈皆三元公。曾为下南乡玉环小学教师。任教期间偶尔参加师公班子做肥套，2011 年退休后常营此业。

谭金赞，法号仁友，男，毛南族，60 岁，环江毛南族自治县下南乡六圩人。1982 年师从谭仁禄学做三元公。

谭村广，法号仁川，男，毛南族，32 岁，环江毛南族自治县川山镇下久村下田屯人，1998 年师从谭锦烈学做三元公。

以上六位师公参与法事表演。此外，尚有两位不参与表演，专司剪花、编织、杀牲、司仪等事，亦录如下：颜志坚，法号仁坚，男，毛南族，56 岁，环江毛南族自治县洛阳镇供销社职员，老家在环江毛南族自治县下南乡中南村北甫屯。2004 年师从其父学做三元公，父辈、祖辈均为三元公。业余时间参与师公班子做肥套。此次司剪花及肥套仪式中涉及的一般礼仪。谭良毅，男，毛南族，60 岁，环江毛南族自治县堂八村松存屯人，20 年前学做编织、杀牲。此次事编织、杀牲、司仪等职。

从 25 日上午开始，师公陆续到达肥套仪式主办者谭亚洲先生家并着手相关准备工作，例如破竹篾编织香炉筐、剪制装饰殿坛用的纸花、书画粘贴殿坛和供桌用的字符等等。下午 4 时许，领班师公谭圣慈将仪式环节及进程书写并张贴于大门左侧。此次肥套包括"婆王愿"和"雷王愿"两部分。《肥套仪式过程》夹有土俗字及语法有不符合汉语表达习惯者，非毛南族师公难以顺利理解。为便于一般人领会，笔者将难于理解处现场请教毛南族师公，将其翻译理顺。现录于后。

肥套仪式过程

第一场（"婆王愿"）：一，保筵；二，接灶王；三，向婆王许愿；四，为婆王洗面；五，送子仙官；六，孟光地主（血官）；七，向雷王许愿；八，架红桥；九，安楼；十，安坛；十一，祖师上门；十二，破木桥；十三，鲁仙伐木；十四，瑶王找鸟；十五，转桥送到主人房中；十六，开坛；十七，三光过桌；十八，三元过桌；十九，欧官、灵娘过桌；二十，仙乔过桌；二十一，中宵；二十二，师公搭桥；二十三，仙官过桌；二十四，才郎背鸡；二十五，婆王过桌；二十六，大禁血；二十七，三界、蒙官过桌；二十八，太师六官、杜丹过桌；二十九，纳定；三十，唱解关；三十一，转桥铺到主人房间。（第一场至此基本结束。以前原有《土地配三娘》一段，且极受观众欢迎，但进入 21 世纪后，观看肥套的人逐渐减少，此一环节基本省略。如果主人要求，该环节仍然进行。）

第二场（"雷王愿"）：一，六曹、雷兵过桌；二、封斋；三、雷王过桌；四、退光；五、大满供；六、收兵。（第二场至此基本结束，整个肥套仪式也就基本完成。）

注："过桌"为毛南语音译，大意为"登场，由神界转入凡界到仪式现场"。

以上过程中的重要环节事先经领班师公谭圣慈占卜择定，一般不能随便改动，要依选定的时辰进行；一些不重要的环节可以视情况改动，或提前或移后进行。有时数个环节连在一起，界限不甚明晰。每一段仪式前或仪式中，在必要处均做如下通报，以申明仪式主办者："中华人民共和国广西省环江县洛阳镇团结村团社屯思染社谭亚洲，妻覃美珠"。2012 年 10 月 25 日上午 10 时许，笔者到仪式举办者谭亚洲府上（此时各位师公陆续光临，但尚未到齐），直到 10 月 28 日早上仪式完成送走师公，整段时间除师公歇息、仪式暂停外，均在现场观看且作文字记录，并不时询问师公。现按照仪式举办的实际过程以及主要神灵故事和唱词择要选录如下。

2012 年 10 月 25 日上午 10 时许，各位师公陆续到达肥套主办者谭亚洲家做准备工作。扎红桥的两根竹子最好为一母孪生，竹节长短、外形曲直当一致。此竹事先由与主家关系最近的亲属去选定（此次由谭亚洲的三哥谭乾洲选定）。选择、寻找红桥用竹前要占卜吉日、吉时，如果生长竹子的场地属于他人，要送山场主人红布带 2 条，红封包一个（内装钱 3.6 元或者 7.2 元）。到山场砍取竹子的必须是仪式中的剪花公，砍竹前要在竹山举行仪式：燃香，化纸，供饭、酒、肉等物，要诵经祷告。剪花公用红布带 1 双分两度将两根竹子捆扎好带回。负责编织的师公先编织好两个巨碗形竹箅，用泥糊好作殿坛香炉，然后将编扎红桥的两根竹子量度锯齐，每根竹子用 1 根红布条捆扎。师公将两根竹子的两头破成 2 尺许篾片，以便编扎，然后将两根竹子编结在一起，形如拱门，红桥的雏形便具备了。参与表演的师公将红纸、红布将两根竹子编织衔接的部位包裹起来，红桥编织装饰完毕。与此同时，一些师公在搭建殿坛。

肥套仪式"婆王愿"主要环节：

保　筵

保筵即举行一定的祭奠仪式，告慰祖先，并拜请家仙（在毛南族风俗中，祖先和家仙既有联系也有差别：逝去的先祖统称为祖先，正常去世或者非正常去世但属为国捐躯的祖先才能成为家仙）、三界公爷等到肥套现场践行保卫职能，勿使不相干的外神、外鬼入场干扰。仪式开始，在大堂香火牌位前设一供桌，供桌上燃香木 1 炉，置肉块米饭 3 碗、清酒 7 杯、白米碗 1 尊，化纸钱若干。领班师公左手持三元宝印，右手持符答，朗声念咒诵经。念咒诵经毕，师公用毛南语念诵："家仙，生时在家叫作婆（这个婆是毛南语，即父辈之意，非婆媳之婆），死后进坟墓变成鬼，丢下儿孙在家不管，每到春节和七月十四请你们就来，到灵位前领香烟。今日儿子做还愿，接你们阿婆家仙回家，去花山向婆王求子求孙，这样才有子孙万代接祖源。"[①] 有顷，师公吟诵《报奏家先开关歌》并击打符答伴奏：

坛中锣鼓闹喧喧，三召四请接家仙。

根底祖公最宝贵，唢呐吹响办红筵。

厨师红带要分齐，灯盏添油照得亮。

香炉点火烟袅袅，三代祖公都闻香。

先撒白米去纷纷，功曹土地报四方。

门户侧耳细静听，后跟土地乘云龙。

年值上山去骑虎，一跃跳过大山林。

月值南边骑凤凰，飘飘飞去过火山。

日值西边骑骏马，不用步行快如车。

时值骑龙下水去，来来去去不用船。

五值中央走云路，腾云驾雾请家仙。

先望东方甲乙木，骑马骑骡来得齐。

---

① 毛南族表演肥套的师公都有大同小异的手抄文本，这种手抄文本被称为"经文"。肥套经文用毛南族师公所创土俗字书写，载巫语25000余字，叙事歌谣3000多行，30多个神话故事，以及舞蹈要领和器乐演奏技法若干。该经文后来有汉文译本，其中以毛南族学者所译《还愿》较为规整。此处及以下所引肥套经文歌谣、故事、巫语词句等，以谭亚洲先生所译文本为主，并参考其他译本，结合笔者田野考察订正所得。除特殊情况外，今后所引不再一一注明。

二望南方丙丁路，若不见路就备灯。

三望西方金光照，金车银轿接家仙。

四望北方壬癸水，大河小河船上渡。

五望中宫土地召，墓门大庙正开关。

伯公叔公都请齐，还愿去喊你们回。

各位公奶祖辈们，连同曾祖都回家。

拜请八仙都来齐，无论上下通报完。

撑伞扛旗又吹号，又打三炮响隆隆。

社王守路无关碍，兵马保护在后面。

筒装宝笔和印盒，龙头拐杖慢引你。

又拿船杆来绚马，一顶新轿到门前。

你们不用忙和慌，慢慢歇息慢抽烟。

吉辰各位都敬供，此时别语不多言。

有缘骑马来赴筵，师公打板下阶迎。

　　诵唱中，师公不时以三元宝印挑起供桌上碗中白米撒向空中。演唱一段过后，师公边唱边引导主人拜揖。主人拜揖时持香1炷，拜毕将香递与司仪，司仪再将其插于香炉中，然后不时往酒杯中续酒。

　　告请祖宗、家仙到场后，再请三界公爷临场保筵。三界公爷是毛南族诸多神灵中极为重要的一位，地位与婆王不相上下，甚至在很多方面其重要性远大于婆王。三界公爷法力广大，对毛南族人呵护有加，肥套殿坛中挂有他的神像。用于祈请三界公爷临场保筵的供桌仍然设于大堂香火牌位前，在告请祖宗、家仙临场保筵所用供品的基础上增加小猪内脏1副，米碗上置红封包1枚。领班师公持法器如前仪，念咒诵经许久，然后讲述三界公爷的身世：

　　"过去公爷还年幼，常上高山林里去烧炭，碰到八仙坐在石桌边论经说道，他双膝跪拜讨得仙桃吃，从此和仙人平排坐，仙人封他为三界……

　　"……你公爷，原姓李，过去运气不通达，公爷便成了孤儿，母亲改嫁给关彭，公爷上山去烧炭，打算回来抵纳军粮，在山上碰到八仙这样说：你要记在心，你要铭在肚，凡人间有病，你救了醒得快。不管落水或跌滩，也能救得回；火烧成灾难，叫公爷就停；死人闭了嘴，你去救他会说话；叫土地土地不能睡，令石头石头不敢动。万样病灾你都救得全，救了无数天下人。主家肥套靠你来解脱，灵丹妙药救凡民。"

接着，师公高声吟唱，司仪领主人持香 1 炷拜揖，主人拜毕后饮酒 1 杯。

接 灶 王

在保筳仪式，即告请祖先、家仙，拜请三界公爷临场保护肥套平顺进行的仪式中，都杂有拜请灶王的情节。在毛南族的传统观念中，灶王司理人间烟火，保佑家人平安，也是极为重要的神灵。肥套仪式漫长，过程复杂，燃灯、用火的地方极多，毛南族传统的干栏石楼极易着火且蔓延成灾害，因此在整个仪式中灶王是不可或缺的神灵。拜请灶王的供桌、供品与前仪无二致。领班师公在供桌前诵经念咒后，两次到厨房灶台前吟诵作法，讲述灶王的故事：

"只恨前世没有修好身，家穷无钱运气倒霉，逼得把老婆卖给石崇为妻。不知钱财紧张成什么样子，经常到石崇家去讨饭吃。幸亏老婆不忘旧情，把大块的银钱放在饭碗底。这事后来被人知道了，老婆反转回灶王家，老婆乖巧出了名。你俩只恨家里穷，感情交融天晓得。玉皇封你做灶君，来替凡民管宅舍，把家里的灾祸赶到天外去。石崇在家管烟火，容许世间凡民任意焚烧，让许多秽气冒上天庭，灶君又多嘴报告天皇，把日夜改成有短有长，有五祖社王。灶王保卫村庄，人丁六畜就兴旺。"

师公念诵、讲述毕，司仪带领主人持香 1 炷分别到供桌前和灶台前拜揖，拜毕后饮酒 1 杯。

向婆王许愿及为婆王和花林仙官洗面

向婆王许愿是肥套中一个非常隆重的环节，领班师公要事先占卜时辰。"洗面"即为神灵呈献供品、颂扬神灵的威力和功德。在大堂通向主人房间的门旁设一供桌，桌上置碗 7 只（碗内盛米饭、肉块），三角糯米粽 1 束（9 只），束粽上置红鸡蛋 1 枚，旁置香油 1 碗，纸钱若干，清酒 9 杯，燃香木炉 2 尊，南瓜片 3 枚（南瓜片上各插燃香 1 炷），食盐 1 袋，白米 1 碗（米堆上置红封包 1 枚）。时辰一到，一师公点燃香油灯，左手持三元宝印，右手持符笘，师公座前置一竹箪，箪内盛通陈书（书写主人籍贯属地之文书如"中华人民共和国广西省环江县洛阳镇团结村团社屯思染社谭亚洲妻覃美珠"）、经文及相关法器。师公诵经许久，司仪将一花枝递与师公，师公将愿书（一红布条）系于花枝上。

略事歇息之后，一师公复安坐于供桌前，左手持三元宝印，右手持符笘，诵经吟唱，为婆王和花林仙官洗面。此时供桌上添置小猪 1 只、鸡 4 只、鸡内脏若干、鸡血 1 碗（均为熟品），另有一酒杯盛鸡内脏 1

副（生品）。有司仪不时向酒杯中续酒。师公击打符答以为节奏，吟唱《占洗面婆王献酒》：

> 执瓶初盏献婆王，今日拗动降门房，
> 前岁许愿不敢悔，求男求女接家门。
> 今岁还恩婆王母，小师稽首敬初巡。
> 二盏敬酒贺天尊，夫妻想念谢洪恩，
> 财马足心并五供，先来拗动降门房。
> 叩求婆王分花朵，正筵正谢又来临，
> 夫妻想念谢花山，天尊婆王不敢瞒。
> 明日拜还前愿久，今日洗面坐筵中。
> 结仪花红与设主，红鸾天喜应夫妻。
> 婆王龙驾下鳌山，年金月利欲拜还。
> 结作红坛楼三座，牺牲财马办周全。
> 明日正筵领牲桌，花枝玉叶上桥梁。
> 天尊婆王降临凡，生男育女满世间。
> 恩念不瞒婆养育，众求百福应龙璋。
> 夫妻凡阳求男女，真花四季上桥梁。
> 万岁天尊降筵中，花枝送入妻肚宫。
> 五色花根朵连朵，六害免堕不阻拦。
> 七里暗山开光亮，花枝都转入楼帷。
> 酒献七盏完满斟，各事欢喜领牲情。
> 三元有时度牲过，六官降下押凶星。
> 社王证明坐筵上，小师顺便诉通陈。
> 唱毕再诵经有时。

向雷王许愿

就在大堂内向婆王许愿、为婆王和花林仙官洗面的同时，屋外场院中设一供桌，桌上置酒 5 杯，肉块米饭 5 碗，白米 2 碗（其中 1 碗白米堆中置红封包 1 枚，另 1 碗白米堆上插文书 1 份）。一师公左手持三元宝印，右手持符答，口中高声念诵，不时抓白米撒向空中，向雷王许愿，同时拜请判官和地主灵娘光临。献给雷王的愿书从右至左竖排恭书，其文云：

许 愿 雷 王

上司川天民主雷殿大王金殿赐福银殿赐禄金银二殿夫人六曹执部当

案判官许愿雷王许到黄筵财马临许临还临求临谢临锁临开谢了免久雷王
千年发达万事安稳金平安乐

　　雷州海罡龙楼书房案下　　六曹
　　天岸　　　　　　　　　金平
　　洪门　　　　　　　　　行连
　　东宪　　　　　　　　　南曹
　　金灵　定阁书案下　　　李福
　　巍峨　　　　　　　　　沙罗
　　罗河　　　　　　　　　沙风
　　河龙　　　　　　　　　明利

　　　三元殿五位天师　度戒
　　　思染　　　社王　分派
　　　五祖灶君五帝灶王正见　　主人谭亚洲领愿
　　　谭　家　三　祖　正证
　　　太　上　天　官　部神

皇号二〇一二年旧历九月十一日立愿
（立愿日期处加盖三元红色宝印一方。）

接 祖 师

2012年10月26日上午7：40许，大门外场院设一供桌，桌上首位
置米碗3尊，纸钱3沓，香5炷，猪肉大米饭3碗，清酒5杯。桌尾置
米碗1尊，米堆上置红封包1枚。供桌两侧竖曹标各1支。一师公左手
持三元宝印，右手击符箓诵经。司仪不时往酒杯中续酒。诵经师公念经
毕，与其他师公各饮供桌上清酒一杯（如果师公成员多而供桌上酒杯
数不足，则待重要师公饮毕将空杯置桌上，司仪斟酒后余下师公再
饮）。一师公复诵经，迎请祖师在场院安坐。

点 鼓

　　点鼓仪式是肥套的重要环节，需由领班师公敲击祥鼓以示可以启用
乐器。点鼓仪式前，所有乐器是不能敲击的。至26日早上，肥套殿坛
逐渐建构完成。殿设3门，木条骨架，门框上均用红、黄、蓝、绿、粉
红五色彩纸剪花糊贴。殿坛两侧各悬挂对联云："一生出入阴阳路；寸
舌分开祸福们。"无横批。（看到师公将此对联悬挂上殿坛，一旁闲坐
的谭亚洲先生与笔者聊天云："另外还有一副常用的对联：'诚心偿还
雷王愿；实意报答万岁恩。'我更喜欢这一副。它把做肥套的主旨、涉

及的主要神灵和主办人家的心情都表达出来了。")殿后墙壁上悬挂神灵彩像7幅，从右至左依次为群神图、雷王夫人、三界公爷、太师六官、花林仙官、灶王、欧德文官。每幅神像后悬大米1袋，殿坛上方悬香油灯2盏，坛首正中置白米1碗，米堆上置红封包1枚。

时至8：00，主持文事师公左手持三元宝印，右手持符箓诵经。有顷，以宝印挑殿坛上供米少许抛向空中，旋继续念诵。约30分钟后，主持文事师公诵经毕，各师公饮殿坛中供酒1杯。领班师公背殿坛端坐，置祥鼓于两股之上，另有2位师公各提大锣、碗锣1面端坐一旁。主持文事师公诵经毕，燃纸符1道，然后默诵着持鼓槌在殿坛前木鼓上画符、念咒，之后一边诵经一边击鼓。少顷，领班师公击祥鼓，主持文事师公击木鼓，另有二师公击锣，二师公诵经。约20分钟后，锣声骤停，而领班师公和主持文事师公仍然击祥鼓、木鼓。最后，领班师公点击祥鼓数下，点鼓仪式结束。

安　楼

10月26日9：20许，一师公将1尊塔楼（彩纸糊就的三层小塔）置殿坛内左侧，塔旁置熟品鸡1只，花布（整齐叠好）1匹，糖、果少许。然后领2位师公分别击祥鼓、木鼓，1位师公持三元宝印诵经。少顷，师公击鼓、诵经毕，主人折1树枝插于角粽上，并插香1炷。主人双手捧角粽，随师公诵经声三拜神坛后将角粽交给司仪，司仪转身将角粽安置于殿坛塔楼前。师公复击鼓诵经。

请祖师入坛（师公进门）

接祖师仪式后，祖师在门外场院中供桌前安坐，供桌前铺一布垫。午后半小时许，领班及主持文事共2位师公着表演服装，持曹标、串铃在场院供坛前舞蹈，然后在布垫上诵经作法。另有师公在场院中用竹签搭成井字形竹桥，引导祖师进入大堂。将过门槛时，持曹标二师公分别在门槛、门框上画符，然后步至殿坛前舞蹈。主人则在远处面向殿坛端坐，面前置长生鸡与花篮。二师公舞蹈有时，旋即在殿坛前画符念咒，少顷复又舞蹈，其他师公奏乐吟唱。不久，师公诵经、燃香、化纸、上供品，将婆王、雷王神像悬挂于殿坛中，并将许有婆王愿的花枝（花枝上缠一红布条）置于殿坛内左侧，将雷王愿书张贴于殿坛右侧门框上。复奏乐、诵经有时，并献酒予祖师。自此以后，师公表演可以戴木面具。

鲁仙伐木和瑶王捕鸟

在鼓、锣伴奏中，鲁仙和瑶王先后登场。鲁仙表演伐木架桥场景，瑶王表演狩猎情景。舞蹈表演伴随道白，大量涉及到对女性生理方面的描述和赞美，包含许多性事隐喻。道白用毛南语、壮语和汉语，幽默风趣，引得观众尤其女性观众笑得前仰后合。

其时，主人房中，守花婆坐于床上，床上置红布条若干（根据主办者家中人口数、师公数以及估计到来的亲友数准备布条，届时分发给各人，一人一条扎于腰间），床前置 1 竹篮，篮内置白糯米 1 堆（米堆上置香油灯 1 盏），角粽 9 只，红鸡蛋（鸡蛋外壳全染成红色）1 枚，红色封包 1 枚。守花婆云，后续仪式中不断有花枝插于花篮中糯米堆上，守花婆要严加看护，切不可令花枝丢失。守花婆的资质之一，必须是有儿有女、丈夫健在的有福之人。

转桥送到主人房中

不久，有两位师公端坐于殿坛前吟诵唱欢（欢，毛南族的一种民歌样式），其中一师公将白、蓝 2 匹布料打开叠好，置于殿坛前。领班师公持一竹竿（竹竿上以红布条捆扎），持花 1 枝。二师公唱欢毕，领班师公将竹竿架于殿坛门框上，再将 1 条红布一端系于竹竿上。少顷，有 2 位师公拉起一条竹编小桥，桥上铺满纸钱和硬币。在领班师公的诵念声中，旁边一位师公将竹桥上的纸钱和硬币收起放于一边，将花枝插于桥上，再用红布捆扎竹编小桥两头。两位师公抬桥的两端，主人手提长命鸡和花篮肩扛篾编小桥的中间在殿坛前转圈，领班师公诵经伴随。转圈毕，主人将长命鸡和花篮送入房中由守花婆看护，花桥则由师公系于殿门正中，另一端一直连入主人房中，以示红桥从仙山直通主人屋内，便于接纳子孙和福气。与此同时，师公和主人的亲属坐于殿坛前唱欢。唱欢内容主要为颂扬、祝福主人，讲述主人及其先祖事迹、重要经历、良好品行等。谭亚洲的三哥谭乾洲参与师公一起演唱。演唱用壮语。事后笔者与谭乾洲先生谈起这一情节，谭老说："传说老辈人做肥套，有一次一个清官到现场观看。主人家原是受了委屈的，于是趁机会把主人的情况唱给清官听。清官听了很感动，褒奖了主人的良好德行，于是这一环节就保存下来了。师公有唱词蓝本，根据情境改变一下就可以了。我是亲属，对我们家祖上的情况和亚洲家的情况很了解，随编随唱就行。"

开　坛

10 月 27 日 0：40 许，吉时到，殿坛前设供台 1 架，上置竹筐 2 只（筐内分别置肉、豆腐 2 堆），竹箪 1 只（箪内盛三元宝印、符箓、经书、师公帽等物）。鼓、锣声起，领班师公率另一师公着装持三元宝印和经书端立于殿坛前念诵。许久，主人持香1炷与众师公同拜殿坛。拜毕，领班师公复诵经许久。众师公合唱《用于红筵开坛的歌》：

> 初开苍天先有乾，浩浩荡荡广无边。
> 先前昆屯已注定，生养百姓过千年。
> 红门花朵初绽开，开坛初盏献婆王。
> 二辟大地立为坤，重浊之气养人民。
> 伏羲聪明定八卦，流传天下给万人。
> 从此生命代代接，金枝玉叶送郎君。
> 三光照耀到宝台，天地和人为三才。
> 太极初开分天地，婆王变化永长生。
> 盘古制造成百姓，爹是乾来娘是坤。
> 婆王分开四大洲，气凝成地养育人。
> 骨肉之恩一胎养，女娲力大真惊人。
> 世间万民婆王为母，今按古规办筵席。
> 五行例行世间传，伏羲兄弟先知情。
> 万岁婆王生男女，可从天上下凡尘。
> 分定东南和西北，千般万物置齐整。
> 六国男女子和孙，都是父母养育恩。
> 人生道德传天下，始创婚嫁成婚姻。
> 人类分群结亲眷，流传于世到如今。
> 百花盛开满楼庭，天尊婆王分与人。
> 九天玄女在楼上，中楼白娘是金星。
> 天尊婆王住楼下，四方世界来求情。
> 婆王殿门分八门，九宫婆王坐月轮。
> 盘哥古妹成婚配，生下一胎鬼怪人。
> 太白金星用刀砍，遍地都见有子孙。
> 九品楼内安吉日，婆王送福给郎君。
> 南堂拜谢样样有，祈求兴旺得长生。
> 九曲花行入楼内，一年半岁有黄龙。
> 十杯美酒献满筵，轮流把盏敬婆王。
> 主人办筵还前愿，婆王离殿送花红。
> 手持酒杯暂放下，满腹的话慢叙说。

孤独仙婆降筵中，只见婆娘不见公。

蓬松白发无丈夫，血缘断根无子孙。

婆王把门不用你，当场驱赶去他乡。

三 光 过 桌

10月27日5：40许，一师公着袍、戴马尾帽，左手持三元宝印，右手持串铃坐于殿坛前。另有二师公分别击祥鼓和木鼓。领班师公诵经，着装师公且舞且拜，分别向东、南、西、北、天、地六方拜揖，并以三元宝印为笔在地席上九方画符。司仪引领主人敬酒三巡：一天地、二神灵、三三元。之后着装师公戴三光神面具、领班师公诵经。未几，鼓、锣起，三光随乐而舞。许久，领班师公喝令乐止，三光舞息。领班师公端坐于殿坛前念诵，少顷举竹箪于空中轻旋、拜祝。众师公以汉语念诵："太阳升起来了，花儿含露盛开。护花的六甲神兵开始出发。红花四季重叠，甲乙属春天正是花初开，丙丁属夏季花荫浓，庚申是秋天花儿艳丽，壬癸是冬天花未凋谢。楼台正中是牡丹花，四季常开。"然后众师公齐唱《用于礼献香花的歌》：

缥缈的香烟去唤众神，灼灼的牡丹花开在台中。

鲜果明茶腾起吉祥的香气，台盘中备齐了五供的祭品。

明灯映照着花朵，婆王驾龙率领着香花。

台前架起一座红楼，吃着公粮的军爷驾车来到。

红门前把铜钱敬献，架桥用的三丈白布也拿来了。

峥嵘的山头挂满红钱纸，这样的排场都是为婆王而设的啊。

楼前摆满表示吉祥的鸡蛋，还有三角粽子和糍粑。

腊肉备好了就引来鲜花啊，看朵朵鲜花笑哈哈。

又拿来甘蔗和柑子，手捧金花送给你主家。

蔬菜、绿豆样样齐全，牛肉、猪脚、酸肉和盐，

油团豆腐和鲁酒，香甜的白米饭贡献婆王。

件件办好了献到台上，这样的摆设都是为了婆王！

这一段的巫语繁多而华丽，师公不时用汉语朗诵。

三 元 过 桌

10月27日6：40许，领班师公和主持文事师公诵经念咒，着红袍之三元、穿蓝袍之社王均左持三元宝印、右持串铃端坐殿坛前。众师公齐声唱《献茶酒给三元歌》后，领班师公用汉语朗诵巫语：

"辰到正时，日架半天，宫庭辉煌，花蕾初绽，花朵初开，五行起

发，六甲花红，重逢花结，春旺甲乙花明，夏旺丙丁花符，应度楼门，秋旺壬癸花开，四季楼台，花正中宫，花应牡丹，花山分别，儿师进入坛前，才郎烧香一炷。"

主人在司仪引导下焚香拜揖。许久，鼓、锣齐奏，三元、社王随乐起舞。有顷，乐止、舞息，领班师公和主持文事师公继续诵经念咒，其中主持文事师公不时掷符筶于筸内，双阴，吉（毛南族掷卦，以双阴为吉，此俗与京族同）。在二位师公诵经、掷符筶期间，坐于殿坛前的三元、社王形态不拘，跷腿、倚靠均可。许久，扮演社王的师公想是烟瘾难禁，乃取下面具抽出香烟两支，将一支在扮演三元的师公木面前晃动，见扮演三元的师公无有反应，于是径自抽吸起来。想是扮演三元的师公闻到烟味，亦取下面具，接了同伴递与的香烟抽吸不停。有顷，扮演三元、社王的二位师公复戴上面具，默诵片时，乃以三元宝印指画悬挂于殿坛门框上的《许愿雷王》书，二位师公吟诵，主人饮酒 1 杯，接花 2 枝送入房间。

仙官过桌及才郎背鸡

仙官即花林仙官，在婆王麾下管理神山花枝、分发花枝（即赐予生命）予天下凡民，是毛南族神话中极为重要的神灵，也是肥套的要角之一。时值 12：40 许，花林仙官左手持宝印、右手持串铃背靠殿坛端坐，两位师公分坐仙官两侧，其中一师公吟唱，其他师公击符筶以为伴奏。主人朝向殿坛而坐，其前置长命鸡和花篮，花篮中插香 1 炷。师公吟唱毕，掷符筶于筸中，双阴，吉。鼓、锣骤起，仙官翩翩起舞，拜揖天地四方。有顷，一师公端筸立于殿坛前吟诵。诵毕，主人前行坐殿坛前，仙官在鼓、锣伴奏中绕主人舞蹈并拜揖主人。许久，仙官接燃香 1 炷并以燃香在手中画符，然后双手捻诀绕主人一周，将符意按入主人背上。如是者三。接着持一红布编扎而成的男孩固定于主人背上，举行"才郎背鸡"仪式。背鸡仪式毕，仙官复端坐于殿坛前，待众师公念诵一番后，仙官将花束送给主人，主人接过花束送入房中交由守花婆看护。

花林仙官的故事在毛南山乡广为流传，师公们将其编入肥套中吟诵演唱：

"……仙官啊，你妈养你还小时，真可怜，当初仙官成孤儿，去和伯父住。三月仙官去找嫂子，因为同她的儿子争吵而挨骂，逃得到半路桥上哭。婆王把你收去抚养，留在楼里养息，把金花送到你手中，叫你送男儿。

"仙官啊，你像月亮里的丹桂一样，好像银色的月光逗人喜爱，嘴唇鲜红脸又白，梳妆打扮和姑娘们一起去耍风流。十八九岁正是青春年华，在哥嫂面前怎能瞒得了呢？杨柳花红已渗到你身上了，只好到花山上去投靠婆王……

"世上千万种花由你管理。仙官的父母原来姓李，生了第二个儿子就死了。仙官头上插了行金花，万岁娘娘才打算收养你，日夜和她分送花朵，让花儿入房进罗帷。"

婆王过桌

肥套的主要部分是向婆王许愿和还愿。10月27日14：00许，领班师公着蟒服，左手持三元宝印和串铃端坐殿坛前，右手握白米，伴随众师公诵唱不时向面前的竹箪抛撒米粒。有顷，一师公恭敬地将婆王木面戴于领班师公头上，众师公再吟唱一番，鼓、锣声骤起，婆王踩鼓点于场中起舞，并拜揖天地四方。许久，婆王立于坛前。一师公端箪诵经引主人立于坛前拜揖。众师公齐声吟唱念诵，曲调优美，舒缓婉转。司仪不时给杯中续酒。众师公吟唱毕，婆王赐花一枝予主人。主人饮酒1杯，将花送入房中。如是者三。

婆王是肥套仪式最重要的主角。仪式中关于婆王的故事、巫语、歌谣非常繁多。关于婆王的故事：

"……婆王，女娲伏羲见上元，皇佑三年发大水，天下百姓受灾殃，女娲补天洪水才消退，兄妹结对在昆仑山下。鸡不啼来狗不叫，太白做媒成婚姻。制造凡民满天下，男女各半定乾坤。主人有心来求应，今年必定降黄龙……

"三灾八难降凡间，天上玉帝法高强，周朝汉龙做皇帝，就职期满辞王位，圣明皇帝爱江山。第三朝代是伏羲，来到大树下造人类。

"天上雷王闹大旱，它想干死世间三万六千人。太白金星上去问，见他坐在塘边把水堵，太白和他打闹了一场。结果三月下起雨淹没了世间，伏羲又重新制造天下的人类，五男二女送与郎君。"

赞颂婆王的巫语：

"正是酉辛的时候啊，已经办好大供礼品。主持筵席的婆王啊，听我们陈述心愿，现在把文书烧了让你知道，求你赐儿保孙。

"奏到花山巍峨洪州大庙，迎请上堂六国婆王，沙罗取部，当案仙娘。

"午后正时，日照昆仑，凡门求福，万物灿烂，婆王出现，世上求恩。四季房门结朵，贵子频下桥梁。"

赞颂婆王的歌谣：

此筵供保又供求，当台共收共遣禁。

婆王降临坐坛中，全台沾恩求保佑，

永世有福坐高堂，老者寿年八百岁。

天长地久福连绵，今日还筵求花应。

七十贤人接家门，天地祖公得长远。

男女肚亮谈文章，又保女娘多美妙。

人才义高十分强，财帛四方多利益，

一本万利答倍还，再保牛栏六畜旺。

牛马千余万万年，种田种苗多丰足。

遣除凶恶别离坛，虚花暗山走别远，

腾蛇五犬冤结凶，关短不逢火星灾。

官符口舌并双车，六害关花不迟慢。

婆王父母降筵中，金牙沾恩供保禁。

肥套仪式"雷王愿"主要环节：

六曹、雷兵过桌

10月27日19：30许，一师公在殿坛左侧诵经，六曹、雷兵持三元宝印和串铃分别坐于殿坛前左、右两侧。有顷，鼓、锣齐鸣，六曹、雷兵离座起舞，舞步较前仪神灵为舒展、豪迈，但远不是粗犷。六曹头披为蓝色，呈文相；雷兵头披为红色，呈武相。雷兵衣甲前胸、后背均缀一"勇"字。舞蹈有时，六曹立于殿坛前，雷兵在师公念诵声以及鼓、锣伴奏下持双刀单人舞，所用大刀造型为毛南族山民砍山常用之砍刀。雷兵边舞边作驱物于门外状，谓往门外驱逐邪秽也。如是者六，意即驱逐天地四方邪秽于门外以保主家人畜平安。师公念诵、雷兵舞蹈有时，鼓、锣声息，雷兵趋至殿坛前勾雷王愿书。须臾鼓、锣声又起，雷兵双手持香火束舞蹈，模拟闪电；然后雷兵击锣，模拟雷声；之后雷兵用枝叶蘸盆中清水挥洒，意谓降雨；抛洒米粒，意谓降冰雪五谷。有顷，主人蹲于堂中，雷兵将白米置其衣襟中，以祝福主人家五谷丰登。主人将米粒背入房中安放。

雷王过桌及封斋

二位师公立于殿坛前吟唱，多名师公伴唱。一师公着装立于中间高唱一番，众师公拜揖一次。如是者三。然后着装者持三元宝印作法，不时抛撒米粒。有顷，着装者戴面具为雷王，一师公掷符筶，一阴一阳，不吉，仪式照样进行。鼓、锣声骤起，雷王持宝印、串铃舞蹈，一师公继续吟诵。许久，雷王立于殿坛前，领班师公端坐于殿坛前诵经歌唱。主人持象征禾稼的香炉（香炉上插一树枝）朝殿坛拜揖。司仪陆续将糍粑、木耳、香菇、豆腐等素品斋供排于供桌上。众师公歌唱止，雷王以双棍为筷取斋品装入布袋中，并不时在斋品袋上画符，然后从左腋下将供品挑入殿坛内。随后，司仪将荤菜供品置于供桌上，其中有熟品整只小猪、小鸡各一。雷王换戴布面具，开始吃荤，并将小猪、小鸡切开装入斋品袋内。封斋毕，一师公复击打符筶诵经，雷王勾愿书。勾毕，师公又念诵。少顷，雷王揭下愿书，诵经作法后将其焚烧，以示主人还清雷王愿。

在雷王过桌和封斋仪式中，有许多关于雷王的巫语和歌谣，所以仪式过程较为漫长。在整个过程中，朗诵巫语、念诵经咒、高唱颂歌及雷王舞蹈往往是同时进行的。其中有巫语和故事这样诵道：

"已经到夜深时分了，四面并排的神像美妙威严。现在是初供，烦劳你们雷星出庙出衙，牵马备鞍，准备上轿。阳间有人向你们祈求福禄，春夏人们要安康，没有病灾，百事无碍；秋冬猪圈牛栏昌盛。福寿康宁。才郎烧香一炷。

"夜深正时，师公已经入筵，开始祭供。祈求雷王，修改过去还愿文书，主家将以金钱报恩。

"雷王：

"金盔银甲满身装，天给纣王定死罪，商朝期间生令郎。苍天太空知善恶，黄龙持剑管云官……

"显灵得道爱九天，西有周武王和他闹战，身挂玉牌佛法大，头戴金色帽，半仙半佛坐玄天。得到神封有道德，阿弥陀佛领斋筵。金刀银斧白如霜，忠心护国保朝廷。虎啸龙吟声威大，响遍世界震天空。"

仪式中歌谣极盛，其中有《唱雷祖》、《说雷王欢》和《雷神歌》：

唱雷祖

拜主家，谢郎君，引荐雷祖降筵庭，

天君玉帝作天主，开天辟地是雷神。

天庭星宿各有位，纣王年代你出身。

管得天庭管播雨，法令师鬼是神门。

六个雷公和雷母，雷公布雨查天庭。
姜公封神雷霆鬼，春夏播雨润田庄。
查看四方有得道，天下六国尽祈求。
一声报告天地动，二声报书动衙门。
三声回文雷府殿，查看地下定凡阳。
五个高强兄弟像，坐在雷殿慎出门。
三天雷公归天府，五个雷母降临坛。
一神去了二神临，东方青鼓降筵庭。
东方青鼓我来打，过坛移步到坛中。

说雷王欢

出个雷府神，打鼓震天庭。
明年到立春，上空闪电明。
或凉或下雨，全由你来定。
下雷下冰雹，施法闹乾坤。
出个雷公神，不乱下凡尘。
又出个雷电，不乱害凡间。
住在海岛中，受封普化人。
雷王法力大，管六国地方。
吃珍珠玛瑙，和神仙一样。
普天下人民，求雷神要福。
到金银二殿，对面论经书。

雷神歌

斟初杯酒献雷兵，金身龙驾下凡尘；
离殿现身多魂应，扫坛干净等天尊。
坛前祭品点完备，雷王出来领全斋；
五方雷鼓日月光，地宅门户免惊慌。
筵中五方巡点过，单守供品等雷王；
黄爷在前来拜谢，雷兵跪下扫坛席。
雷王未从天庭降，先差衙兵查凡情。
天上太阳有星宿，地下草木欲生根。
日月两轮光灿灿，雷兵行善莫行凶；

雷神降驾下坛中，劈门闪电满地红。

振动天宫火炮起，涌起云雾满天空。

东西狂风南北起，春夏播雨救凡民……

雷叫三声八万里，天下人民眼发昏。

凑到雷门放一炮，社王土地进衙迎。

收　兵

10月28日早6时许，殿坛早已经拆除，仅余木板台。场中地上铺一凉席，殿坛上的两尊香炉被移至凉席上安放。炉首横一竹片，竹片上置符箓。装有长命鸡的竹笼置于场中。领班师公持锣在殿坛木板四周上空各敲一下，然后默诵舞蹈。舞有顷，持香火在鸡笼上画符，默诵后将鸡笼提至门口，门外一师公承接置于场院中。领班师公回到香炉旁画符、诵经、捻诀，围绕香炉转圈。许久，折断凉席上竹片，用竹片夹住香炉端至门口，门外一师公接住香炉置之别处。领班师公立于门首默诵比画一番。收兵仪式结束。

与此同时，一师公设桌于禽畜栏外，桌上置供品若干。师公焚香化纸祝祷。许久，诵经毕。

在整个肥套仪式期间，谭亚洲大门外左侧置一供桌，桌上酒、菜、饭及整只猪、禽齐备，纸钱、燃香整齐。问师公，答云主家举办肥套，难免有未请的外来鬼神窃顾，但这些外来鬼神被请来的神灵挡在门外，是无法进到屋内的。而主办仪式之家及师公又不能得罪这些不期而至的外来鬼神，于是在门外设一席以供这些鬼神享用，从而使其安宁。此处所用作供品的整只猪禽，主家不能食用，师公及外来的亲友可以食用。如果未经食用，仪式完结后由师公带走。既未食且师公又不愿带走的，主家将其丢弃掩埋。

整个肥套仪式虽然看起来较为松散凌乱，但仍然可以从中梳理出较为明晰的主要环节：婆王愿部分的"保筵"至"向雷王许愿"可以看作仪式的序曲，即前奏；"接祖师"至"安楼"为重要神灵准备席位；"请祖师入坛"至"转桥送到主人房中"为神界与凡界的沟通；"开坛"直至结尾为神灵给主家送子赐福。雷王愿部分的"六曹、雷兵过桌"为前奏、造势；"雷王过桌及封斋"为雷王给主家驱灾赐福；"收兵"为各路神灵作别主家，返归神界。肥套在请神、颂神、祈神和酬神过程中，穿插了许多其他成分，从而建构了毛南山乡式的百科全书。

第三节　肥套的七大要素

一　表演文本

肥套的表演有较为成熟的程式及相对规范的内容。这些程式和内容被书写、抄录成集，由毛南族师公代代相传，这就是肥套的表演文本。文本或表演过程中的某些情节或细节允许增减，但主干部分是保持相对稳定的。表演文本实际上是师公班子排练、演出和教学所依据的主要范本。每个班子持有的表演文本可能不完全相同——因为每一个班子持有的表演文本往往就是该班子依据相应的程式和内容进行再创造的产物——但文本的主要内容并无本质上的差异。传统上的肥套仪式，师公所得酬金甚微，直到 20 世纪 80 年代中后期，师公做一般的肥套仪式，"红包"也就一两角；后来做肥套仪式（一般连续三天三夜）班子内部规定为三元六角或七元二角。当然，红包之外还有酬金，但也不是很高。在师公们和请求做肥套仪式的主家看来，师公做肥套是在做善事，有人请求便不能推辞，更不能计较钱财，[①] 故而演出的商业色彩淡薄得几近于无，班子与班子之间一般无明显的商业性竞争，而在乎的主要是师公班子的威望和名气，在于为民众所做善事的多少。需做肥套仪式的主家，决定请哪家班子，主要看班子师公本人及其家庭的"福气"情况以及班子在表演中的德、才。这是各个班子所用文本大同小异的重要原因。

文本主要包括两种类型：说唱文本和舞蹈文本。说唱文本是多种文本的集成，形式上分为"大供"、"劝解"及"歌本"三大类，师公在表演时各种类型穿插使用。内容主要有请神及渲染仪式气氛所用的《大供双集》、礼神所用的《保筵·茶礼卷》、叙述神灵传说的《红筵过桌》、叙事歌谣《求花二集》、解说肥套起因的《大供坛开二中霄》、巫语本《三满供》、叙说毛南族历史与民俗的《五湖解》及赞神歌谣《红筵起欢》等，其中许多被称为"经文"。"大供"全是巫语，用汉语西南官话念颂；"劝解"是韵文体散文，念颂时以汉语西南官话为主，兼用壮语和毛南语；"歌本"即民歌集，演唱时主要用壮语，极少部分用毛南语。舞蹈文本涉及歌舞仪式中的鼓点击法、舞步要领、动作要求、舞乐协调技巧，等等。鼓点击法尤以蜂鼓

---

① 韩德明：《与神共舞——毛南族傩文化考察札记》，广西人民出版社 2006 年版，第 75 页。

（鼓腰细如蜂腰，故名。毛南语称其为"祥"）的鼓谱为著名："过去有三十多种鼓谱，不同的人物上场采用不同的鼓法伴奏。"[1] 这些文本显示出，毛南族肥套演出班子虽然都是由业余演员组成，但表演程式是相当规范且有文字记载和解说为依据的。鼓、锣、钹、碰铃和唢呐等乐器的演奏方式与时机，与舞蹈者的配合等，教学与演奏不仅靠师父的言传身教，表演者或学习者还可以依据文本自行琢磨。师公在传抄和使用文本的过程中，可以根据情况对文本作出修改。对此，笔者采访了毛南族师公。

【田野笔记】

时间：2012 年 10 月 27 日上午 11 时许

地点：环江毛南族自治县洛阳镇团结村团社屯谭亚洲家一房间，临时用作师公班子的休息间

受访人覃万畅，男，毛南族，62 岁，环江毛南族自治县下南乡玉环村下开屯人，是次肥套师公班子成员。曾经是环江毛南族自治县下南乡玉环村玉环小学教师，属于毛南族师公世家，祖上都是三元公。1980年开始拜其父为师学做三元公，任教期间偶尔参加师公班子做肥套，2011 年 3 月退休后经常参加师公班子做肥套，还经常自己组班帮别人家做肥套。

采访者：你们各位师公使用的经文大体都差不多？

覃万畅：基本上大同小异，内容没什么大差别的。

采访者：您的经文本都是用现在的汉字抄写的，跟年长师公用的经文本有些不同。

覃万畅：他们用的经文本比较老了，大多数是用土俗字抄录的。

采访者：你们在传抄和使用经文的过程中，可不可以对原有的经文做些改动？

覃万畅：可以改动。以前许多师公使用的手抄经文本经常出现错字、漏字的情况，师公在使用的过程中可以根据自己的理解对经文进行修改，也可以参照好的本子完善。这种情况很多见。只要经文意思不发生根本性变化，师公都可以根据自己的理解对经文进行改进，以便使词句更完善。还可以添加现实社会生活中发生的情事，以便使故事更生动。例如鲁仙在表演中描述来主办之家的路上所见所闻，可以照搬经文

---

[1]　韦秋桐、谭亚洲：《毛南族神话研究》，广西人民出版社 1994 年版，第 91 页。

本上原有的，也可以全部自己临时创作。一般自己临时创作的比较新颖生动，表演效果比较好，更能吸引观众的注意。而向神灵通报、祈请神灵等语句，除了有明显的错误可以修正之外，一般不能随便改动。尤其神灵的庙号之类，更是不能随意改动。

这说明了肥套说唱文本的缓慢演变情况。文字说唱本均为手写本。毛南族没有自己的文字，师公们书写文本所用的文字基本上是借用汉字或者借用汉字部件自造的土俗字。即便是同一个字，其读音或释义往往也需根据其所处不同场合，以及是唱、是说还是诵等不同情况而定。故而这样的文本，不仅一般外族人看不懂，即便是一般毛南族人也看不懂，只有师公或者对此有一定研究的人能读能释。

二 道具、乐器与场景

毛南族肥套仪式中的道具繁杂，各派用场。根据功用和造型，肥套仪式中的道具大致可分为法器、面具和一般生产生活工具三类。

法器是表演师公和诸神专用的，在人们的宗教意识中具有特别法力、能够达成人们宗教愿望的仪式必备专用器具。法器有师公和诸神所用的曹标、符筶、三元宝印和串铃等。符筶在我国其他民族的相关宗教性活动中也常见到。毛南族师公所用符筶用一段竹根、竹鞭或牛角雕刻精制而成，剖为两瓣。仪式开始后，在殿坛或者供桌前置一竹箪，箪内盛稻米、黄豆、花生、芝麻等属。表演师公持符筶于右手，吟唱念诵，必要时开合两瓣符筶以为节奏。吟唱念诵到某一阶段，表演师公便念咒作法，然后掷符筶于箪内，视卦象吉祥与否再进行下一阶段活动。卦象分为三类：全阴（两瓣符筶皆俯）为吉象，一阴一阳或全阳（两瓣符筶一俯一仰或皆仰）为不吉。在一些重要环节，卦象为吉，可继续下一阶段活动；不吉，表演师公可重新念咒作法并抛掷符筶，直至符筶两瓣皆阴；如果是一般环节，卦象吉与不吉多无大碍，仪式照样推进。一般来说，通过反复作法抛掷符筶以使卦象呈吉的情况是很少出现的，因为师公们平时就此常做训练，要掌握其中技巧并非难事。而且笔者亲见有时候师公不是抛掷符筶，而是摆放符筶以使卦象呈祥。但在一般民众看来，这种情形下的吉或不吉，则蕴含着多重宗教内涵。当然，对于卦象偶尔不吉，人们并不过分以为意，或认为师公所请的神灵因故暂时未莅临其位，或认为时机偶有变化神灵暂时不便出场，等等。三元宝印是诸神身份的明证，也是神灵行使职权的重要凭据，类似世俗社会中官员所持委任状或任命文件，与师公所穿戴的服装、面具一起构成相应神灵的全部。三元宝印的外观形制大致相仿，但面板上雕刻的图像及刀法却有很大不同，因为不同的图像及纹路象征着不同的神灵身份与职能。作为宗教仪式，串铃当然有其宗教功能，但主要渲染场面气氛、提示表演情节阶段和表演者所处位置，以及多位神灵出场舞蹈时摇动串铃以协调动作和方位。神灵出场都是右手挽串铃，左手持符笏。

面具也叫木面、傩面，是毛南族师公在举行宗教仪式中用来显示神灵身份和职能的符号。整个肥套仪式出场的神灵共有30多个，与之相匹配的就有30多个面具。在毛南族的神灵谱系里有100多个神灵，而在肥套仪式中发挥作用的主要有30多位。毛南族神灵有文神、善神和凶神之分，而这样的善良或凶恶基本上能够从面具上体现出来。毛南族肥套的神灵面具有很强的表意功能和职分区别功能，人们大致能从傩面的造型及色彩上分别出神灵的属性。"毛南傩面具，在表情上有善恶之分，在性别上有男女之分，在性格上有急躁、娴静、庄肃、诙谐、慈善之分。"① 毛南族诸神面具是毛南族肥套极为重要的组成元素。

表演所需的一般生产生活工具分为班子自备和随处取用两种。自备的如鲁班（桥仙）所用刀、斧，瑶王所用捕猎工具，土地所用的折扇等；随处取用的如扫把、竹箪等简单常用的生产生活工具，任何一个农家均不缺乏。有的主办之家为了慎重，所用竹箪都是新购置的。从某些道具的简陋，我们也可以看出毛南族肥套这一仪式形态的原始与古朴。

肥套的舞蹈场面较多，几乎场场见舞。传统上，为其舞蹈伴奏的乐器是以祥鼓和木鼓为主的打击乐器，偶尔用吹奏乐器如箫、唢呐、海螺等。但近年来乐器的使用变化比较大，很有单调化的趋势。祥鼓极具民族特色：陶体、牛（羊）皮鼓面，用竹片或手击打，声音清越洪亮。整个仪式中，为舞蹈伴奏的吹奏乐较少，据师公们讲，吹奏乐省掉了。

【田野笔记】

在谭亚洲家举办肥套仪式过程中，趁歇息之机，笔者采访了师公谭金赞。

采访者：仪式上伴奏的乐器比较简单。其他师公班子也都是这些

---

① 韩德明：《与神共舞——毛南族傩文化考察札记》，广西人民出版社2006年版，第86—87页。

乐器？

  谭金赞：基本上就是这些乐器。以前的仪式，师公演奏有喇叭和箫，那时候班子人员多，有十二三个人，有会吹喇叭和箫的。现在班子成员普遍少了，一般就六七位。而且会吹喇叭和箫的师公基本上没有了，现在这两种伴奏乐器省掉了。

  毛南族的手工制作艺术包括雕刻艺术、织造艺术、剪纸艺术等。其中尤以花竹帽编织艺术和雕刻艺术最为著名。雕刻艺术品尤其石雕艺术品在古时候就享誉周边地区。直至今日，"毛南族石匠刻制的石碑，以丰富的图案和精美的艺术性而出名，附近的壮、汉人民甚至港澳同胞也前来订制"①。毛南族雕刻艺术的精湛还体现在其木雕艺术品上。在肥套中呈现的木雕作品，其想象之奇特，布局之缜密，制作之精致，堪称木雕上品。这些在肥套中展现的艺术作品虽然与它们在生活中呈现的艺术品在形态、品质等方面有一定的差异，但作为相应艺术形态的缩影，仍然能够反映出该艺术形态的基本面貌。肥套的道具和场景设计主要涉及木雕和剪纸，其中木雕构成了肥套的重要符号。

  毛南族木雕艺术品大致可分为世俗木雕艺术品和宗教木雕艺术品两大类。两类艺术皆极有造诣，尤以宗教木雕艺术品为最。毛南族人自尊心比较强，尽管生存地区的条件比周边许多地方都较为艰苦，但他们很注重把财力物力放在住所建设上；②"毛难人的住屋，一般较壮族为整齐与坚固，面积较仫佬人为宽阔"③；在旧社会，殷实之家建房往往雕梁画栋，而这些木雕作品基本上出自毛南族工匠之手④；"富裕户建砖墙瓦屋者，屋分几层，有精制的石雕和木刻装饰，颇为壮观"⑤。民族整体的爱美情结，催生并优化了毛南族雕刻艺术。加上毛南族的宗教情结及肥套的表演需要，其木雕艺术得到迅速发展，成为毛南族的符号性艺术。

  毛南族肥套所用木雕傩面一般有 36 个，分为文神、善神和凶神面具三类，慈祥文静、喜怒哀乐各具特色。凶神面具雕刻的刀法粗犷，文神和善神

---

  ① 《毛南族简史》修订本编写组：《毛南族简史》，民族出版社 2008 年版，第 93 页。

  ② 韩德明：《与神共舞——毛南族傩文化考察札记》，广西人民出版社 2006 年版，第 6 页。

  ③ 广西省民族事务委员会：《环江毛难人情况调查》，1953 年 12 月编印，第 69 页。

  ④ 《毛南族简史》修订本编写组：《毛南族简史》，民族出版社 2008 年版，第 93 页。

  ⑤ 广西壮族自治区编辑组：《广西仫佬族毛难族社会历史调查》，广西民族出版社 1987 年版，第 42 页。

面具雕刻的刀法细腻，体现出毛南族复杂的审美观念。但整体而言，善神面部构图方正，鼻高梁直，眉清目秀，口小耳阔，造型颇具北方人体征，与当地人面形特征所形成的差距极为明显，与周边其他少数民族傩面也有很大不同；即便是恶神傩面，除个别采用夸张丑化手法之外，整体造型及局部线条与善神相似；其神像冠饰多具宋、明冠盖风采，显示出毛南族木雕艺术受汉文化影响较深。在追求此类主体造型特征的基础上，肥套面具糅入民族和地方生态特色，表征出毛南族在木雕艺术上融借鉴与独创为一体，具有极高的审美艺术追求和艺术创造才能。当今广西许多少数民族甚至极个别地方的汉族也表演傩戏或者类似于傩戏，同时制作傩面：或以纸为之，或以木为之，然而其作品远不及毛南族傩面精美传神。史载宋代"桂林人以木刻人面，穷极工巧，一枚或值万钱"[①]，想来艺术性应当极高，恨未见实物。以笔者孤陋，毛南族肥套傩面当可叹为观止了。

肥套木面一般选用牛尾树（当地毛南族人也叫"恩树"）做材料。牛尾树质地细密，软硬适中，易于造型；不易开裂，适于在温度、湿度变化巨大的毛南山区长期保存；防虫性强，不易腐烂；吸墨、着色性好，能长期保持面具色彩。木面雕刻就绪后，匠人要根据诸神的属性（文、善、凶）在神像的面部施以重彩，以突出诸神性格，并择机举行开光仪式——开光既是创造木面的最后一道工序，又具有浓厚而神秘的宗教色彩：把木面的眼球用最好的白纸精心地贴上数层，再点以浓墨；之后恭敬地摆好，燃香，诵经，延神，拜揖。开光之后，木面就成为神面了。实际上，木面雕刻艺人是在从事着一项极为庄重而复杂的造神工作：他们用独特的构思和精湛的手工创造了诸神的形体，用虔诚的内心和神秘的仪式赋予木面以灵魂。因此可以说，毛南族傩面是集手工技艺和神话意识为一体的杰作。

【田野笔记】

时间：2012 年 10 月 23 日下午 4 时许

地点：环江毛南族自治县下南乡堂八村上八屯谭圣慈老先生家

受访人谭圣慈，男，毛南族，72 岁，毛南族肥套木面艺术代表性传承人。

采访者：谭老，想请您介绍一下关于木面的情况。

谭圣慈：我 1958 年开始学着刻木面。先是照着原来的木面刻，后

---

① （宋）范成大著，齐治平校补：《桂海虞衡志校补》，广西民族出版社 1984 年版，第 15 页。

来慢慢领悟。大家看还愿仪式，会对木面评价，刻得好的，大家喜欢，表演的师公才会来我这里买。我这里刻的木面基本上供不应求。开始学的时候，我收集了很多木面，"文革"的时候被没收了十三四个。后来我就偷偷地把木面藏进山洞里。改革开放以后，来买的人多了，还有很多外国朋友来买。也有的人买了回去挂在家里当装饰品。（谭的女婿一直在场，这时插话道："家庭做了还愿仪式的可以挂，没做的不能挂。"）

笔者在谭老制作木面的现场看到，谭老基本上靠手工制作：先将恩树板背面凿成槽形，正面修成弧形，然后将木板坯体置于膝上，在正面用铅笔勾勒，再施以刀凿。刀法极为细腻精致。

毛南族的剪纸艺术集中呈现在肥套的殿坛构建上。肥套的殿坛富丽堂皇，主要是得力于剪纸和绘画之功。毛南族的剪纸想象丰富，构图奇妙，取材广泛，主题集中而鲜明，往往能将世俗生活、自然环境及神话传说等领域中的典型元素融为一体，营造出一个缥缈灵动而又令人倍感亲近的场景。肥套中的毛南族剪纸对于色彩、造型及贴挂位置都有较为严格的规定。[①] 这一方面表征肥套仪式厚重的宗教色彩与神圣的宗教职能，另一方面也揭示出肥套中的剪纸，无论是从艺术构思还是从创作推力来讲，虔诚、庄重的宗教意识都在其中发挥了重要的作用。与肥套的演出、傩面的制作一样，装饰殿坛的剪纸和象征生命的花枝也都出自毛南族男性之手，禁止女性染指——毛南族人传统观念认为，肥套是庄重而圣洁的活动，只有男性方可当此大任。这应该是人类由母系社会发展到父系社会，男性居于社会生活的主导地位以后衍生出来的宗教观念所致。下述田野资料可资佐证：

【田野笔记】

笔者在观摩环江毛南族自治县洛阳镇团结村团社屯谭亚洲家举办肥套时看到，毛南族肥套中剪花包括两个部分：一是为殿坛装饰用的剪花，二是作为生命象征意义所剪的花枝。前者在场院里进行，不必举行特别的仪式，剪好糊上殿坛门框即可；后者要举行一定仪式，要在大堂香火牌位前设立供坛，供坛上燃香、化纸，置供品若干。剪制花枝的师

---

① 彭家威、吕屏：《毛南族肥套仪式中的造型艺术及其文化功能阐释》，《装饰》2010 年第 10 期。

公被称为"剪花公"，其所剪之花具有生命或魂灵的象征内涵，需要小心安放和精心保管。

　　肥套中的绘画是为殿坛建构服务的。毛南族以宗教为主题的人物绘画艺术及以装饰为目的的花鸟绘画艺术在很早以前就较为发达。许多宗教活动的场所都要挂上佛像或神像；中华人民共和国成立前，"有的地主豪绅之家，其屋檐和屋梁上绘画着各种形态的龙凤和花鸟，是出于毛南族民间画师和工匠之作"[①]。1987 年 8 月在环江毛南族自治县下南乡希远村发现的题有"乾隆四十五年绘制"（即公元 1780 年绘制）的四幅神像，是迄今发现的毛南族地区保存最早的人物画像。画中人物形态端正威严，舞台装束，构图谨严，线条细腻流畅。虽然不能确定其作者就一定是毛南族，但主题和构图风格与建于清朝咸丰八年（1858 年）的谭上达墓壁画的主题及构图风格有相通之处。从毛南族重要墓地凤腾山的墓葬石雕来看，毛南族工匠至晚在明、清之际已经具备高超的绘画水平，否则难以有如此宏大的构图和精湛的刀法。建于民国三十五年（1946 年）的下南乡波川村干孟屯附近的生墓，是几个毛南族工匠费时三年才完成的。该墓画构图完整，形象生动，刀工精湛，毛南山乡乃至远近数县，未见墓葬壁画能出其右者。倘若事先没有完整的画本，要完成如此规模宏大的艺术工程，那是难以想象的。所以，我们有理由相信毛南族很早就具有水平极高的绘画才能。只是其传统绘画观念与才能多为宗教活动所左右，功用单一，未能向更为广阔的领域发展。

　　毛南族肥套的绘画仍然承袭了毛南族传统宗教绘画的主题和手法，取材以神化的人物形象和与宗教内涵相关的花鸟为主。人物造型端庄，笔法工整，勾勒细腻；着色多样，画面绚丽。毛南族肥套"红筵还愿"殿坛绘画总体布局体现出鲜明而强烈的宗教期盼情感：婆王居中，其他神灵以重要性为序依次在婆王周围排列。人物面部造型与傩面有异曲同工之妙，但图画色彩更加富于变化，形态更为逼真，灵动感更强。画面与其他装饰一起，构建起殿坛庄严肃穆的氛围。但画面整体造型呆板，属于诸多神像的简单组合，娱神功能远远大于审美功能。与毛南族的墓壁画相较，肥套中的殿坛画往往缺失创作者的自由和灵性，画面局部与局部之间、局部与整体之间缺乏有机勾连；单个神像与人们意念中的神灵神态惟妙惟肖，但造型基本一成不变；整体构图观念甚至沿袭二三百年仍无多大变化。肥套的宗旨以及人们实践这

---

　　①　莫家仁：《毛南族》，民族出版社 1988 年版，第 55 页。

一宗旨的方式，基本上决定了其绘画的内容以及画幅与画幅之间的组合形式，亦即突出神灵的个性，通过对重要神灵形象的渲染，表达人们追求与神灵和融的期盼。

肥套的演出场地狭小，局限于家庭大堂之内。其场景设置以体现宗教观念、表达宗教期盼为主。场景设置的艺术性主要体现在殿坛的构架、人物（神灵）画像的排列、纸花的剪贴等方面。殿坛设置豪华绚丽，五彩缤纷，基本上为宗教色彩所覆盖。通常殿坛都贴一副汉文对联："一生出入阴阳路，寸舌分开祸福门"（也有的为"诚心偿还雷王愿；实意报答万岁恩"）；横批为"恭迎圣驾"，宗教诉求十分强烈。场景（殿坛）设置完成后，基本上不作大的改动，表演中必须出现的许多场景，有许多靠模拟呈现。由于模拟的场景都是人们日常生活中常见的，所以观众依据表演者的模拟再造情景并不困难。

肥套的殿坛用木架搭建，饰以彩色剪纸，色调以红色为主；所绘形象多为人物和动物，人物清一色为神灵，动物则属富含宗教韵味的鸟兽。殿坛神像布置不追求对称效果，而是按照神灵的重要性分序排列。神像为预先绘制的彩色卷轴，坛架搭成后悬挂上去即可。三位重要的神灵婆王、雷王、三界公爷以及太师六官、雷王夫人、欧德文官、花林仙官、灶王等分别绘制，单成一幅；其他神灵则挤在一幅画上。绘制在卷轴上的神灵数往往远多于登场表演的神灵数。仪式进行过程中必要时还会临时增设一些场景，比如花桥（用竹竿、竹片和木条简易搭建，竹竿、竹片和木条上饰以彩色剪纸花草和符咒之类，用以沟通仙宫和人间），是事先搭制好的，临场由两人抬至殿坛前，用完后撤下即行拆散。

肥套的场景结构，除殿坛以外，其他部分相当随意、松散。即便是众神集聚的殿坛，也常常与庄严肃穆有相当的距离：绘制神像的卷轴长短不齐，师公或观众的茶水杯可以在坛上任意摆放。场景设置的随意性和松散性导致仪式氛围也别具特色：除个别情节外，仪式气氛宽松而不神秘，神话世界与世俗生活现场交织，似无任何界限。观众以及暂时无表演任务的师公，或走或蹲，或站或坐；嬉笑打闹，抽烟喝茶，任其自便。甚至那些正在击鼓伴奏的师公，也会偷闲匆忙燃上一支烟，然后再赶上节律一边击打一边吞云吐雾，任烟头上的灰烬长悬而无暇将其弹落。即便穿上戏服、戴上木面，瞬间转换的神灵，在舞蹈、作法以后，趁着别的师公吟诵的间隙，也会燃上一支烟，暂时享受凡间气息的乐趣。

三　说唱、舞蹈及法事

岭南古百越民族能歌善唱，以歌传情，以歌叙事，由来久远，至今仍然享有盛名。肥套中的说唱艺术形式包括巫语、民间故事、歌谣等。这三种艺术形式凝聚了毛南族说唱艺术的精华，也高度体现出毛南族师公们对于言语艺术的创造才能。肥套仪式中的说唱艺术与毛南族日常生活中的说唱艺术有联系，但二者不完全等同。肥套中的说唱艺术是师公们在特定场合所展现的语言艺术。其中虽有即兴创作，但更多地源于传承的语言艺术文本。而这些文本，有很多是在传抄过程中不断地经过师公们的加工，甚至有可能大量地添加了师公们的艺术创造成果，因而肥套中的语言艺术与口耳相传的民间歌谣有一些不同，可以看作是介于民间口头文学和文人书面文学之间的一种特殊形态。其实，从师公们撰写的坛联和朗诵的巫语来看，毛南族师公有许多已经体现出较高的语言艺术创造才能。巫语将在后文专门论述，这里仅取肥套殿坛的对联略作佐证："设坛逐解雷王愿，摆筵偿还圣母恩"（中华人民共和国成立前毛南族肥套师公班子常用）；"一身出入阴阳路，寸舌分开祸福门"（当今毛南族肥套师公班子常用）。联句遣词之文雅，对仗之工整，实为一般民间口头语言艺术难以比肩。

肥套中的巫语是一种散文体颂词，富有华丽和夸张的修辞色彩，其作用主要有二：一是构拟和描绘殿坛及仪式场面情景，营造出神场庄重、热烈的气氛，将人们的意念带入神化的境界，同时为诸神登场作好铺垫；二是作为衔接场与场之间的桥梁，为观众的意念转换做好导引工作。以下谨录几段巫语以作证据。

> 日出东方，太阳初驾，花朵初开……花影重叠。春旺花明，夏旺花阴，秋旺花丽，冬旺花开。阴师入坛，烧香一炷。
>
> 　　　　　　　　　　　　　　　　　　　　（《红筵开坛》巫语）
>
> 奏到花山，金阁巍峨，月色迷朦。迎请上堂六国，婆王万岁天尊圣母，上楼九天玄女，中楼大白仙婆……　　　　（《安楼圣母》巫语）
>
> 日驾西边，牛羊归栏。州县封城，鱼龙分别。明月东升，乾坤黑暗。坛前封廊文书，令时应领……　　　　　　　（《发关》巫语）

这些巫语皆用德胜一带汉语方言（汉语西南官话中的一个小分支。广西宜州德胜镇距毛南地区中心地带约100里路程）朗诵，词句凝练，指事绘形，铺排烘托，颇具文采。其中虽然夹杂着法事职分，但作为肥套仪式的一个有机组成部分，其结构、导引、烘托、激发等功能至为明显和重要。肥套缺乏连贯、紧凑的故事情节，场与场之间承接转换关系较为松散，人物之间缺乏呼应。这些巫语在一定程度上弥补了肥套的散漫性缺陷，从而使整个仪式有序展开。与此同时，肥套中的巫语在修辞色彩方面已经与口语拉开了较大距离，可以看成是书面文学语言在特定场景中的口头呈现，因而对于人们书面文学素养的培养有相当重要的作用。这是毛南族肥套宗教仪式与周边其他少数民族宗教仪式的一个极大区别。一般的肥套文本有巫语 25000 余字，其中修辞色彩浓厚、艺术感染力颇强的文学词句占有极大部分。这些文学养分对观众，尤其青少年观众的影响不可低估。毛南族在当地少数民族中汉文化程度较高、"三南文风颇盛"，恐怕与肥套仪式中巫语对观众的普遍性、长期性及文学性熏陶有一定的关系。

肥套是毛南族民间故事的集中呈现场所，其中以神话故事为最。毛南族喜欢造神，也善于造神，几乎每一个重要神灵都有一段传奇故事。这些神话故事与世俗人物故事以及相关的动物、毛南族物产故事构成了毛南族民间故事的主要谱系，而这一谱系在肥套的宗教仪式中得到相当完整的体现。肥套仪式中展现的民间故事，由师公亦唱亦念亦诵；无论是从数量还是从生动性来讲，都远比民间其他方式展现的多而且强，可以说基本上囊括了毛南族民间故事的精华。陈述的故事中有许多紧紧围绕肥套仪式的主题，有一些仅仅是叙说故事而已，跟肥套仪式的宗教主旨、与其他故事的作用都没有必然的联系。肥套中的单个民间故事结构完整，情节跌宕，重点突出。因此，肥套仪式结构松散而仪式中单个故事结构谨严，成为肥套仪式的一个重要特点。

从肥套仪式中毛南族民间故事高度集中以及其中许多故事主题与仪式的宗教主旨相去甚远这一点来看，师公们客观上是借助于肥套仪式这一舞台，进行着宗教功能以外的文化传播。这或许是师公们主观上试图丰富仪式内涵，而客观上却达成了传播毛南族传统文化以及其他民族文化的效果。肥套中的民间故事，有的应该属于毛南族所独创，比如《三界公爷》中的三界故事，《覃三九》中三九的故事等，主人公由人成神，亦人亦神，其行迹带有鲜明的毛南山乡自然环境特点和毛南族生产生活的特征；《太师六官》、《土地配三娘》中的太师六官、三娘、土地等故事，都体现了毛南族的生存与生活愿望，具有鲜明的民族性烙印。这类民间故事的主题与求子（求花）以及驱邪保平安关系不甚密切，但对于陈述和传播毛南族的生产与生活知识，阐发毛南族传统的神人和融期盼，传承毛南族独特的民族文化则意义甚大。仪式中的一些民间故事，移植和融会其他民族的文化元素则较为明显，例如社王的故事。这类故事将在下文作专门论述，以揭示毛南族肥套与其他民族艺术的关系，此不赘言。

毛南族喜欢唱歌，也善于唱歌，"唱歌是他们最普遍的文娱活动"①。"毛南族人民生活在桂西北大石山区，在他们中间口头流传有许多反映古代毛南族先民生活状态和思想意识的古歌谣"②。还在清朝咸丰年间，曾有当地文人记录、翻译过毛南族"蛮歌"，其中有两首颇具名气："送君至何处？送至河水头。思君如河水，千里共悠悠。送君至何处？送至杨柳桥。思君如杨柳，万缕复千条。""出门采念子，念子盈袖衣。出门望郎君，郎君何日归。六月念子苦，八月念子甘。寄将念子盒，滋味教郎尝。"③ 其比兴手法的娴熟运用，令人慨叹。作为一种相对庄重的场合，肥套仪式中的歌谣当然不如山坡、村头青年男女对唱情歌那么浪漫，也往往不及赛场著名歌手那么收放自如，但肥套仍然可看成毛南族歌谣的重要展台，因为毛南族师公又被称为"唱师"。④ 歌谣在肥套仪式中占有很大比重，另外有一些场次，比如《土地配三娘》中演唱的情歌，除了土地赞美三娘的美艳之词相对固定，被载于文本外，其余多为师公们即兴编唱，文本一般不载。肥套里的歌谣大致可分为叙事歌谣和抒情歌谣两类。叙事歌谣主要叙述神事、人事与物事，涉及内容非常广泛，主人的亲属或者其他观众可以入场与师公一起演唱。叙述神事的歌谣多为赞颂性的韵语。例如肥套中《红筵开坛》里的歌谣，就是用以赞颂开天辟地神、人类始祖神和文明肇始神的：

> 初开苍天先有乾，浩浩荡荡广无边。
> 先前混沌已初定，生养百姓过千年。
> 红门花朵初绽开，开坛初盏献婆王。
> 二辟大地立为坤，重浊之气养人民。
> 伏羲聪明定八卦，流传天下给万人。

---

① 蒙国荣、王弋丁等：《毛南族文学史》，广西人民出版社1992年版，第96页。
② 曾宏华、谭亚洲：《毛南族古歌研究》，《歌海》2010年第3期。
③ 莫家仁：《毛南族》，民族出版社1988年版，第39页。念子（《桂海虞衡志·志果》中称其为"粘子"），一种低矮灌木所结果实，形如乳头，食指大小，中秋节前后成熟，成熟后色紫黑，果肉柔绵而味甘美。广西各地山岭所在多有。因其乳头形状，常有女性尤其母性（由母性而延伸出故土情怀）等蕴意。
④ 谭亚洲：《毛南族民歌的形式与风格》，载覃永绵编《毛南族研究文选》，广西民族出版社1987年版，第175页。

这些韵语有着很强烈的赞美之意。在肥套中叙述神事的歌谣里，这种类型的赞美比比皆是，几乎涉及登场或不登场的每一个神。在肥套《十二月歌》里，将节气、物候和民间故事糅入其中：

> 正月立春雨水时，草绿茶青发嫩枝。
> 孤儿杨香救亲父，入山打虎传美名。
> ……

每一个月的时令、物候都与一个传说故事结合起来，基本上远离肥套仪式的事神、颂神、敬神与酬神主题，描绘的是一幅世俗生活情态。

《土地配三娘》一场中演唱的情歌，则是三娘与土地两情相悦、以相互赞美为主的内容，世俗生活气息更为浓郁：

> 昨夜我来到这里正酉时，
> 见你苗条好像水中一游鱼；
> 站在殿里背靠金楼梯，
> 手拿木梳把辫子理。
> 油瓶放在柜台上，
> 旁边还有小竹笼。
> 梳理完了下金阶，
> 两旁的花都说真伶俐。
> 已经打扮得玲珑透剔，
> 又拿镜子对双眉，
> 手把头发择了梳子又勾，
> 剪刀仔细的修剪发髻。
> 耳边的鬓发好像展翅的山鹰，
> 美丽的眼睛好像天星在闪烁，
> 嘴角分棱面颊又红润，
> 真比庙寺里的观音还美丽！①

---

① 毛南族师公谭康荣收藏手抄本存，转引自蒙国荣《毛南族傩文化概述》，《河池学院学报》2008 年第 6 期。

师公即兴编唱的情歌则更为随意、轻松，更切近毛南族青年男女的情爱生活，伴以三娘与土地亲昵甚至有时是轻佻的舞蹈动作，在诙谐、欢快的气氛之中，表达了人们为繁衍后代而形成的性爱与生殖崇拜观念。

20世纪50年代前的大型肥套仪式13场36幕，场场有跳，幕幕有舞；[①] 即便经过改革、某些情节已作简省的当今肥套仪式，过程与环节仍然相当繁杂，差不多三天三夜。歌唱吟诵则叙述各位神灵生平、职分和特异功能，以及展现仪式的相关情节。肥套歌舞的一大特点一般是"舞者不歌，歌者不舞"，即神灵（师公戴着某神的傩面即意味着某位神灵）在场上舞蹈，师公着便装或者着戏服但不戴面具在场下伴唱。绝大多数舞蹈的形式和内容以神灵会聚、展示神灵神迹及简单地再现人们日常的生产、生活情景为主，具有浓厚的原生态韵味；仅《土地配三娘》一场主要表现男女之间的情爱生活，将人们由宗教世界带入尘俗世界，丰富了肥套的整体内涵。

肥套中的歌舞表演，有许多还停留在颂神、娱神和祈神的阶段，表演者需相应地抑制自己的情感，以体现神灵的庄严肃穆；同时限于场地的狭小，舞蹈动作以舒缓、轻柔者居多，少见粗犷、豪迈的舞步和造型。神灵的登场基本上由师公的巫语引导，师公的巫语及神灵的登场、舞蹈都在营造着宗教氛围，缺乏强烈的音乐铺垫和娱人气氛的烘托。

毛南族传统舞蹈艺术具有极为浓厚的宗教性和职业性特点，往往呈现于特定的场景如肥套仪式和毛南族分龙节祭祀仪式之中。毛南族传统舞蹈作为宗教仪式的有机组成部分，体现出毛南族强烈的宗教观念，具有浓厚的娱神和祈神色彩。其舞蹈语汇主要是艺术地构拟神灵的特殊生活，将神灵的情感与世俗人生的诉求对接起来，最终表达人们祈求神灵福佑自身、福佑家族，亦即神人和融的目的。在肥套中，无论是神灵登场"保护"仪式的顺利进行，还是神灵现身施福于主家，都是舞蹈表演者将世俗生活及情感移植给神灵。"据老师公们说，古老的肥套仅仅是单纯的唱神和跳神。"[②] 其形式的单纯性揭示其宗旨的唯一性。与此同时，毛南族民间舞蹈艺术基本上为师公所专业，其他人在日常生活中及传统娱乐场合中少有舞蹈或根本不舞蹈。即使毛南族师公在从事其他活动而不是在相关的宗教活动中（师公们都有其他如务农、经商、做小手工等谋生职业，宗教活动只是其业余兼做的行善职

---

① 韦秋桐、谭亚洲：《毛南族神话研究》，广西人民出版社1994年版，第89页。

② 蒙国荣：《毛南族傩文化概述》，《河池学院学报》2008年第6期。

业），也基本不舞蹈。在传统民间活动中，"一般来说，毛南族广大群众喜欢和善于唱歌，会舞蹈的人很少"①，亦即毛南族的传统舞蹈艺术多停留在神职人员在特定场所娱神与祈神的宗教功能层面，尚未升华至全民族以舞蹈自娱及注重舞蹈艺术审美功能的高度。这应该说是毛南族文化发展过程中形成的一个独特现象。因为根据传说，毛南族谭姓始祖谭三孝虽然来自外地，但谭三孝及其子女应该受当地文化影响颇深："生男育女，玲珑智慧……土苗互语，了然明白……将见交朋结友，情意和稔，男婚女嫁，团配凤光……"②史载当时居于该地的少数民族"思恩瑶，居五十二峒及仪凤、茆滩、上中下疃之间。其俗男衣短狭青衣，老者衣细葛，妇女则小袂长裙，绣刺花纹，其长曳地。岁首祭先祖，击铜鼓跳跃为乐"③，至中华人民共和国成立前，居于茆滩（毛难）地区的其他少数民族或被毛南族同化，或已基本上迁徙他方。而毛南族舞蹈艺术仅仅由独特人群在从事独特的仪式中呈现，而且舞蹈者仅限于男性。④依据现有可考的资料来看，毛南族传统民间舞蹈艺术只存在于肥套等宗教仪式中。

毛南族传统舞蹈艺术由毛南族师公创作，直接保留有丰富的生产、生活形迹，体现出毛南族传统舞蹈艺术具有鲜明、浓厚的原生性。通观毛南族传统舞蹈，其情节和动作有大量直接取材于毛南族人民的生产生活，甚至有许多就是把生产生活中的场景和动作浓缩、变形后平移到表演场景中。例如肥套仪式中瑶王所跳的"捕鱼舞"、"捕鸟舞"、"猎野猪舞"，以及鲁仙的"伐木舞"、"架桥舞"等，基本上是模拟相应的劳作场景和动作，形象地再现毛南族人民的生产情况，⑤当然其中不乏夸张和诙谐的动作和神态。《土地配三娘》则直白地展示了毛南族人民的情爱生活，其中伴随着许多性爱动作。虽然表面看起来这些情景与娱神、祈神、敬神和酬神的气氛不甚协调，但其表达的宗教诉求与肥套（"婆王愿"，即"红筵"）的祈求子孙繁衍的主题是有所联系的：人类的繁衍离不开性，而相关的情爱生活及性爱动作则体现了性教育和性暗示的功能，因而其生活内涵更为丰富。即便神灵登场的朝拜、揖让等动作，也是人们生活中相关礼仪形态的特殊延伸。所有这

　　① 莫家仁：《毛南族》，民族出版社 1988 年版，第 53 页。

　　② 《谭家世谱》碑。

　　③ （清）谢启昆：《广西通志》，广西人民出版社 1988 年版，第 6876 页

　　④ 黄小明、胡晶莹：《毛南族肥套仪式舞蹈 "条套" 的动作特征与文化内涵》，《艺术百家》2009 年第 5 期。

　　⑤ 赖程程：《论毛南族舞蹈语汇的美学特征及艺术精神》，《歌海》2010 年第 6 期。

些与生产、生活相关的情景和动作是生活在该地区的毛南族人民司空见惯的，是对人们生产和生活场景的择取，男女老少多能尽道其详。毛南族传统舞蹈的这种厚重的原汁原味，一方面说明其艺术与人们生产生活联系的紧密，其舞蹈艺术的生产生活来源渠道直接而通畅，未经过多的演绎和融化；另一方面也反映出毛南族整体舞蹈兴趣的淡薄，对其舞蹈艺术的提炼与升华意识尚待强化。虽然艺术离不开生活，但艺术不应该仅仅是生活的简单复制。从这里，我们能够看到毛南族过去很长一段时间在舞蹈的构思和表演等艺术方面的局限性。

　　自然生态要素熔铸了毛南族传统舞蹈艺术的主要特色。在中华民族的文化历史上，傩舞虽然源远流长，但我们仍然可以说，毛南族傩舞能够长盛不衰，发展到中华人民共和国成立之后一段时间仍然是毛南山乡最为普及、最为重要的艺术形态，与毛南族所处的自然环境有着极为密切的关系，亦即毛南族肥套本身是岭南古百越民族文化基因在毛南山乡独特的自然环境和文化环境共同作用下综合孕育的产物。因为毛南族世代生活的自然环境恶劣，生活条件艰苦，人们孕育和产出生命既不易，而养育生命尤难；加上在长期的封建社会里毛南族人口稀少，力量单薄，需依靠高出生率和高成活率以壮大民族力量，故而有"起愿"和还愿之俗。此其一。岭南山区气候湿热，多瘴疠之气，"瘴，二广惟桂林无之，自是而南，皆瘴乡矣"[1]；毛南山乡旧时瘟疫横行，谚云"谷子黄，病满床"，"民国三十年（1941 年）夏秋，霍乱大流行……三美村的下龙，全屯 14 户 84 人，仅 1 人幸存，堂万村有 6 家绝户"[2]。毛南族人一生中能躲过疾病侵袭而安然无恙殊为不易，不得不寄命于天，故代代"起愿"和还愿。此其二。毛南族居住于大石山区，古时候毒虫猛兽所在多有。"虎，广中州县多有之。"[3] 毛南族民间故事中有许多关于毒虫猛兽袭人且致人伤亡的篇章，现实生活中毛南山乡的毒虫猛兽更不少见。直到 20 世纪 50 年代前后，毛南山区的峒场地带仍然有以狩猎成果补充家用的。权威调查资料也有记载："（毛南山乡的中南地区下塘村）山区猴子成群，危害严重。1956 年粗略统计共有 9 大群，每大群 100—400 只……其他如野猪、箭猪、松鼠、

---

① （宋）范成大著，齐治平校补：《桂海虞衡志校补》，广西民族出版社 1984 年版，第 31 页。

② 环江毛南族自治县地方志编纂委员会：《环江毛南族自治县志》，广西人民出版社 2002 年版，第 857 页。

③ （宋）周去非：《岭外代答》，广西民族大学图书馆印藏，第 98 页。

花鼠及各种鸟类的危害亦重。"① 毛南地区山岭峭拔，道路崎岖，出门皆险，生产生活中扭伤摔残者屡屡有之，不期而遇的灾难异常频繁。为祈福禳灾，以及平衡畏惧心理，人们需代复一代，甚至时时"起愿"，然后择机还愿。此其三。旧时候毛南族民居多为干栏式建筑，而这样的民居多属竹木结构，版筑土墙，厅堂狭小，且人居楼层的地板皆为竹片、木板铺就，"民居鏧苫茅为两重棚，谓之麻栏。以上自处，下蓄牛豕。棚上编竹为栈，但有一牛皮为茵席"②，整体建筑抗震力不强。师公在厅堂里表演，其舞蹈动作的幅度和力度等多方面均受到限制，因而毛南族舞蹈总体上显得轻柔温婉。此其四。这四个重要的自然环境因素，再加上其他因素的共同作用，毛南族肥套中舞蹈的生态特征就至为鲜明了。

毛南族舞蹈的语汇丰富多样、相对稳定而且独具特色。"舞蹈语汇包含了一切具有传情达意的舞蹈动作（含舞蹈姿态、步法、技巧等）组合以及舞蹈构图、舞蹈场面、舞蹈中的生活场景等。"③ 毛南族传统舞蹈的基本动作有"商羊腿"、"张臂平转"、"起伏碎步"、"胯部扭摆"、"空心筋斗"等；④ 舞蹈构图则是有机融合了动作、面具、服饰、队形等元素，各元素构成既成规律又富于自由变化；舞蹈场面将简洁与繁复、庄重与诙谐、轻柔与刚劲等有机统一起来，构成一幅整体和谐的图景；舞蹈中的生活场景则是将世俗生活场景和构拟中的神灵生活状态有机组合与融会，呈现出人神相通、神为人用、神人和融的艺术氛围。舞蹈动作中的"商羊腿"、"张臂平转"、"起伏碎步"等造型及其技巧是相对稳定的，各个班子所展现的基本大同小异，某一班子功夫高低主要取决于表演者动作的传神与否。"胯部扭摆"主要是《瑶王舞》中的动作，源于毛南族先民的生殖崇拜以及对瑶王强盛性能力的推崇，与人类早期的生殖崇拜孑遗以及肥套仪式中"求花"（子孙繁衍欲望）有直接关系，表演时可不拘既有程式，有极大的自由度；表演者需将性暗示与舞蹈艺术审美特质有机地结合起来，才能显示舞蹈的韵味。⑤

肥套仪式中的舞蹈，基本上是毛南族师公班子继承及继续创造的产物，完全属于民族民间艺术的范畴。传统毛南族肥套师公班子，新入门的学徒要

---

① 广西壮族自治区编辑组：《广西仫佬族毛难族社会历史调查》，广西民族出版社 1987 年版，第 69 页。

② （宋）范成大著，齐治平校补：《桂海虞衡志补校》，广西民族出版社 1984 年版，第 35 页。

③ 赖程程：《论毛南族舞蹈语汇的美学特征及艺术精神》，《歌海》2010 年第 6 期。

④ 韩德明：《与神共舞——毛南族傩文化考察札记》，广西人民出版社 2006 年版，第 24—29 页。

⑤ 同上书，第 25 页。

在师父的口传身授下做大量的舞蹈基本功训练。毛南族舞蹈在肥套仪式中得到呈现，同时又在毛南族肥套班子里得到传承和发扬。毛南族肥套与毛南族舞蹈艺术之间构成了相互为用、共存共荣的关系。

歌咏的曲调变化不多，舞蹈相对程式化，因而整个肥套仪式的歌舞较少形成高潮局面；又由于肥套中的神话故事相对单立，有的故事与肥套主题缺乏必要的联系，因而肥套的整体情节显得较为松散，这既是肥套的突出特点，也是肥套仪式难以形成紧凑、连贯效应的重要原因。所以，肥套中的歌舞表演，缺乏整体构思和审美化升华等特点是甚为明显的。

肥套无论是"红筵"（"婆王愿",）还是"黄筵"（"雷王愿"），都有着鲜明的宗教诉求和浓厚的宗教情结，这可以从师公搭建神坛的坛联中体现出来。肥套整个仪式法事繁复，程式琐细。敬神、颂神、祈神、酬神是肥套仪式中主题构成中最为重要的一面，基本上是贯穿整个仪式的重要线索。敬神法事往往通过宗教仪式、神迹吟咏和歌舞表演等方式进行，采取颂正抑邪、借正压邪和扶正祛邪等途径达成宗教目的。

毛南族人传统观念认为，自己许多有益的东西，尤其生命以及与之相关联的子孙繁衍和家运顺达等是由善良的神灵给予的。人们在获得这些东西后应该报答善良的神灵；人们在未获得这些东西前应该祈求善良的神灵。持有传统观念的毛南族人还认为，人们在生产、生活中所遭遇的祸事、灾害，往往是凶神作祟；而且某些祸事、灾害往往是自己或家人未来更为重大灾难的警示。为了防止更大的灾难发生，必须祈神禳灾。无论是报恩、祈求或禳灾，人们都必须通过一套完整的仪式，尤其是敬神法事来进行方有成效。因此，敬神法事成为肥套中的重要环节，是肥套的重要构成元素。

肥套的敬神法事主要分为两种类型：一是师公通过吟（吟唱颂词）、念（念咒语）、做（从事敬神作法的相关活动如捻诀、燃香、化纸、举印、画符及抛掷符箓等）来进行相关法事；二是神灵登场所进行的朝拜、举印、画符、娱神等活动。这两类敬神法事相伴而行，共同发挥作用，有时二者在本质上或宗旨上并无明显的区分。肥套有许多举行敬神法事的环节，各个环节的顺畅、成功与否，直接关系到肥套活动的成败。例如仪式中长命鸡（师公用于法事的一只大雄鸡）登场表演一节，就甚为扣人心弦，成为人们公认的肥套仪式中重要的一幕，被看作整个肥套仪式是否预兆吉凶的试金石，① 也是人们评价师公法力、判断主家"运行"的主要标志。下引田野资

---

① 蒙国荣、王弋丁等：《毛南族文学史》，广西人民出版社 1992 年版，第 175 页。

料描述了当时情景以及笔者的感想：

【田野笔记】

"才郎背鸡"一场是肥套中非常关键的情节。参与表演的公鸡被称为"长命鸡"，早两天就准备好了，被圈养在一个竹笼里。从仪式开始、师公进场做准备工作时起，"长命鸡"基本上待在大堂和主人房间，必要时男主人还提着它参加相关仪式。在很多场合，男主人（才郎）一手提鸡笼，一手提花篮，参加相关活动，或者将鸡笼、花篮放在表演场地。10月26日下午，领班师公曾经诵经作法，将长命鸡抱在怀中，看其能否神态自若、正常进食。如果该鸡惊慌失措、不肯进食，则需采取补救措施。试验过程中，该鸡未表现出异样，能够神情宽松地啄食领班师公手掌中的米粒。10月27日午后13：30许，背鸡仪式开始。鼓、锣声骤起，才郎弯腰俯身，背上置一碗，碗内盛白米少许。领班师公抱出长命鸡，用三元宝印在鸡身上画符，口中念念有词，随后用手轻抚公鸡头部和背部，然后将其轻放在才郎背上。公鸡旁观左右，然后神情自在地啄食碗中米粒。才郎缓步徐行，将公鸡背入房中，该环节圆满结束。

先是该环节即将进行时，众人尤其主人及其亲属应该较为紧张，唯恐该环节有所闪失。其时谭亚洲先生侄女（40余岁）坐在笔者旁边，不无担心地说："这个最关键！非常重要！这个成功了，仪式就圆满了，我三叔的运气就好了。"我不愿将我的担心说出来，只是静观仪式进行。待该环节圆满后我才问："如果那公鸡从主人背上跳下来或者惊慌地飞走了，怎么办？"谭亚洲先生的侄女说："那就失败了，我三叔的钱就白费了，要选个日子重新做还愿。""别人做还愿有失败的没有？""有的，只是很少。"毛南族人将这个圆满的环节归功于主人的运行和师公的法力。事后我询问几位师公，有的说，通过法力镇住公鸡，公鸡会理解人的意思，会听话；有的说，主人运行好，公鸡不会惊慌乱跳的；有的干脆笑而不语。谭亚洲先生也觉得此环节最是神秘，难以用科学原理解释，这要归功于师公的法力和主人的运行在同时起作用。我笑着说出自己的理解：公鸡一般都比较大胆，尤其在让主人搂抱、抚摸后更容易镇定，即便围观的人大声喧哗，公鸡仍然能够神情自若。笔者小时候看见村里人抱着公鸡参加斗鸡比赛时，这种情形极为常见。在肥套中参加此一环节表演的公鸡，此前不断出现在喧闹的场景中，或者身边有人陪伴，应该习惯了相应的氛围；表演的师公此前对公鸡做了相应训练，而且采取了相应的措施，比如经常抚摸公鸡，使其适应师公的动作和身体气味，适当控制公鸡的进食量，使其在表演时尽可能专注于食物，等等。谭亚洲先生微笑点头，似有所悟。当然，这样的探讨有三个前提：一是谭亚洲先生本来是文化人，具备格物致知的心理素养；二是笔者与其是深交的朋友，可以无话不谈；三是该仪式环节已经圆满无瑕，理性探讨不会对仪式本身及主人的心情造成影响。然而正是"才郎背鸡"这一环节，凸显了毛南族人的事神心理。

第四节　肥套的传承

一　传承特点

毛南山区表演肥套的师公班子众多，班子成员为清一色男性，其师承、教学与活动均呈高度开放状态。就此，笔者曾经多次深入毛南山乡采访，并且对肥套代表性传承人、毛南族师公谭三岗先生作过两次采访。现在以第二次采访所得为基础，结合第一次采访所得，整理如下，从中可看出毛南族师公的传承概况：

【田野笔记】
时间：2012 年 10 月 24 日下午 1 时许
地点：环江毛南族自治县下南乡堂八村上八屯旁岩洞
受访人谭三岗，男，毛南族，50 岁，环江毛南族自治县下南乡堂八村上干强屯人，曾作为代表团成员赴日本表演肥套选场。
谭三岗师公是毛南族肥套代表性传承人。此前笔者曾经访问过他，但笔者在撰写本书稿的过程中，觉得此前的采访没有深入，于是趁赴毛南山乡的时机约定做进一步采访。本次采访谭三岗师公之前，笔者曾经深入环江毛南族自治县下南乡的仪凤、中南、堂八、古周、波川、玉环、下塘等行政村的重点屯，以及环江毛南族自治县川山镇、水源镇和洛阳镇的毛南族村寨进行考察，尤其到水源镇的上南村（上南村是毛南山乡的组成部分，曾经独立建乡，后撤乡归为水源镇的一个行政村。如是者反复多次）做过两次考察。在下塘村考察完毕赴堂八村上干强屯谭三岗家的路上给谭打电话再次确认去采访他的时候，他说临时有事外出，正在赶回家的路上，请我们先到他家里歇息稍候一下，并说已经给家里人打了电话，家里人会招待好我们。我们于是约定在去他家途中的一个岩洞口休息候他。约一个半小时后，谭三岗师公骑摩托车赶到。

采访者：毛南族师公的传承模式一般是怎样？

谭三岗：毛南族师公一般都是父传子，但也有许多是拜家族以外的人做师父学习、招收家族以外的人做徒弟的。我目前有五六个徒弟，其中有一个是我的二儿子。二儿子今年24岁了，其他的徒弟在35—50岁之间。收徒弟不拘一格，基本条件具备就可以了，比如是毛南族人，会唱、会念、能跳基本的舞蹈动作就行。收徒的时候当然要暗地里考察一下，尽量选择品行、天资比较好的。收徒、出师都要举行特定的仪式，比如在大堂里设置供桌，供桌上燃香、摆酒、置菜等，拜三元祖师。

采访者：你们授徒时，一般采用怎样的教学形式？

谭三岗：徒弟抄写好经文唱本（文本中还有舞蹈步伐和鼓点击法、画符位置和字符样式等），师父讲解、示范一些基本的东西。收儿孙辈做徒弟的，平时随教随学，教学的机会多一些。住得比较远的徒弟，平时自己学习、训练，空闲的时候，特别是春节期间大家集中在师父家里学习训练。这种时候就要在大堂里设供桌燃香，通报三元祖师，师父然后讲解、示范，一起练习。师父组班外出表演时，徒弟一般要临场观摩，参加表演或者做一些杂务，从中学习。

采访者：你们使用的经文唱本如何传承？学徒具备什么条件就可以出师组班表演？

谭三岗：师公所用的经文唱本一般都是从师父那里传抄，也有从父辈、祖辈、师父或者其他人那里直接得到经文唱本的。学徒会唱、会念和会跳就可以参加表演，一般五六年出师。徒弟出师前只能参加班子演出，不能自己组班演出；出师后就可以自己组班表演。出师后有一定威望并且置办一副担子才能够组班。

采访者：你们组班演出一般有什么规矩？

谭三岗：没什么规矩，比较随意的。主办肥套的家庭男主人请一个有威望的师公，确定好做肥套的日期，其他组织表演队伍的事就由这位师公去料理了。这位师公就是领班，准备好担子，出面邀请参与演出的其他师公，在仪式表演中承担主角。班子成员不分出自哪个师父，没有门户之见，只要脾气相投、容易合作的就行了。当然，如果同门师兄弟或者师徒都方便，大家在一起表演的机会可能多一些。主要讲究一个随缘。

采访者：组班的班头和参加正式表演的成员需要具备哪些条件？

谭三岗：班头必须儿女双全、妻子健在才行。妻子去世的年长师公不能做班头，但可以作为成员参加表演。做师公的最重要条件必须有儿有女，有儿无女或者有女无儿的不能做师公。

采访者：近年来举办肥套仪式的家庭多不多？

谭三岗：基本上每家每代人都要做一次。20世纪八九十年代做的人家多一些，现在渐渐少了。1982年前后我们一个班子一年要做二三十场，现在八九场。主要是八九十年代该做肥套的家庭大多数都已经做了，而且因为实行计划生育，孩子少了，家庭也少了，做的人家当然也就少了。

采访者：你们现在使用的道具，比如木面、服装、法器、乐器等跟以前的相比有什么不同？

谭三岗：大体上差不多。帽子比以前的做得精致、好看一些；服装没有以前的好，主要是布料没以前的好，手工做得少，都是机器做的。服装的图案没有以前的绣得好，比较粗糙，绣龙绣凤的也很少见了。

采访者：你们师公班子之间有没有大的竞争，或者同行是冤家？

谭三岗：这种情况一般很少，大家一般没有门户之见，不同门户的师公可以杂起来组班，没有同行是冤家的感觉。当然，大家都希望把仪式做好，这种对比还是有的。

采访者：其他民族的人家请你们去做这种仪式不？

谭三岗：毛南族还愿师公班子现在很少到其他民族家庭去做。从我做师公以来，只是在毛南族家庭做，还从没有去其他民族家庭里去做。

采访者：您儿子学习得怎么样？他现在跟您外出参加表演么？

谭三岗：大儿子不愿意学，去广东打工了。家中有一个人愿意学就行了。二儿子学会了，今年24岁，现在也在广东打工。等他大了，我以后不能做了，就把担子交给他。

采访者：您做师公，在家里教徒弟，您的妻子有没有意见？

谭三岗：做三元公的人在家里和在社会上地位是比较高的，很受人尊重，因为我们是在做好事。老婆很喜欢自己的男人是三元公，觉得很有面子。

毛南族肥套的传承特色概括起来主要体现在下述方面：

首先是传承观念的古拙与质朴。毛南族肥套直接承袭了岭南古百越民族的"愿"文化基因，即着眼于子孙繁衍、民族壮大和人畜平安，具有鲜明而浓厚的"社会公益"属性。毛南族师公几乎全盘继承了这种"社会公益性"观念，将自己所从事的此项业余职业视为对家庭及社会的奉献，几乎不包含其他私欲。毛南族肥套传承三四百年，这一观念至今仍无根本性改变。这种传承观念虽然摒除了肥套传承过程中的商业竞争因素，有利于保持肥套主旨的纯洁性和艺术元素的专一性，但对肥套仪式本身的发展具有一定的负面影响，即肥套活动的举行以及肥套本身从形式到内容的改进均缺乏商业推力，因而肥套的整体发展活力尚嫌不足。这也许是肥套仪式原生性意味浓郁而发展极为缓慢的重要原因。不过，也许正是它古拙与质朴的传承观念，才促使肥套保持了相对纯正的宗教仪式功能，从而有利于它的心灵抚慰作用和文化教育作用的发挥。直至今天，无论是表演者还是观赏者，对于肥套都基本保持一种庄重而虔诚的态度。这除了传统宗教活动本身对特定人群具有相应的心理震慑力之外，肥套传承观念中的古拙与质朴特色，应该发挥了相当大的作用，因为毛南族师公所坚持的"社会公益性"角色定位，为他们赢得了受人尊敬的地位，顺带也强化了人们对肥套的虔诚心理。

其次是传承方式的单一与呆板。毛南族的许多传统艺术形态在传承过程中所采用的方式与艺术形态本身的发展需求不甚协调，其传承方式的单一与呆板特征极为明显：民间作坊式的师徒传承方式较为普遍。比如在民间歌手和手工艺制作者的培养方面，直至中华人民共和国成立前夕以及成立后的一段时期，普遍采用的仍然是爱好者志愿上门求教、师徒间一对一授受技艺，不注重社会选拔及激励措施。这就导致某些技艺处于相对封闭状态，加重了该门技艺的神秘色彩，从而不利于相关艺术规律的探寻与发扬，最终对该门艺术形态的发展形成阻碍作用。毛南族肥套更是如此。毛南族师公不仅采取上述封闭性传承方式，还承袭了宗教神职人员师承关系中的神秘环节，人为地设计所谓的"符法密技"。毛南族肥套已经发展成毛南族具有符号性特征的综合文化形态，无论在形式上还是在内容上已经与"跳神"一类的原始宗教活动有本质区别。但在一些师公的潜意识里，它仍然属于一种纯粹表达原始宗教诉求的仪式。另外，其传承规矩中较受注重的"家族世袭"原则和袭职者的"儿女双全"原则，更是加重了肥套的原始宗教色彩。所有这些，虽然在一定程度上保证了肥套原生态属性的延续，以及在毛南族传统社会中的神圣地位，但在很大程度上迟滞了肥套的发展进程。

最后是传承场所的狭窄与简陋。毛南族的"傩祭"仪式原来分为公共场所祭祀仪式和家庭场所祭祀仪式。公共场所的主要祭祀仪式又被称为"庙祭"，即毛南族在庙节（分龙节）举行的祭祀活动。公祭仪式宏大热烈，伴以歌舞跳神。约在清末民初，公祭仪式逐渐消亡。家庭祭祀的热情一直未见消减。毛南族肥套主要是以家祭一脉发展起来的。毛南族肥套排练、表演的场所是该仪式重要的传承地。而这些排练和演出场地一般为农村居民的房屋大堂。"毛南族的肥套仪式，迄今为止，演出的场地还没有跳出肥套主家的庭院。肥套仪式仍以一家一户为活动单位。"① 传统的毛南族民居多属干栏式建筑，土石墙体加竹木构架。设置在二层楼面的大堂较为简陋狭窄，竹片木板铺就的楼板抗震性能极差，不适合展现激烈粗犷的舞蹈动作，因而肥套仪式中的舞蹈动作一般以轻盈柔和为主。毛南族传统的居住特色不仅决定了肥套的传承场地，而且还在一定程度上决定了肥套这一传统仪式的呈现方式。直到今天，毛南山乡居住条件大为改善，干栏式建筑大为减少，或者保持干栏建筑制式但采用钢筋水泥结构，然而表现在传承特色方面的毛南族肥套中的舞蹈动作仍然体现出温厚、文雅及轻柔的艺术风格，以及与此艺术风格相谐调的仪式传承特色。

二　传承队伍

对于毛南山乡主要师公班子，笔者多次赴毛南山乡做过田野。环江毛南族自治县下南乡文化站整理了一份毛南族肥套师公班子传承资料。笔者经田野考察得知，该站所列情形与实际情况有某些出入。笔者结合文献和田野材料，对该资料进行了整理。兹录如后。

【田野笔记】
肥套主要师公班子传承谱系
谭圣慈师公班传承情况：
（一）现任班首：谭圣慈，毛南族，环江毛南族自治县下南乡堂八村上八屯人，肥套表演多面手，肥套傩面制作艺术代表性传承人。中国中央及地方电视台多次对其报道。

① 蒙国荣：《广西环江毛南族肥套（傩愿戏）》，载《中华艺术论丛》第9辑。

（二）传承谱系：

代别	姓名	出生年代	文化程度	师承形式	学艺时起	居住地名
第一代	谭金齐	不详	不详	家庭传承	不详	下南乡堂八村
	谭金怀	不详	不详	家庭传承	不详	下南乡堂八村
第二代	谭松合	不详	不详	家庭传承	不详	下南乡堂八村
第三代	谭照兰	不详	不详	家庭传承	不详	下南乡堂八村
第四代	谭富诚	1845	不详	家庭传承	不详	下南乡堂八村
第五代	谭炳逾	1902	小学	家庭传承	不详	下南乡堂八村
第六代	谭圣慈	1940	高小	师徒传承	1974 年	下南乡堂八村
	谭红绿	1942	高小	家庭传承	1974 年	下南乡堂八村
	谭道正	1941	高小	家庭传承	1963 年	下南乡堂八村
	谭三况	1940	高小	家庭传承	1975 年	下南乡堂八村
	谭荣师	1962	初中	家庭传承	1980 年	下南乡下塘村
	谭锦烈	1937	高小	家庭传承	1957 年	川山镇下久村
	谭秀芳	1930	高小	师徒传承	1981 年	下南乡下塘村

卢长权师公班传承情况：

（一）现任班首：卢长权，毛南族，环江毛南族自治县下南乡景阳村岜芽屯人，肥套表演多面手。

（二）传承谱系：

代别	姓名	出生年代	文化程度	师承形式	学艺时起	居住地名
第一代	卢永祥	不详	不详	不详	不详	下南乡中南村
第二代	卢有心	不详	不详	家庭传承	不详	下南乡堂八村
第三代	卢炳吉	1864	私塾	家庭传承	不详	下南乡堂八村
	卢炳文	1869	私塾	家庭传承	不详	下南乡堂八村
	谭益相	不详	不详	家庭传承	不详	下南乡下南村
第四代	卢善辉	1896	私塾	家庭传承	不详	下南乡景阳村
	卢善球	1901	私塾	家庭传承	不详	下南乡景阳村
	卢善良	1910	私塾	家庭传承	不详	下南乡中南村
第五代	卢长权	1941	高小	家庭传承	1980 年	木论乡木论街
	谭益庆	1954	高中	家庭传承	1988 年	下南乡中南村
	黄显勋	1955	初中	家庭传承	1987 年	木论乡木论街

代别	姓名	出生年代	文化程度	师承形式	学艺时起	居住地名
第五代	韦灿乐	1967	高中	师徒传承	1990 年	川山镇下久村
	谭朝满	1940	高小	师徒传承	1990 年	南丹沙厂龙江
	谭红顺	1973	高中	师徒传承	1990 年	洛阳镇平原村
第六代	卢荣政	1971	初中	家庭传承	1990 年	木论乡木论街

谭义秋师公班传承情况：

（一）现任班首：谭义秋，毛南族，环江毛南族自治县下南乡下塘村成六屯人，肥套仪式多面手，其所在师公班历史久远，影响较大。1986 年环江毛南族自治县成立时，谭义秋率其班子参加庆祝演出。其所在师公班在从事肥套活动时，都要取一法号。

（二）传承谱系：

代别	姓名	出生年代	文化程度	师承形式	学艺时起	居住地名
第一代	谭仁片	不详	不详	不详	不详	下南乡下塘村
	谭仁田	不详	不详	家庭传承	不详	下南乡下塘村
第二代	谭仁界	不详	不详	家庭传承	不详	下南乡下塘村
第三代	谭仁成	不详	不详	家庭传承	不详	下南乡下塘村
第四代	谭仁义	不详	不详	家庭传承	不详	下南乡下塘村
第五代	谭仁教	不详	不详	家庭传承	不详	下南乡下塘村
第六代	谭仁独	不详	不详	家庭传承	不详	下南乡下塘村
	谭仁业	不详	不详	家庭传承	不详	下南乡下塘村
第七代	谭以明	不详	不详	家庭传承	不详	下南乡下塘村
	谭以正	不详	不详	家庭传承	不详	下南乡下塘村
第八代	谭正道	不详	不详	家庭传承	不详	下南乡下塘村
	谭云本	不详	不详	家庭传承	不详	下南乡下塘村
第九代	谭东海	不详	不详	家庭传承	不详	下南乡下塘村
第十代	谭高洁	1907	私塾	家庭传承	不详	下南乡下塘村
	谭仁太	1910	私塾	家庭传承	不详	下南乡下塘村
第十一代	谭义秋	1949	高小	家庭传承	1975 年	下南乡下塘村
	谭福军	1959	初中	家庭传承	1987 年	川山镇峒伴村
	谭广桥	1960	初中	家庭传承	1987 年	下南乡下塘村
	谭老杰	1949	高小	家庭传承	1987 年	川山镇峒伴村

代别	姓名	出生年代	文化程度	师承形式	学艺时起	居住地名
	谭家财	1937	初小	师徒传承	1976 年	下南乡下塘村
第十一代	谭老阳	1948	初小	师徒传承	1976 年	下南乡下塘村
	谭志明	1975	小学	家庭传承	1998 年	洛阳镇平原村

谭益庆师公班传承情况：

（一）现任班首：谭益庆，毛南族，环江毛南族自治县下南乡中南村上义屯人，谭家师公班第九代传人，34 岁跟随其父学做三元公。谭益庆家族的肥套师公班有 180 多年的历史，在当地影响极大；谭益庆本人属于肥套仪式中的多面手，各类技艺娴熟，为肥套代表性传承人。

（二）传承谱系：

代别	姓名	出生年代	文化程度	师承形式	学艺时起	居住地名
第一代	谭照萱	不详	不详	家庭传承	不详	下南乡才门村
第二代	谭壮喜	不详	不详	家庭传承	不详	下南乡才门村
第三代	谭荣富	不详	私塾	家庭传承	不详	下南乡才门村
第四代	谭炳茂	不详	私塾	家庭传承	不详	下南乡才门村
第五代	谭少鹏	不详	私塾	家庭传承	不详	下南乡才门村
第六代	谭原旺	不详	初小	家庭传承	不详	下南乡才门村
第七代	谭英雄	不详	初小	家庭传承	不详	下南乡才门村
第八代	谭家兴	1918	高小	家庭传承	1938 年	下南乡中南村
	谭益庆	1954	高中	家庭传承	1988 年	下南乡中南村
	韦灿乐	1962	高中	师徒传承	1989 年	川山镇下久村
	谭高祖	1963	高中	师徒传承	1990 年	下南乡中南村
第九代	谭老苏	1960	初中	师徒传承	1989 年	川山镇下久村
	谭合耀	1957	高中	家庭传承	1988 年	下南乡中南村
	谭植合	1957	高中	家庭传承	1990 年	下南乡中南村

谭三岗师公班传承情况：

（一）现任班首：谭三岗，毛南族，环江毛南族自治县下南乡堂八村上干强屯人，肥套代表性传承人，2000 年 10 月作为成员赴日本表演毛南族傩戏。其家族师公班可考历史在 200 年以上，在当地颇有影响。谭三岗班子在当地较有名气。

（二）传承谱系：

代别	姓名	出生年代	文化程度	师承形式	学艺时起	居住地名
第一代	谭万府	不详	不详	家庭传承	不详	下南乡堂八村
第二代	谭金齐	不详	不详	家庭传承	不详	下南乡堂八村
第三代	谭仕良	不详	不详	家庭传承	不详	下南乡堂八村
第三代	谭金对	不详	不详	家庭传承	不详	下南乡堂八村
第四代	谭仕斋	不详	不详	家庭传承	不详	下南乡堂八村
第五代	谭安晃	不详	不详	家庭传承	不详	下南乡堂八村
第六代	谭贵政	不详	不详	家庭传承	不详	下南乡堂八村
第六代	谭文良	不详	不详	家庭传承	不详	下南乡堂八村
第七代	谭圣在	不详	不详	家庭传承	不详	下南乡堂八村
第八代	谭顺贤	不详	不详	家庭传承	不详	下南乡堂八村
第八代	谭顺直	不详	不详	家庭传承	不详	下南乡堂八村
第九代	谭受宽	不详	私塾	家庭传承	不详	下南乡堂八村
第十代	谭凤翔	不详	不详	家庭传承	不详	下南乡堂八村
第十二代	谭耀乐	1922	私塾	家庭传承	1942 年	下南乡堂八村
第十三代	谭三岗	1963	初中	家庭传承	1982 年	下南乡堂八村
第十三代	谭勤勉	1960	初中	师徒传承	1983 年	下南乡堂八村
第十三代	谭三谋	1965	初中	家庭传承	1982 年	下南乡堂八村
第十三代	覃金囊	1952	初中	师徒传承	1982 年	下南乡玉环村
第十三代	覃托山	1954	初中	师徒传承	1983 年	水源镇上南村
第十三代	覃现章	1953	初中	师徒传承	1982 年	下南乡玉环村
第十三代	卢荣健	1952	初中	师徒传承	1982 年	下南乡玉环村
第十三代	谭老征	1962	初中	师徒传承	1982 年	下南乡堂八村

实际上，毛南族肥套师公班子的组成，临时性与变动性极强，很少有稳定性强的固定师公班子。班首的人员也极易变动。通常，只要在这一领域有些威望，并且具备一副"担子"，而且有举办人家邀请的师公，都能够承担班首职责。

【田野笔记】

时间：2012 年 10 月 27 日下午 6 时许

地点：环江毛南族自治县洛阳镇团结村团社屯谭亚洲家门外场院

受访人谭金赞，在谭亚洲家举办肥套仪式中，是该仪式师公班里的一般成员。

采访者：谭师傅，你们辛苦了。

谭金赞：不辛苦，应该的。你们从头到尾又看又记，也很辛苦。

采访者：你们今年接手的活动多不多？

谭金赞：还可以吧，跟去年差不多，也有十来场。这个月28号到31号，下南乡波川村有户人家做还愿，我是领班师公，你们去不去看？我明天吃了早饭就赶过去。过两天做的还愿跟这里有些不同。那里做的还愿分两段，先"还阴愿"，帮他去世的父亲做的；后"还阳愿"，是儿子自己这一代做。仪式差不多，但过程有些差别："还阴愿"属于白喜事，"还阳愿"属于红喜事，经文有些不同，许多环节也不一样。

采访者：在这样的表演班子里，您做领班师公和做一般师公有什么不同？

谭金赞：在表演的师公班子里，领班师公带担子，不做领班师公的只要带好自用品就行了，行当全部用领班师公的。

领班师公与一般师公往往无本质差异，主要在于是否自备有一副担子而已。

第 二 章

肥套呈现的主要神灵

处于相对蒙昧阶段的人类，无论处于何地，其建构神灵的初衷及模式大致相近甚至相同。人们"坚信神具有强大的超自然能力"，"因为感受到自己的渺小脆弱，于是他们认为，那些可以控制自然力量的神必定是强大无比的"；"神以人的面目出现"，"人与神合二为一"[①]。毛南族的造神理念及模式大致与此类似。与神灵相关的意识成为毛南族传统社会生活中极为重要的意识之一，毛南山乡的神灵具有极为丰富的象征意义，在一定程度上讲也是毛南族人在特殊历史发展阶段认识自然、认识社会的产物，是毛南族文化心理的重要镜子。毛南山乡的重要神灵既是建构肥套的主要材料，还是我们探究肥套的主要线索。

肥套涉及的神灵非常众多，其中每一个神灵都有其较为分明的职能。根据毛南族传统宗教观念及其神灵的来历与作用，我们可以将各位神灵归于相应的类型，尽管某些神灵的作用与职能有相互交叉的地方，导致这样的归类大有值得商榷之处，但这样的归类仍然给我们对肥套的认识、对毛南族人崇神心理的探析带来极大的方便。因此，在难以找到更为科学的归类方法之前，我们不妨对肥套所呈现的神灵做现有的、粗浅的归类，并对神灵形象及其象征意义做相应的阐释。

---

① ［英］詹姆斯·乔治·弗雷泽：《金枝》，赵阳译，陕西师范大学出版社2010年版，第102页。

第一节　原始宗教神灵

一　婆王

毛南族肥套仪式中的婆王也称"万岁娘娘"、"圣母娘娘"等，在广西百越系其他少数民族中又被称为"花王圣母"、"花婆"、"圣母婆王"或其他名号，是一位重要的主宰生育和孩童成长的最高女神。婆王作为一个神通广大而又心地慈善的最高女神，不仅在肥套仪式中占据着崇高地位，在毛南族传统的日常生活里更是广受尊奉。毛南族婆王神话应该是毛南族原始宗教元素、母权社会元素以及毛南山乡独特的自然生态元素综合孕育的产物，而原始宗教属性在其中占有更大的分量，因为我们能够从婆王身上探究到更多的万物有灵和祖先崇拜等原始宗教成分。在毛南族的神灵谱系中，女娲、古妹有时与婆王位置互换，有时合而为一。肥套中《用于红筵开坛的歌》、《三元》巫语和《说神欢》都讲述婆王来历：

> 太极初开分天地，婆王变化永长生。
>
> 盘古制造成百姓，爹是乾来娘是坤。
>
> 婆王分开四大洲，气凝成地养育人。
>
> 骨肉之恩一胎养，女娲力大真惊人。
>
> 世间万民婆王为母，今按古规办筵席。
>
> 五行例行世间传，伏羲兄弟先知情。
>
> 万岁婆王生男女，可从天上下凡尘。
>
> 婆王，女娲伏羲见上元，皇佑三年发大水，天下百姓受灾殃。女娲补天洪水才消退，兄妹结对在昆仑山下，鸡不啼来狗不叫，太白做媒成婚姻。创造凡民满天下，男女各半定乾坤……
>
> 两个娃仔是神仙骨，天会姻缘成夫妻。松树底下把香烧，各人自往各方去，两股火烟来缠绕。兄妹自有缘相连，金龟八卦做媒婆，得三年后天地转，生了一个磨石仔，让鸡去分乌鸦去撒，撒到六国去成人。三朝过后起变化，天下布满婆王的子孙。
>
> 婆王小时候，成仙在葫芦。
>
> 洪水漫州县，婆王海上浮。
>
> 婆王有神灵，进葫芦去躲。

　　　　漫游到天门，才见你兄妹。

　　　　皇佑元年时，婆王成了神。

　　　　也不大不小，正好定乾坤。

　　这应该是民间传说在发展过程中的变异现象。发展到后来，围绕婆王产生了许多生育神话，在南方的相关地域形成了"花文化圈"。沅水、湘水上游的许多少数民族，以及岭南的百越系民族认为，世界上有一座美丽的花园，花园由婆王掌管。每一个人都对应着花园中的一朵神花。婆王将花赐予人间男女后，妻子才能怀孕生育。① 婆王在广西百越系少数民族中具有崇高地位，毛南山乡周边的壮、仫佬等少数民族的神灵谱系中，婆王被列于尊位。仫佬族村庄每屯都立有婆王庙；许多壮族人把婆王列于大堂供奉的香火牌位上，四时奉祭。与生命孕育及成长相关的"花"风俗在广西汉民族生活的一些地区如桂林的兴安、全州、灌阳、资源等县亦偶有存在，比如花婆（号称能通鬼神的巫婆，与壮、毛南、仫佬等族的"花婆"有本质不同）"看花"（花婆扬言能够看到人的过去未来，以及当时所处的"运行"）之类。应该说，作为人们意念中的非固定的原始宗教含义浓厚、在生命孕育及命运流程中具有决定性作用的神灵，婆王早已长期、广泛地生活于岭南百越系少数民族人民以及湘、黔、桂交界处其他民族人民心目之中。毛南族神话传说中有送子娘娘，那就是婆王。她住在花山上，管理百花，手下有五位花神，即种花神花家、护花神六桥（也被称为陆乔、乔仙等）、引花神花符、分花神托生、送花神花林。人们想要什么花，金花或银花，男孩或女孩，就去祈求婆王，她往往都慷慨赠送。

　　毛南族神话中以及肥套仪式中呈现的婆王神灵，其形成与发展，与毛南族其他许多原始宗教内涵丰富的神灵的形成与发展一样，仍然应该是岭南古百越民族文化基因的传承、独特的自然环境的浸染，以及多民族文化交融等多种因素综合孕育的结果。作为岭南古百越民族原始宗教形态之一的毛南族婆王神话，应该起源于人类只知其母、不知其父的母系氏族时代，反映其时毛南族先民对人类生命孕育现象及原理的蒙昧认识状况。这样的蒙昧意识不仅岭南古百越民族有，其他民族也有，只是以不同的方式呈现罢了：生活在南岭及深广一带的民族认为是花婆赐花予人导致女性怀孕，周民族祖先认为是祈祷神灵、"履帝武敏"而致人怀孕，古哀牢人认为触沉木而孕，古夜郎

---

　　① 过伟：《中国女神》，广西教育出版社 2000 年版，第 191 页。

民族认为大竹流入足间而孕等，不一而足。生活在南岭及深广的各民族先民，与其他民族的先民一样难以认识人类复杂的生育奥妙。他们从花的孕育、盛开、枯萎等常见的自然现象中领悟人的孕育、出生及染病、康复（死亡），从而试图对人类的繁衍、生长作出解释，进而形成自己独特的关于生命成因的原始宗教信仰。这实际上是万物有灵观念在其所认定的生命流程上的独特体现。"花"在毛南族以及岭南古百越族裔的其他少数民族的审美意念中有着多重内涵：花的形成需要有长时期的艰难孕育阶段，需要有良好的天气与水土条件；花的灿烂明媚，象征着人生初期的活泼可爱；花的易受摧残，象征着婴幼儿的多病多难及容易夭折；花孕育成果实，暗喻婴孩度过灾难病痛终于长大成人，等等。毛南族聚居地区易遭旱灾，而花卉遍野的春、夏、秋三季，旱灾对花卉的摧残最为剧烈，也最为令人忧心，百花遭受的磨难也最为显著。春、夏、秋三季是毛南山区疾病的多发季节。在缺医少药以及一般百姓崇巫不重医的时代（"岭南风俗，家有人病，先杀鸡、鹅以祀之，将为修福。若不差，即次杀猪、狗以祈之。不差，即次杀太牢以祷之。更不差，即是命，不复更祷"①），病疫流行时首当其冲的多是婴孩。因此，花卉命运与婴孩的命运有相通之处。所以，花神话的演绎与毛南族对婆王的全民式崇拜，有其自然生态因素。毛南族先民再将这些自然生态元素内化为原始宗教元素。毛南族传统文化受周边民族的文化例如壮、仫佬、瑶、水等民族文化影响比较大，婆王神话中的许多元素从上述民族的相应传说中也能找到影子，比如婆王居住的环境，婆王的性格特点，婆王将花赐予人间的大致程序（包括在宗教仪式中的程序以及在日常生活中的生命孕育程序），等等，毛南族及其周边各少数民族有许多是相似甚至相同的。

婆王这一神灵在毛南族以及周边的壮、仫佬等民族中形体构建已经相当成熟。上述各民族民间很多地方，比如庙宇、祠堂、民居大堂等，都有婆王的塑像或神位：毛南族家庭立有婆王的神位，"新婚时，便在神灵牌位面前许愿，在新房门上挂红布条，插上花枝，算是搭座红桥，表达向神灵寻花求子的心愿。要是多年仍未生儿育女，则需要到水边河岸用竹子插花桥，再次表示向婆王许愿，祈求赠花赐子"②；壮族"直到（20世纪）四五十年代，在产妇卧室的床头还立有花婆神位，每月初一和十五日要烧

---

① 吴永章：《中国南方民族文化源流史》，转引自唐代张鷟《朝野金载》卷五，广西教育出版社1991年版，第297页。

② 韦秋桐、谭亚洲：《毛南族神话研究》，广西人民出版社1994年版，第70页。

香祭拜花婆神，祈求护佑孩儿健康成长"[①]；仫佬族"每屯都有立庙……庙内安有三个婆王的木神像……每年三月初三是婆王的诞期，到时全屯集体去祭……求子的人则用三牲亲到婆王庙许愿。如果生了孩子，得请道师还愿"[②]。婆王这一神灵在毛南山乡及其周边地区已经深入人心，尽管其形象或具体（例如已经有塑像或刻像，包括石雕和木雕），或凭人们的想象构拟（仅以口耳相传或者以文字的形式书于香火牌位上，人们凭自己的想象在脑海中形成一个形象）。毛南族肥套则是以颂语朗诵、散文叙述、韵语吟唱及面具形态呈现等多种方式，相对稳定地刻画了婆王这一宗教形象。

毛南族肥套中的婆王木面，造型方正，神态慈祥，刀法细腻，勾勒传神；面容基础色彩采用金黄，显示出婆王的庄重与和蔼，与其他女神如花林仙官、三娘、地主灵娘等面部的妩媚、娇艳等基础色调形成较好的区隔，同时描以红、蓝、赭色，沉稳之中不显单调；面部纹理处理得比较恰当，既有尊贵长者的优雅与沉稳，又有掌管天下生殖与抚养重责之神的度量与睿智；头饰简洁素朴，帽檐排列 5 个太阳图案，体现毛南族原始宗教的主要内涵，因为岭南古百越民族多有由崇拜火而发展至崇拜太阳为神的观念，比如壮族有许多流传下来的神话传说、雕塑绘画等艺术形态都含有太阳崇拜的标记和月亮、星辰崇拜的痕迹；[③] 毛南族也崇拜太阳，在其神话里还有关于月亮、星辰成因的描述和解释，并由此发展成将日、月、星三光凝聚为神且纳为自己的神灵谱系。所有这些刻画、描绘于婆王面容上的，均于活泼灵动之中显示出鲜明的原始宗教的厚重度。

在肥套仪式中，婆王是最重要的神灵，是整个肥套仪式（"婆王愿"）崇拜与侍奉的核心，是人祈求神、和于神以及期盼与神融洽相处、祈求神灵赐予子孙繁衍的重要体现。不管师公们在肥套仪式中举行了多少法事，请出了多少神灵，婆王才是真正的"众望所归"。整个肥套仪式绝大多数场次都提及婆王，或直接称颂，或间接赞美。《婆王过桌》是婆王的专场，由她登场主持相应的仪式，接受主家的感恩和祝福，并赐予主家福气——婆王的出现将神人和融的情景推向高潮。婆王登场时众神陪同，师公高声赞颂，主家

①　张声震等：《壮族通史》，民族出版社 1997 年版，第 230 页。

②　广西壮族自治区编辑组：《广西仫佬族毛难族社会历史调查》，广西民族出版社 1987 年版，第 209 页。

③　张声震等：《壮族通史》，民族出版社 1997 年版，第 229 页。

虔诚焚香礼拜。毛南族肥套采用直接展现和多层次、全方位烘托的手法，突出婆王雍容华贵、普度众生的形象与品德。整个仪式场面构图以庄严肃穆、进退有据为主调，营造了与婆王身份、与主家虔诚回报婆王洪恩的心境相协调的氛围。也正是在这样的氛围中，婆王这一体现原始宗教内涵的神灵得到进一步渲染和突出。

在肥套仪式前期部分（"婆王愿"）中，婆王是一位名副其实的至高无上的神，是毛南族人民祈求与酬谢的赐福尊神。在她的身上凝聚了毛南族人民传统生活中最为重要的和融期盼：子孙繁衍及儿女平安。所以，人们对婆王这一神灵的渲染，集中反映了毛南族传统宗教情感中的虔诚、渴望的敬神与祈神心理，是按照毛南族人民传统的"回报"心理模式——神灵用恩赐回报人们的诚心，人们用诚心回报神灵的恩赐，如此循环往复，代复一代——来着手的。人们力求将婆王塑造得尽善尽美，从而在这种尽善尽美的塑造过程及其结果中强烈凸显人们的至诚与至盼之心，是毛南族先民追求神人和融境界的典型。有人认为，这一阶段体现的是毛南族人民感恩心理的崇高而美好的境界，是毛南族传统道德的集中体现，应该将这种观念加以优化，然后塑造成毛南族重要的感恩价值观。① 此说不无道理：有祈求就应该有感恩，这样的观念应该推广到社会生活的各个层面以及人与自然和谐、和融的生态伦理关系层面。但是，在宗教期盼压力下的感恩意识，塑造婆王的完美形象尚可；倘要将其演绎成为民族的价值观模式，恐怕还有很远的路要走，以及需要根本性的升华。

二　雷王

雷王又称雷公，在毛南族的神灵谱系中属于凶、善兼而有之的多属性神，应该被归为自然神话所创造的神灵一类。毛南族雷王这一神灵，应该是在万物有灵观念下人们将自然生态元素高度凝练后并予以人格化的产物。毛南族神话中的雷王形象很早就被民间创造出来了。毛南族古歌有"龙王兴风造云雨，一年四季落纷纷"、"雷电兴风造云雨"等句②。在毛南族的神话

---

①　刘琼秀：《在发展中保护——浅论少数民族感恩文化的传承——以毛南族傩文化为例》，《今日南国》2010 年第 4 期。

②　袁凤辰等编：《毛南族民歌选》之《天地歌》、《盘古歌》，广西民族出版社 1987 年版，第 27、23 页。

传说里，雷王是由龙发展演变而成的，"土地（神）晓得雷公是条龙，得水会生力"①，是毛南族神灵谱系由一元神演变为多元神的过渡时期的产物——龙派生出龙王、雷王；雷王、雷王夫人、风伯、雨师、闪电小娘等与龙王构成同一家族。② 毛南族神话对于雷王形象的塑造，具有明显的人类早期社会"万物有灵"思维痕迹，因而雷王的这一神灵带有较多的岭南古百越民族文化基因孑遗。与此同时，雷神由为害一方的凶神逐步向福佑人类的善神转变，也清晰地呈现出毛南族神人和融的期盼与实践发展的轨迹。肥套有雷王的专场舞蹈。师公伴唱的歌谣《唱雷祖》和《说雷王欢》与舞蹈一起对雷王有直接的描写（歌词详见第一章所记载肥套仪式"雷王过桌"部分）。

毛南族在建构雷王这一神灵时，其观念和手法具有浓厚的自然生态色彩。岭南尤其毛南山区多雨季节雷电频繁，持续时间长至五六个月，雷声摧云震山，闪电裂天折树，甚是吓人；雷电伤害人畜的事也屡见不鲜，因而人们对雷电形成了极度的恐惧心理。在漫长的历史时期，甚至到 20 世纪七八十年代，广西各地人们，几乎不分民族，男女老幼，尤其是孩童，对天上有雷神（雷公）深信不疑：大凡忤逆不孝、浪费粮食、伤天害理，甚至对长辈言行略有不逊，定遭雷公惩罚，因而对雷公极度畏惧。毛南族有俗语云："不捉蚂拐不怕雷公劈。"广西人谓蛙类为蚂拐，壮族等百越系少数民族认为蚂拐是雷王的儿子，此一俗语在广西壮、仫佬等民族地区也广为流传。由此，毛南族在神话传说里将雷王塑造成凶神，乃至于将人间许多凶险祸殃之事都与雷王联系起来。但毛南山区土层瘠薄，涵水性差，易为干旱，而雷电的出现又意味着雨水降临，所以人们必须祭奠、膜拜雷神。比如夏历五月的分龙节，就是专门祭奠龙——前文已言，在毛南族神话里龙王、雷王是亲戚，有时甚至为一体两面，祭奠龙王即意味着祭奠雷王——的节日，期盼夏至节后仍然能够雨水丰沛、均匀。在毛南族传统的宗教意识里，雷王是一个令人既爱又恨且敬的神灵。而在桂北的兴安、全州、灌阳、资源等县，雷公除了给人以恐怖、狰狞之外，没有其他更好的面目，更不需要祈祷他——因为这四县地区往往雨水充沛、均匀，绝少大规模旱灾，人们不需要祈求龙王（雷公）以获得雷公的施舍。自然生态特征影响人们造神心理之巨，由此可见一斑。

---

① 袁凤辰等编：《毛南族、京族民间故事选》之《盘古的传说》，上海文艺出版社 1987 年版，第 3 页。

② 韦秋桐、谭亚洲：《毛南族神话研究》，广西人民出版社 1994 年版，第 21、225 页。

　　毛南族塑造的雷王形象，在很多方面受到汉、壮等民族文化以及汉传佛教的影响，尤其受壮族文化影响甚大。在《山海经》里，雷的画像龙身人首，人们用掌管水的最大首领龙王与人结合起来；在毛南族的雷王神话里，雷王也是龙身人首：脸是红的，全身长满鳞甲，脾气暴躁。①汉族神话里的雷公跟毛南族神话里的雷王几乎是同样的形状。在壮族的原始宗教里，"雷公神通广大，威力无边，不仅掌管刮风下雨，而且还掌管人间善恶"，壮族民谚云"地上舅公大，天上雷公大"②；在毛南族神话里，法力广大的雷王被三界公爷制服（在一些传说里让如来佛制服），后来变成是非分明、避凶行善、大多时候为民造福的神。这体现出毛南族神话人物在塑造过程中受不同民族文化浸染的情况。

　　毛南族肥套仪式里所使用的雷王木面凸额鼓眼，裂眦竖眉，满面朱红，横肉饱绽，威严凌厉；造型峻冷，刀法硬削。雷王面部的整体构图与基础色彩基本上生动地反映了人们对其恐惧与敬畏之情。毛南族民间艺人对其从形体上完成了由自然音响到神灵图像的人格化过程，为其履行福佑凡民、驱邪镇凶等神迹铺平了形体化道路。雷王头戴铁箍，帽上缀以莲叶图案，正中是一朵盛开的莲花，象征着雷王的宗教归宿（后来被如来佛制伏）。

　　肥套中雷王性格的演变则表征了毛南族人民对自然、对生活的和融期盼：雷王原来每年在庙节上是要吃一个用来献祭的孩童的，于是各村屯只好轮流奉献。某一年轮到仅有一个独子的寡妇。寡妇的伤心哭泣打动了佛祖，慈悲的如来佛运用法术强迫雷王改吃献祭的牛；后来三界公爷再设法用一只鸡代替牛作为奉献给雷王的供品。这一情节表达了人们的两个愿望：一是期盼杜绝雷击伤人，特别不要伤害孩童，人、神都应该抑恶扬善，从而达致伦理上的和谐与融洽；二是在向神灵表达虔诚敬意的同时，应该尽量减少祭祀过程中的奢靡。尤其后者，已经显示人们宗教情结的逐渐淡化。肥套仪式中有一个环节也很好地诠释了雷王这一宗教属性的演变过程：在"雷王愿"的"封斋"环节中，先给雷王贡献素斋，待雷王享用后再献荤斋。在这一性格转换过程中，师公所戴的面具也跟随变换。

　　肥套仪式有雷王率领雷兵舞蹈的场面，气势颇为热烈壮观。这样的场面主要在于刻画雷王威严刚烈、执法严峻的性格。雷王登场前有一个铺垫：一

---

　　① 袁凤辰等编：《毛南族、京民间故事选》之《盘古的传说》，上海文艺出版社1987年版，第3页。

　　② 张声震等：《壮族通史》，民族出版社1997年版，第228—229页。

雷兵手持大刀登场舞蹈，巡视肥套仪式的环节有无纰漏，供品是否齐全；然后敲锣打鼓模拟雷声，舞动香火模拟闪电。在渲染了十足的气氛以后，雷王持大刀登场独舞，须臾再与雷兵同舞，共同为主家驱逐凶邪。与此同时，一师公高声朗诵巫语：

奏到雷洲古丁衙前案下，召请东方青雷鼓，南方赤雷鼓，西方白雷鼓，北方黑雷鼓，雷车火炮，闪电小娘、风伯、雨师……

众师公高唱赞美雷王的《雷神歌》：

初斟杯酒献雷兵，金身驾龙下凡尘。
离殿现身多灵应，扫坛干净待天尊……
雷身降驾下坛中，劈门闪电满地红。
振动天宫火炮起，涌起云雾满天空……

雷王的整体形象便是在这种庄重、热烈、欢快的气氛中得到精心烘托与刻画。毛南族肥套刻画雷王形象的观念与手法来自毛南族人民的世俗生活，但却比世俗生活中的刻画观念和刻画方法更为凝练和多样，表明毛南族先民在自然崇拜和祈求神人和融的基础上，赋予神灵更多的审美元素。

三　三光神

在毛南族的神话里，三光神是一位时间女神，同时又是一个内涵十分丰富的宗教混融体——体现了毛南族先民试图通过神灵之间的和谐为人与神灵之间的和融创造条件的朴素观念。正如上文所言及的，在岭南古百越民族的神话里，普遍有关于太阳的崇拜，也有关于月亮、星辰形成原因的解说。这样的崇拜观念在毛南族的墓葬石雕中有着极为广泛的反映：在毛南族的早期墓葬中，墓门顶部的一块石碑上往往雕刻着一个硕大的太阳。这体现出毛南族对太阳的尊奉与崇拜。毛南族的神话承袭了岭南古百越民族的文化基因，但也有发展，那就是将太阳崇拜演变为对光的崇拜——而在古代人看来，光之耀眼者莫若日、月、星三物，而且日、月、星三物在天象中最为奇特，对人们的生产、生活及意识影响甚巨，中国古代的人们对此三物有无穷无尽的解说，即对日、月、星的崇拜。三光为神大概是毛南族光崇拜（时光女神）的成长过程中的民族原始文化的轨迹，也是毛南族先民和融观念的实践：

日、月、星三光从性质来讲有很大差异（毛南族早期神话中的日神和月神，其属性有很多不同，人们对其情感也有极大的差别）。但毛南族后期的宗教体系受其他民族的宗教，尤其道教的影响巨大，因而在其神灵谱系上打上了鲜明的道教烙印，将三类神灵融为一体。道教有"三元"之说（毛南族神话谱系里另有上元、中元、下元三神，亦有详细出处及神迹，此不赘述），而三光就是三元的诸多内涵之一；肥套中师公们手握的"三元宝印"，除了雕龙画凤的图案之外，宝印的三个圆圈里都刻有"日月光明"等字样，说明三光与三元之间有着某些内在的联系。所以，肥套仪式中三光女神的构建元素及其职分有许多与上元、中元、下元等三元神灵相重叠。三光女神实际上是毛南族在融合了岭南古百越民族的原始宗教元素的基础上，结合自身对天象和周边自然环境的认识，以及基于独特自然环境中对光和热的期盼，再吸取道教的相关观念，创造出来的属于本民族的具有多重象征意义的一位宗教形象。三光女神的发展轨迹，与毛南族其他神灵的发展轨迹一样，也是经历了由岭南古百越民族文化基因的传承，到自然环境的触发，再到多民族文化元素的融合等综合孕育的发展路径。毛南族部分人家的中堂神位上写有"三光童子"的法号，与肥套中的三光女神略有区别。肥套《劝解》经文：

> 劝初光金马欲去献太阳，劝光明玉兔月亮献太阴。
> 报入梅山拜法主，重下地下退阴兵。

肥套中《朝夜开坛酒歌》也唱到三光神，但内涵已经有所延伸：

> 初盏由三光开场来引路，二盏来超度众瑶民。
> 三盏该是感谢架桥的木匠，四盏奉献给送花的花童。
> 今夜要拜谢你花仙，把花儿挂在红桥上。
> 五盏重谢你鲜花的婆王，六盏验起向八卦阴阳。
> 七盏坐上官中龙辰位，完了打开禁栅赶蛇精。
> 八盏求花住楼下，艳丽的真花从河里送来了。
> 九盏再谢身已怀孕的妇女，她们正在高台上翩翩起舞。

在毛南族的神话传说及文字记载里，三光女神的塑造还与民族历史紧密地结合起来。毛南族善于将人神化，也善于将神及自然物人格化。在这种人与神、人与物以及神与物等互化的过程中，亦即实践神与人和融的期盼中，毛南族人也在创造或追述着自己的历史。据毛南族的民间传说，毛南族谭姓始祖谭三孝祖籍湖南，因为官来到广西河池，再因避难辗转来到毛南山乡。毛南族史诗[1]和谭姓族谱、碑文[2]均有语言和文字记载。后来有学者（其中包括毛南族学者）考证，谭三孝可能是神灵人格化以后的传说人物，与三光神存在联系。因为古时候人们将太空中的日、月、星尊称为"三曜"（三耀）。在毛南族人说的汉语西南官话里，"耀"、"孝"同音。因此，"谭三孝"有可能是"谭三曜"或者"谭三耀"（实际上许多谭姓毛南族人的族谱里就将"谭三孝"写作"谭三耀"）——在传统宗教氛围里，民族民间创造神灵尤其创造象征祖宗来源的神灵是一个复杂甚至有时候显得混乱的过程——毛南族的"三光"女神就有可能糅入了有关民族传说历史的成分，[3]因而其形象和职能也就蕴含了更多的民族情感元素——在毛南族传统而朴素的眼光看来，将祖先与神话中的神灵糅为一体，其神、人和融的期盼就来得更为自然，这样的期盼也更容易实现。

三光神在性别选择（整体形象塑造）上具有毛南族原始宗教色彩。三光神从构成要素来讲，是日、月、星的综合体，要确定其性别，确实需要费一番工夫。在中国的神话传说和诗人作品里，日神由女而男（《山海经·大荒南经》说日神羲和在古代神话中最早是帝俊的妻子，是生太阳的女神；而在屈原的《离骚》中，羲和则是驾驭太阳车的男神）；毛南族的三元神均为男性。考察毛南族的神灵谱系，人们容易看出：在毛南族的宗教观念中，在生活中作用巨大、具有慈悲心怀、秉性庄重谦和、不与其他神灵争斗而能够福佑百姓的神灵，多为女性。由此我们可以窥探出毛南族传统宗教意识中的母系社会生活遗迹，以及原始宗教形态在毛南族宗教人物形象中的传承。所以说，毛南族肥套仪式中的三光神固然有三元神的元素，但在性别确立上，毛南族先民毫不犹豫地遵循了其原始宗教思维模式，凸显了女性的崇高地位。

三光女神的木面造型秉承了中国传统美女模式：鹅蛋脸，丹凤眼，樱桃口，柳叶眉；鼻直而柔，气润而慈；面容丰满，色调素净；妩媚中不失庄重，明快中富含沉稳。头饰一朵盛开的牡丹，暗喻生活的美满富裕——这应该是所有人对于生活的期盼。三光女神头上的牡丹花图案与肥套中的"三

---

① 广西省民族事务委员会：《环江毛难人情况调查》，1953年12月编印，第30页。

② 《谭家世谱》碑。

③ 韦秋桐、谭亚洲：《毛南族神话研究》，广西人民出版社1994年版，第54—61页。

光过桌"中的唱词"灼灼的牡丹花开在台中"相呼应，突出了三光女神在整个仪式中的重要地位，以及女性在毛南族原始宗教规程中的重要作用。

毛南族肥套中"三光过桌"环节三光女神引领众神舞蹈，众师公伴唱，气氛热烈明快。关于三光女神的唱词和诵语，主要从突出女神的本质属性入手，即强调光明，烘托场景，为主家和在场观众营造一个明丽、敞亮的氛围："鲜果明茶腾起吉祥的香气"（三光舞蹈，众师公唱词）；"太阳升起来了，花儿含露盛开。护花的六甲神兵开始出发。红花四季重叠，甲乙属春天正是花初开，丙丁属夏季花荫浓，庚申是秋天花儿艳丽，壬癸是冬天花未凋谢。楼台正中是牡丹花，四季常开"（伴随三光舞蹈，一师公的诵语）；"三光照耀到宝台，天地和人为三才"（伴随三光舞蹈，众师公的合唱）。这些唱词和诵语，既体现了三光女神的本质特征，又具有多重比喻意义，渲染了场景，突出了主旨。这一环节无论是从宗教内涵来说，还是从仪式结构来说，都是整个肥套仪式的重点所在，所以也是刻画三光女神的重要笔墨。

在肥套仪式中，三光女神还蕴含一个极为重要的象征意义，那就是象征主妇向婆王祈福。这是整个肥套仪式中主妇所能够隐性登场并发挥作用的唯一环节，也鲜明地体现出肥套仪式的原始宗教色彩。三光女神（男性师公戴女性傩面扮演）在登场的时候外面穿戏服，里面贴身穿"本身"（"本身"在毛南族肥套中特指主妇日常穿着的贴身上衣），以代表主妇向婆王"求花"或酬谢，也意味着此时三光女神与主妇融为一体，能够尽最大可能为主家添子添福，保佑家人平安。因此，三光神这一形象的宗教色彩极为浓厚。三光女神主要在肥套这一特定仪式与场合中出现，生存空间较毛南族其他的一些神灵显得略微狭窄，所能够享用的香火也较为稀少。这大概是三光女神内涵中本民族文化元素渐趋淡化，而其他民族文化元素仅能在独特的宗教场合派上用场的缘故。

第二节　生产与政治生活神灵

一　三界公爷

三界公爷又被称为"三界公"、"三界仙"、"三界"等，是毛南族传说中非常重要而且极为受人尊敬的善神，同时还被毛南族尊称为保护神，在毛南族传统生活中有着极为重要的影响。至今毛南族许多家庭大堂中的神龛里，中间写"天地君亲师位"，两边各署一行小字，其中右边写的就是"三界公爷"。在毛南族神话里，三界公爷是无所不能的神灵。肥套仪式《劝解》本中这样介绍他：

> 你公爷，原姓李，过去运气不通达，公爷便成了孤儿，母亲改嫁给关彭，公爷上山去烧炭，打算回来抵纳军粮，在山上碰到八仙这样说：你要记在心，你要铭在肚，凡人间有病，救了醒得快。不管落水或跌滩，也能救得回；火烧成灾难，叫公爷就停；死人闭了嘴，你去救他会说话；叫土地土地不能睡，令石头石头不敢动。万物病灾你都救得全，救了无数天下人。主家还愿请你来解脱，灵丹妙药救凡民。
>
> 过去公爷还年幼，常上高山林里去烧炭，碰到八仙坐在石桌边论经说道，他双膝跪拜讨得仙桃吃，从此和仙人平排坐，仙人封他为三界……

除毛南族以外，毛南族聚居区周边其他百越系民族如壮族、仫佬族也敬奉该神。尤其壮族酷信，常常杀牛祭奠；仫佬族对三界公爷的情感较壮族和毛南族为淡。[①] 壮族的三界公爷姓李，幼年遭遇与毛南族的三界公爷大致相同，是一位药仙和医仙，而且有貌视权贵、不屈不挠的反抗精神，因而形象更为丰富，性格更为倔强，法术更为广大，类似于汉族的李时珍与毛南族的太师六官的结合体。有壮族学者说，三界公爷是岭南西江上游极为显赫的一位神灵。[②] 根据毛南族的传说，三界公爷姓李，穷苦出身，老家距毛南山乡上千里路；父母双亡后流落到毛南山乡帮地主砍柴放牛。三界公爷有神技，被奉为毛南山乡饲养菜牛和耕牛的创始人；他还能为毛南族人治病、驱虫保苗、惩戒凶神等。尤其是三界公爷辖制凶神的功能，高度体现了毛南族神与神和融、神与人和融的期盼，因而在肥套仪式中三界公爷作为尊贵威严的神灵被请到仪式现场保护仪式免受邪祟袭扰。三界公爷的成长史颇有英雄神的色彩。其形象更富有毛南山乡生产生活的特征，因而也就具有毛南族鲜明的民族标记。

毛南族塑造三界公爷的形象，大致可分为两种不同的场所或方式：一种

---

① 广西壮族自治区编辑组：《广西仫佬族毛难族社会历史调查》，广西民族出版社1987年版，第214页。

② 2012年11月17日上午，因学术会议安排，笔者与同事、广西民族大学文学院教授、壮族学者蒙元耀先生到广西忻城县参观。忻城县城有一座前后两进、规模宏大、建造富丽的三界庙。蒙先生一边在三界庙前拍照，一边对笔者如是说。

是一般人在世俗生活中塑造的三界公爷的形象，一种是神职人员在肥套仪式中所塑造的三界公爷的形象。在毛南族传统神灵谱系中，三界公爷的地位在某些方面来讲已经等同甚至超过了婆王的地位。在中华人民共和国成立前，各个村寨都建有三界庙，下南的一座三界庙最具规模和气派（此庙民国初期被毁），里面竖立有三界公爷的神像；毛南族重要的传统节日——分龙节，其公共祭祀场所就是在三界庙前和庙内举行，所以分龙节又称为庙节。而肥套仪式中的三界公爷形象，应该与民间世俗生活中的三界公爷的形象有相通之处。在毛南族肥套仪式中，师公们在塑造三界公爷形象的时候，应该借鉴了民间世俗生活中的塑造观念与方法。

在毛南族肥套中，三界公爷仍然承袭了毛南族保护神的宗教属性。其木面造型周正，神态沉稳厚道，富有长者温柔敦厚之风；眉清目秀之中焕发出睿智，一副智者与善者的融合体；容颜底色为米黄色，将智、厚、祥等人物性格特点较好地融会在一起。三界公爷在肥套中起"保筵"作用（即确保整个肥套仪式顺利、完满），有其专场舞蹈。舞蹈音乐、氛围等均以庄重为主。专场中三界公爷与蒙官跳穿针舞。蒙官是毛南族神灵谱系中的凶神，三界公爷与其一同登场，在神态、性格、职分等方面形成了强烈对比，从而更加突出了三界公爷的温厚、善良、睿智和乐于助人的性格。善神与凶神同台而舞，意即善神与凶神均能为人所用，因而最大限度地体现毛南族对神、人和融的期盼。

三界公爷的形象刻画表征毛南族独特的造神心理。三界公爷的成长所沿袭的是一条由人至神，亦即普通人被神化的轨迹。这似乎是毛南族人民造神的常用套路：灶神、社神、鲁仙、三娘、土地、花林仙官等神灵，走的都是由下层百姓成长为神灵的道路。这样的造神观念，也体现出毛南族人民的宗教期盼与心灵寄托：身居社会底层的贫苦百姓或许有出人头地的一天。这实际上是毛南族先民所创造的神人和融的朴素模式之一。与此同时，毛南族民间传说对三界公爷的刻画，对于研究毛南族的文化心理也有较为普遍的意义。作为一个外民族人物，能够登上毛南族的神位，体现出毛南族艺术胸襟的开阔状态和包容力量：毛南族在塑造神灵的时候往往"英雄不问出处"，唯神迹是尊。这应该是毛南族原始宗教意识中"万物有灵"观念的演绎和拓展：他们更多的是注重对象的神迹而不是对象与自身的血缘关系。这实际上又是毛南族神人和融观念的延伸与深化：由人与神相融的神话境界升华至人与人相融的理性境界。

二 鲁仙

毛南族神话故事中的鲁仙，又称为"鲁班"，其原型应该是汉族文献中的"公输般"、民间传说的"鲁班"。如果我们再往上推，巢人氏的架屋构房传说与南方卑湿地区的气候有关。今人吴永章认为"巢居则主要行于潮湿、炎热而又多虫蛇猛兽之域"，而岭南古百越民族的干栏式建筑（至今在广西，干栏式建筑在桂西南、桂西、桂西北等地区仍然随处可见）先期便是结树如巢："僚者……树积木，以居其上，名曰干阑。"① 包括毛南族在内的岭南百越系民族，仅从居室建筑而言，对木工技艺是较为推崇的，尽管其与建筑艺术相关的整体审美意识较全国许多地方显得朴素或淡漠。所以说，毛南族"鲁仙"神话，仍然有岭南古百越民族文化基因的明显痕迹，系生存艺术与原始宗教意识融合演绎而成。

毛南山乡的自然生态特征为"鲁仙"的形成与升华营造了环境氛围。毛南山区虽然绝少河流，但沟坎众多，与木工技艺相关的桥梁艺术广受人们重视，因而毛南族在创造了"鲁仙"的同时，还创造了一位专为监督人们修桥、保护人们过桥的"桥仙"。到后来，毛南山区洪水暴涨暴落，木桥易毁坏，许多木桥为石桥所代替，其地及周边地区一些著名的石料拱桥多为毛南族工匠所造。而修建石桥少不了铁锤钢凿，于是催生了毛南族冶炼技术的发展，毛南族先民将冶炼技术的发明也附着于鲁仙身上，使其成为聪明智慧、多才多艺的神灵。"鲁仙"形象的综合性特征与毛南山区的特殊自然生态环境有着必然的联系，也体现出毛南族的多民族文化和融——人与社会和融的观念。

毛南族将鲁班借来后，对其做了许多民族化加工，使这一神灵形象日益丰满，最终进入毛南族神灵谱系，并且排在较为重要的位置。毛南族的这一神灵形象很显然是杂取多人而合为一人的，因而具有毛南族所崇尚的技艺超群的典型意义。"毛南族神话中的鲁仙（即鲁班）便是汉族神话有巢氏、燧王氏故事毛南化的结果。"毛南族神话还"赋予他冶炼钢铁的技术，使他成为既精通木工技艺，又有冶炼本领的多面手，这显然是将有巢氏的建筑业、燧王氏的取火及女娲的炼彩石熔于一炉，集于鲁仙的身上"②。毛南族的建筑艺术较为著名，尤其建筑中的木雕、石雕艺术在毛南山乡及其邻近地区，

---

① 吴永章：《中国南方民族文化源流史》，广西教育出版社 1991 年版，第 227—231 页。
② 韦秋桐、谭亚洲：《毛南族神话研究》，广西人民出版社 1994 年版，第 46—47 页。

其他民族少有能出于其右者。因此，毛南族神话以及肥套仪式所塑造的鲁仙形象，有着较为鲜明的民族文化色彩。

　　肥套中鲁仙主管架桥铺路，不仅要架一座有形的桥，还要架一座无形的桥，亦即"通向花山的花桥"①，引渡灵魂（婆王送给主家的花朵）安全过桥。这不是一般神灵所能够履行的职分，这种身份与职能大大丰富了鲁仙这一形象的象征意义，并赋予这一生产技能之神以传统宗教的内涵。所以肥套文本里对鲁仙形象作全方位的渲染：

> 鲁仙本是郑家子，随母下堂到鲁乡。
> 未满三岁后父死，五岁亲母又身亡。
> 慢慢长到十五岁，摇船过海去他乡。
> 不料君王招木匠，鲁班上榜进朝堂。
> 立即吩咐开炉火，锤炼钢铁日夜忙……

　　塑造鲁仙这一神灵的观念与手法跟塑造其他重要神灵一样，都是秉持神人和融期盼，从社会底层中获取劳动人民的艰难遭遇，然后加以艺术化处理。

　　肥套仪式中鲁仙木面的造型较一般神灵的造型有较大区别：直眉凸眼、横肉饱绽，獠牙长出，面色以朱红、墨黑为基调，面容凶狠凌厉，表面上看不出平和、善良以及助人为乐的善神品质。何以造型如此？笔者在做田野调查时多次请教相关人士，无一能说出所以然。笔者于是试图从万物有灵的原始宗教观念、自然生态特征及民俗方面寻求解释。早期的木雕艺人在这里应该是以凶神的外部特征来体现善神的本质特征，后人沿用遂只知其然而不知其所以然。这样的造型观念及手法，与毛南山区的自然环境，与鲁仙所从事职业具有相当危险性，以及与广西山区人民的生产生活有诸多禁忌风俗等方面有很大关系：广西山险水急，入山伐木或行水叠桥被认为是与山神水怪打交道，是相当危险的工作；劳动过程中刀砍斧伤、跌落山涧、树倒击压、水淹身亡等现象所在多见。人们认为，之所以有这些危险，是因为山间水中有无数神怪，时刻窥探在山中水旁的劳作者，伺机作歹。故而人们在山中水旁劳作，之前及劳作过程中，从不敢多言滥语，以免招致灾祸。如果事前有人犯忌说错了话、做错了事，相关人或者全部人员不出工，损失由谰言误行者

---

① 韦秋桐、谭亚洲：《毛南族神话研究》，广西人民出版社1994年版，第139页。

承担。除非有特异法力的人，才可以言行无忌，人们也不以其言行为怪。此俗至今在广西山区仍然普遍存在。鲁仙面相凌厉，意味着他有特异法术，可以镇邪祛灾，不仅自己行水履险安然无恙，还可保百姓进山行水平安。这实际上是赋予他战胜恶魔的法力。善神恶绘，应该是寄托着人们强烈的宗教期盼与心理慰藉，同时还应该是毛南族神人和融期盼的独特体现。

三　太师六官

毛南族神话中的太师六官又被称为"六官"、"莫六官"、"莫六"，传说是壮族莫一大王的小弟，是毛南族先民从外族借来的一位神灵。"莫一大王"是桂西北、桂中一带莫姓壮族人奉祀的一位本姓始祖；除了莫一大王以外，莫姓壮族还有莫二、莫三、莫四、莫五大王。"南丹者，所谓莫大王者也。"① 广西南丹县隔一条打狗河与毛南山区交界。莫姓是壮族大姓，"古南丹州为莫氏发源地，酋长世为莫氏。势力广布南丹、东兰、宜北、那地、凤山一带。莫姓壮族所祀莫一大王，当为其远祖"②。太师六官是毛南族创造的一位善神、英雄神、保护神。毛南族肥套中"太师六官"一场以太师六官为主角，也是肥套中唯一用毛南话来介绍神灵事绩的一场仪式。在最后的结束环节中，巫师念道：

> 六官，官位自然大，老祖在河池，和人结怨打官司，写的状子告到了皇宫，皇帝封他做太师。可朝廷里大臣都怨恨，便分到下南管乡村，回到毛南这地方。今日还愿求他来保佑，因为他是京朝太师，官位大啊。
>
> 他在毛南地方当官，父老兄弟不用担忧了。他的功夫很厉害，在这地方盘划到仪凤，还有古宾和内光、宿帮也属我们管，在我们毛南这地方一定要把这位大官的名字列上香火堂。

接着，师公合唱《酒献毛南官》：

> 一杯献给毛南官，又谢庙门众兵卒。
> 一守险关和边卡，二守马道及古栈。

---

① （宋）周去非：《岭外代答》，广西民族大学图书馆排印馆藏本，第 1 页。
② 张有隽等：《广西通志·民俗志》，广西人民出版社 1992 年版，第 365 页。

驱妖赶鬼已干净，办起还愿免操心。

主家办筵谢婆王，请毛南官来收兵。

一把刀你砍完毕，二把病魔除干净。

三阻官府离宅舍，明年家中有男孩。

三杯淡酒献六官，今日办筵得相逢。

请你六郎来做主，师公要听他开坛。

男儿女孩莫扰乱，四面八方静悄悄。

四杯淡酒献六官，当初来这纳米粮。

帽上插有凤凰毛，天天下山练军操。

豆粒芝麻变兵马，扫除灾难去纷纷。

五杯淡酒献六官，上山种田得米粮。

拿来筵里送主人，男女老少喜连连。

说三五句给司厨，从此兴旺达千年。

斟第六杯敬众官，喝了这杯不再添。

再喝这杯正合意，明年小弟又来补。

众神路远要返驾，杀猪上马就收兵。

像毛南族神灵谱系中的其他重要神祇一样，太师六官也出身卑微，从外地流落到毛南山乡。太师六官这一神灵形象成型和丰满时期，应该是包括毛南族在内的整个中华民族遭受内忧外患的时期，因为关于太师六官的传说故事里面展示的社会背景已经涉及外族入侵、中华民族处于生死存亡的关键时刻。因此这一神灵形象的原始宗教痕迹不是太明显，但追求中华民族整体和融的观念则极为清晰和突出。太师六官颇具神迹，敢于为国家和整个中华民族的利益冲锋陷阵，功成之后急流勇退，所有这些既是许多士大夫的理想和面对高官厚禄的淡泊气概，也体现了一般百姓的做人愿望。或许是中华民族不屈不挠、勇御外侮的根性，以及八桂独特自然生态环境的聚力，生于斯长于斯的人们，从士大夫到一般百姓，每当中华民族危急的时候，绝大多数都能挺身而出，义无反顾；而国家危难解除，便不计个人得失，淡然回归故里。此风气蔚然，上自士夫，下至百姓，有宋以来，难以数计。便是毛南山乡一隅，从清中直至民初，也有几位这样的高士，如谭德成、谭妙机、谭云锦、谭中立等辈。因此，太师六官这一神灵的构拟和成长，是有着深厚的地域和民族文化土壤的。

毛南族肥套里太师六官神灵木面，神灵特征明显，夸张的眉毛和凸出的双眸，极具戏剧脸谱的韵味；脸部慈祥而眉眼凌厉，体现出这一神灵形象的双重性格：在不同的场合以及面对不同的人所表现出来的威严与宽厚；该威严的时候便锋芒毕露，该慈祥时便视民如子。在整个肥套仪式中，作为毛南族一位极为重要的神祇，太师六官所起的主要是保筵的作用，少有突出的机会。即便是专门登场的舞蹈，也远不如雷王的粗犷与热烈。他的面部和舞蹈造型充分体现了他的整个性格特点；他在毛南族人民心目中是正义与力量的化身。

第三节　生殖与民族和融神灵

一　灵娘

灵娘又称地主灵娘、地主婆、五娘，是环江毛南族自治县境内毛南族、壮族、汉族都普遍敬奉的地方生殖神和财神。毛南族民间传说，灵娘是毛南山乡云峒山中的一棵大榕树，成精后变成女子，具有极强的生育能力，生有四个男孩。这一形象实际上是融合了榕树的生长特征以及富有生产的女性相关生理特征：榕树枝干生出的根须垂入土层后，便发育成另一棵榕树，与母体共同生长，年复一年，枝干生出根须，根须变成主干，循环往复，一株榕树便可长成一片森林，所以广西地区很多地方都有"独木成林"的壮丽景观，这种自然景观与人类的繁衍情况何其相似乃尔！肥套仪式用这一神灵形象地表达了毛南族对子孙繁衍、民族壮大的殷切期盼，与肥套的重要主旨极为切合。肥套叙说灵娘年轻时是个肥胖而又漂亮且极风流的女子，曾先后与土司蒙官、英雄神覃三九、巧匠鲁班及土地神相恋过，后来修道成仙。她的庙原在环江县城头渡，今环江县城一桥东岸，原县医院与县农机厂之间的田垌里，1958 年修公路时铲除。据说这庙原来香火很盛，常年四季都有人去拜叩祭祀，求子祈福。肥套仪式的"红筵求子"中她以生育旺盛的女神出现，实际上具有特别的宗教象征内涵。她的形象是："面白青云（云发）两奶大，眉毛光彩好威仪。"做生意的女子往往把她的牌位敬放在自己房间背后。汉族家中写的牌位又另一样："本界乡里地主灵娘廖尹夫人之位。"[1] 肥

---

① 据谭圣慈（法号仁三）收藏手抄本《红筵过桌》第二集和谭亚洲收藏手抄本《莫一大王》，廖夫人指莫一大王之母，尹夫人指欧明德（毛南族传说中的知识之神）夫人。

套说唱文本中还有巫语对其赞颂和祈求：

> 　　奏到都头大庙，拜请地主灵娘，妹和少娘，和好婚姻，金身下路，赴降台前，点牲领命，喜领牲头。保佑夫妻相爱，和睦共床。

肥套唱本《花神五斗歌》（原歌用壮语演唱）："二种南方赤莲子，下凡地主棵美榕；系内云峒内住，果眉熊氏后丕求。"大意是："二种南方赤莲子，地主灵娘是棵榕树；住在云峒山里面，她有了熊氏我们去求她。"肥套《劝解》本介绍："灵娘，当初立庙在江边，小时候住凡阳，你已经成仙。地主灵娘有灵验，成仙在头渡，世间有病灾，不论男和女，求你除病害，上村和下寨，都来拜谢你灵娘。"谭圣慈先生收藏的手抄本《红筵过桌》第二集《占欢劝五娘》：

> 　　出个地主神，当地人都求；
> 　　赶圩做生意，求你去赚钱。
> 　　设主办还筵，你到场见证；
> 　　停止打锣鼓，此杯劝地主。

二　三娘和土地

毛南族民间传说中，三娘是一个毛南族美女，出生于毛南山乡的龙口村；土地是一个壮族青年，叫韦土地（"土地"在很多地方被写做"杜帝"，因为当地毛南族人和壮族人说汉语方言时，"土地"和"杜帝"读音是相同的。即便写作"土地"，跟土地神也完全不相干，反而会导致误会。毛南族学者谭亚洲先生主张将该神写作"杜帝"而非"土地"："我为了把他和土地神分开，采用此名。"[①]笔者认为谭亚洲先生之说很有见地。但为了与更多的文字唱本和民间传说选本保持一致，仍然采用"土地"称呼）。这两个神灵宗教色彩相对淡薄而世俗特征较为明显。三娘和土地的爱情故事在毛南山乡广为流传。在毛南族的民间故事里，三娘和土地演绎出了一曲凄婉的爱情悲歌。三娘和土地的爱情故事诠释了中华人民共和国成立前毛南族青年"恋爱可自由，婚姻难做主"的风俗。那时候毛南族盛行早婚，"小者八九

---

① 　韦秋桐、谭亚洲：《毛南族神话研究》，广西人民出版社1994年版，第174页。

岁，大者十四五岁就结婚了。婚姻由父母和舅舅包办"①。传统上毛南族青年男女（男女未婚或者男女已婚后在女方不落夫家期间）有丰富的社交活动，尤其喜欢在一些重大节庆活动中行歌对唱，"南丹溪洞之人……婚不避姓，时上元、中元、春秋社日，男女答歌"②，南丹与毛南山乡仅一河之隔，此俗与毛南山乡旧时风俗基本无异。青年女性在婚前或者在结婚后不落夫家期间参与男女之间的社交活动被视为正常——此种状况在 20 世纪 50 年代初仍有存在。青年男女在社交中如果有心仪的情侣，便极有可能导致爱情悲剧。旧社会，在毛南山乡还发生过相好的青年男女相约逃婚，甚至因爱情受阻不能成婚的青年男女双双殉情等事情。毛南族传统民歌中专门有一类"比丕飞"，意即"悲愤之歌"或"逃婚之歌"，叙说情侣因婚姻受阻被迫远逃至邻县躲避的情形。③ 三娘和土地的爱情故事在毛南山乡并不缺乏原型。"逃婚者有的移居他乡或进入深山弄场垦荒，直到儿女长大才回家探望父母，前嫌消除。"④ 在上南地区，至今仍然流传着一个真实的故事：清朝末年一对情侣，因为婚事受到阻挠，逃到美朝山的一个岩洞里躲起来，最后一同殉情。⑤ 在民间故事里，土司看上三娘要强娶，三娘跟自己的情侣土地逃进深山，但土地最后还是死于土司之手，三娘也随后殉情，跟随土地而去。这应该是毛南族人进入阶级社会以后，传统艺术对社会现实的曲折反映。

三娘和土地这一对情侣形象的塑造，反映了毛南族在中华人民共和国成立前与其他民族的婚姻状况，体现出民族之间的和融。在毛南族的民间故事里，有许多关于来自其他地区、其他民族的人在毛南山区和谐生活的描述，有的还演变为毛南族传说故事中的著名人物，比如三界、鲁班、太师六官、瑶王、金哥（毛南族传说中花竹帽创始人）等。这体现出毛南族有着较为宽广的文化胸怀。当然，许多故事发展到最后，这些外来的非毛南人都会成为毛南社会的一员，完全融入毛南族文化之中。民间故事《三娘与土地》在结尾处这样描述：三娘举身投入土地的坟墓中后，"三娘和土地的坟墓已

① 《毛南族简史》修订本编写组：《毛南族简史》，民族出版社 2008 年版，第 103 页。

② 黄振中、吴中任等：《粤西丛载校注》，广西民族出版社 2007 年版，第 1028 页。

③ 南宁师范学院广西民族民间文学研究室：《广西少数民族风情录》之"毛难人的婚俗"，广西民族出版社 1984 年版，第 275 页。

④ 环江毛南族自治县地方志编纂委员会：《环江毛南族自治县志》，广西人民出版社 2002 年版，第 915 页。

⑤ 蒙国荣、谭贻生等：《毛南族风俗志》，中央民族学院出版社 1988 年版，第 83 页。

不知哪里去了。只见洞口冒起一团白雾，徐徐飞升，变成了一朵紫云。紫云
上托着一对五彩凤凰，飘到了巴英山顶"①。巴英山在很多地方被写作"峎
音山"，是毛南族的圣山之一。这些都体现出毛南族在具有强烈的文化和融
心理的同时，还有着强烈的文化自尊与自信情感。

　　毛南族肥套中的三娘与土地的形象，应该来源于毛南族的民间传说，因
为肥套在很晚的时候才将这一场次添加进去。但进入肥套仪式以后，三娘和
土地及其歌舞便被赋予子孙繁衍的宗教象征意义。这两个神灵形象的世俗化
特征更为鲜明，其情歌互答、相互倾慕等情景几乎是现实生活中毛南族青年
男女情爱场景的真实写照。土地的造型远不是民间故事传说中的英俊后生哥
形象，而是与土地神合二为一，被赋予明确的宗教功能。从木面造型来看，
三娘头形周正丰满，容貌娇艳妩媚，脸色白净红润，是一个典型的年少美
女；土地则与三娘形成强烈的反差：面容苍老，皱纹密布，须眉斑白。这成
为肥套仪式中不甚和谐的情节，应该是民间艺人在塑造这一形象过程中坚持
人物形象比附宗教观念的结果。此一不和谐情节也从客观效果上揭示出：人
们一旦过分囿于宗教观念，其外形及情感便有可能受到扭曲。这或许是毛南
族木面制作艺人没有意识到，或者根本就难以意识到的深层次道理。然而在
肥套的《土地配三娘》环节中，三娘和土地之间亲密而浪漫的情侣生活得
到充分展示，毛南族青年男女社交场面得到艺术再现：中华人民共和国成立
前广西许多地方的少数民族喜欢以歌传情、以歌结友。"遥望松下，搭歌成
群数十人一聚，其俗女歌与男歌相答……其答而相当，则男女相挽而去。"②
20 世纪 50 年代前桂西北，包括毛南山乡遍行此俗："毛南族向来有对歌自
由恋爱的习俗。"③ ——三娘与土地艺术形象的深层次含义，则可以理解为
毛南族坚持多民族和融观念的体现，亦即神人和融观念的演变与拓展。

　　三娘与土地这两个形象增加了肥套的世俗类生活色彩，使肥套与重要的
宗教诉求保持了一定的距离，从而促使毛南族这一传统而古老的宗教形态焕
发出可贵的世俗生活气息。毛南族师公们说："古老的唱本没有瑶王这个角
色，也没有《土地配三娘》这个场次。因为古老的唱本和表演形式乡亲们

---

① 袁凤辰等编：《毛南族、京族民间故事选》之《三娘与土地》，上海文艺出版社 1987 年版，
第 112 页。

② 岳和声：《后骖鸾录》，载黄振中、吴中任等《粤西丛载校注》，广西民族出版社 2007 年
版，第 163 页。

③ 蒙国荣、谭贻生等：《毛南族风俗志》，中央民族学院出版社 1988 年版，第 66 页。

都看腻了，师公们为招徕观众，便逐步增加了这些内容。"① 正是这一个场次的增加，导致毛南族肥套这一综合形态由娱神向娱人的跨越，由完全注重于神转变到人神并重，强化了肥套这一宗教仪式的艺术审美功能，尽管师公们在刻画三娘与土地这两个形象时仍然没有脱离宗教手法。而且从目前所能得到的材料来看，通过舞台呈现方式刻画男女情侣艺术形象，在毛南族传统艺术中应该是首创的，因而这两个艺术形象具有开创性意义。这一场对唱的情歌有的靠师公们口耳相传，但更多的是靠师公们临场发挥，即编即唱。

三　瑶王

应该说，瑶王这一神灵虽然在很多方面仍旧依附并且体现着毛南族传统的原始宗教观念，但客观上所体现出来的象征意义要远大于宗教意义。毛南族民间艺人在决定塑造这一艺术形象的时候以及在塑造这一艺术形象的过程中，应该需要跨过一道深邃而宽阔的心理鸿沟。毛南族人民跨过去了，而且所塑造的瑶王这一艺术形象具有非常正面而积极的意义，留给从事毛南族传统艺术研究和社会研究的人以很大的猜测空间。也就是说，我们今天研究瑶王这一艺术形象的时候，不仅要从艺术的维度，还要从历史的维度、民族关系的维度、民族自我觉醒与反省的维度，从艺术形象创造主体和创造客体等全方位入手，探索毛南族传统的神人和融期盼向人与社会和融期盼发展——而这样的社会和融期盼能够展现更为深刻与强大的和融理性——的轨迹。

毛南族的先民与现今居住于打狗河对岸的白裤瑶先民曾经处于激烈的竞争状态。从毛南族留下的历史文献、中华人民共和国成立不久的社会调查材料以及毛南族人说到白裤瑶欲言又止的复杂心情等来看，毛南族先民与白裤瑶先民为争夺生存空间曾经有过较为激烈的冲突。传说毛南族谭姓始祖谭三孝在与白裤瑶先民争夺山林土地的过程中，采用欺骗手段获胜，致使白裤瑶举族外迁他处；对个别不能迁徙的瑶族人，则采取强迫同化的手段。② 毛南族民间有的说，白裤瑶的先民原来居住在毛南山区的峎音山一带（峎音山附近有一地名谓"瑶峒"，直至20世纪60年代的时候，迁移他处的白裤瑶

---

① 蒙国荣：《毛南族傩文化概述》，《河池学院学报》2008年第6期。
② 广西壮族自治区编辑组：《广西仫佬族毛难族社会历史调查》，广西民族出版社1987年版，第56页。

黎姓人仍然回到该地祭扫先祖坟茔），后来主动将这些地方让给了毛南族先民。① 而据毛南族的碑刻历史文献记载，至迟在清朝乾隆戊申年（1788年），毛南族先民与包括白裤瑶先民在内的其他少数民族的激烈争斗已基本结束（"庶几苗瑶散于四方"），② 当然不排除此后他们之间仍然有零星的冲突。

在漫长的历史时期，中华民族大家庭里各民族之间难免会有一些争执，甚至激烈的争斗，就像一母同胞兄弟一样，偶尔出现一些矛盾是可以理解的，即如我们身上有时会有一些伤疤。后人们实在没必要太过于刻意地去肆意揭开那些伤疤。但是，不随意去揭开已经基本平复的伤疤并不等于鼓励完全忘记或否定。我们有时候需要以史为鉴，引以为戒，一方或者双方主动采取相应的措施去平复对方的伤口，抚慰对方的心灵。毛南族人民默默在做了："小时候（看到）白裤瑶来下南赶圩，中午到毛南人家吃饭，不管哪一家都是尽心相待。"③ 我们不必去探究这到底是毛南族的古道热肠，还是他们在默默忏悔。有时候弟兄之间解开对方的心结，多做有益的事往往比说一箩筐空话有效得多。至今，毛南族民间还对白裤瑶怀有厚重的敬意，称白裤瑶为"大哥"。毛南族先民在肥套中创造瑶王这一艺术形象，应该有着多重的目的和内涵，而主要内涵应该是毛南族传统和融期盼的升华与实践。

肥套中的瑶王木面造型温厚善良，谦逊之中略有些滑稽；皱纹密布但刀工柔绵，眉眼之间全是笑意，活脱脱一个淳朴山民形象。在肥套的所有木面中，应该说瑶王这一形象是最具世俗生活原型韵味的。这一形象也表征了毛南族人民对白裤瑶的代表、对白裤瑶人的总体评价：淳朴，温和，宽厚，热情而且善良。在肥套中，瑶王被塑造成白裤瑶祖先的代表，是个好心人，主管森林。瑶王对毛南人特别好，不辞艰辛给毛南人送花（送象征生命的灵魂），因此毛南人都很感激他。就舞蹈造型和语言描述来看，肥套中的《瑶王拾花踏桥》一节对瑶王作了全方位刻画：瑶王所跳的捉鱼舞、捕鸟舞、猎兽舞、涉水翻山舞等，都极富山民生活风味，艺术地再现了瑶、毛南等民族山区生产、生活图景，揭示了瑶王善良、淳朴性格养成所需要的生态氛围要素；在语言刻画方面，瑶王在一问一答的简短对话中展示了白裤瑶宽广、

---

① 韩德明：《与神共舞——毛南族傩文化考察札记》，广西人民出版社 2006 年版，第 110—112 页。

② 《谭家世谱》碑。

③ 韩德明：《与神共舞——毛南族傩文化考察札记》，广西人民出版社 2006 年版，第 112 页。

善良的内心世界：

　　　瑶王：为何山下闹喧喧？
　　　师公：是毛南人做肥套架桥求花烧香上供，请你老人家下山送花。
　　　瑶王：好好。那我就下山去看看。
　　　[瑶王下山途中，看见桥仙正在伐木]
　　　瑶王：哪个敢大胆来偷我的木头？
　　　桥仙：不是偷。谭亚洲家做肥套，叫我来向你老人家借木料架桥。
　　　瑶王：哦，架桥接花是好事呐。你要吧。

　　话语就是这么简洁、平白、素朴，但瑶王豪爽、善良、淳朴的形象却跃然纸上。

　　肥套对于瑶王形象的塑造，除了运用语言和傩面等方式外，更多的是通过舞蹈和不辞艰辛将毛南族人遗失的花朵送给毛南族人这一行为来体现生活气息和人物性格。瑶王通过舞蹈造型将素朴、生动的狩猎生活移植到舞台上，展现了瑶王那风趣、淳朴与活泼的个性，以及为了毛南族的子孙繁衍和家庭幸福不辞劳苦和不计酬劳的优秀品质。

　　肥套中瑶王这一角色及其情节是后来增加进去的，毛南族师公说，"古老的唱本没有瑶王这个角色"[①]。而毛南族推崇瑶王，也很可能与毛南族信奉其性能力有关，这与肥套仪式祈求子孙繁衍的宗教主题是有着内在联系的。

　　【田野笔记】
　　笔者 2011 年 7 月 14 日夜与毛南族文化学者谭亚洲先生同宿于环江毛南族自治县县城长城宾馆 409 房。在谈到肥套中瑶王这一形象时，谭老云，这可能与白裤瑶男性的生殖力强盛以及毛南族推崇其生殖能力有关。白裤瑶曾经与毛南族杂居，毛南族人对白裤瑶的情况较为了解。

　　谭的解释当有一定道理，因为内涵与毛南族求子主旨相近。肥套中瑶王这一形象的植入，无论做何解释，都蕴含有生命繁衍的生理科学成分。这标志着毛南族原始宗教中的愚昧繁衍理念向包含生理缘由的科学繁衍理念转

　　①　蒙国荣、王弋丁等：《毛南族文学史》，广西人民出版社 1992 年版，第 167 页。

变。这既强化了肥套的娱人功能，又进一步淡化了毛南族宗教意识中的神秘与虔诚色彩，促使其宗教生活逐渐向世俗生活过渡，将毛南族人传统宗教情感与世俗情感融合起来。

　　毛南族肥套呈现的神灵众多，着意刻画的重要神灵有近二十位。这些神灵分布于毛南山乡自然生态和文化生态的各个重要领域。毛南族肥套呈现这些神灵有着非常明确的目的，这些神灵在肥套仪式中作用也至关重要。在他们身上，既有着岭南古百越民族文化的遗传信息，还具有鲜明的毛南山乡的自然生态特征和社会生活印痕。这些神灵都在为毛南族人的子孙繁衍和生活平顺发挥着作用，亦即毛南族肥套仪式从神人和融——推而广之则为人与社会和融以及人与自然和融——的期盼出发，精心建构神灵谱系，塑造神灵性格，揭示神灵与神灵之间、神灵与人类之间相互依存、和谐共处的关系，从而在整体生态范畴内建构神人和融的理想之境——当然，这样的理想之境客观上更多地落实于心境建构方面。

第 三 章

肥套的产生与发展

　　任何一种民间文化事项，其产生与发展都有其局域内的整体生态基础，并且能够作为阐释与其相关的局域内生态特征的鲜活材料——特定的文化事项既是相关生态元素的有机凝结，还是相关生态元素的曲折镜面。作为一种由文化建构起来的，在人们传统社会生活中象征交流的稳定而严密的系统，毛南族肥套融合了毛南山乡独特的自然生态元素、岭南古百越民族的文化基因，以及周边其他民族的文化元素，进而孕育成长，凝聚成毛南族标志性文化事项，而这一文化事项的象征内涵是极为丰富和深刻的。当我们今天从毛南山乡整体生态——包括自然生态和文化生态两个方面——对肥套进行审视的时候，肥套的多重象征意义——尤其是象征神人和融的意义就更为明晰和广泛。

　　肥套的发展，既体现在形式方面，还体现在内容方面，然而更为重要的是肥套的发展还象征并见证着毛南族人文化观念的演进，以及神人和融意识的多元化及深刻化。当周边其他地区和其他民族与肥套相类似的宗教仪式或者香消玉殒，或者仍然停留在单纯的颂神与祈神层面时，毛南族肥套已经演变为在保留颂神和祈神功能的基础上，融娱乐、教育、艺术创造及文化传承等功能为一体的大型综合性仪式。当某些原始宗教仪式的审美功能日益突出和完备的时候，便在很大程度上标志着仪式的主体艺术创造力的增强乃至整体文化素养的提升，毛南族肥套在这方面的象征意义也就更为明晰。

第一节　肥套的缘起

一　人生境遇与生活期盼的交融

毛南族所处的自然环境较为恶劣，社会环境充满压力。随着民族内部社会的分化，处于毛南族社会底层的普通百姓所承受的整体生态压力更为沉重。自然与社会的双重沉重压力，导致生活在底层的毛南族人内心有更多的苦闷，促使他们对自身、对他人进行更多的思考。毛南族与广西百越系其他民族一样，一般只关注现世人生，很少幻想到所谓的来世。他们几乎不在思想意识里构建来世的虚幻王国，在意的往往是自身、家庭以及邻里乡亲的人事，因而在构思和创作艺术形态的时候，更多的是从抒发内心情感和慰藉他人等角度出发，亦即企图在展现眼前苦难生活情景的同时，为自身、为家庭及为邻里乡亲营造一个能够与现实生活相衔接的理想之境，从而让自己和他人在抗争现实遭遇的同时，能够获得精神上的愉悦，以缓解和消除现实生活带来的苦痛；或者在现实生活的短暂喜悦中将喜庆情景做相应的放大，从而激励自己和他人为创造更为美好的喜庆生活作不懈的努力，这实际上是基于现实生活所凝聚的人生期盼。所以，我们能够在毛南族的传统艺术形态中寻找到他们苦痛生活的脚印，但很难看到他们自甘沉沦的情感世界。他们总是试图在现实生活中改变自己的境遇，即使在努力抗争而未得善果的同时，退而求其次，也要通过精神层面的慰藉和激励，寻求到继续抗争的信心和力量。在这些方面，毛南族其他类型的艺术为其肥套营造了相应的艺术氛围：

> 后人传唱枫蛾歌，妮迈达凤有名声。
> 生无名来死出名，传歌也是受苦人。
> 苦情苦歌苦人唱，苦歌向天诉不平。
> 世上苦事年年出，人间苦歌不断音。
>
> 三月大雨妹莫愁，锁好竹排在滩头。
> 链条都用金银铸，不怕水推往下流。
> 管他狂风吹来恶浪打，竹排还在水面浮。
> 千愁万忧尽随水推去，哥妹情谊永不丢。①

中华人民共和国成立前的毛南山乡，自然与社会交织而成的窘境决定了广大百姓物质生存与生活的大致方式，个体的抗争往往难以改变自身的物质命运。但艺术领域的追求，却能够促使毛南族人从物质境遇暂时移身到精神

---

① 袁凤辰等编：《毛南族民歌选》之《枫蛾歌》和《锁好竹排在滩头》，广西民族出版社1987年版，第292、163页。

领域的乐园。

对于长期处在社会底层的百姓来说，山多地少、水源奇缺的毛南山乡带给他们的是生计上的艰难；社会分化、贫富悬殊更是加重了肉体与精神的磨难。因此，在毛南人的审美情趣里，虽然偶有体现对这方水土的眷恋，但很少有牧歌式的赞美，而更多的是向往处于同一社会层面的人群之间的和美关系，以及对于顽强、坚韧精神的赞颂，对于神灵的期盼。当人们的审美追求聚焦于这些领域之后，反映现实、改变自身和家庭命运等题材就受到格外青睐，其审美视阈也就被赋予大量的现实主义色彩，即使那些富于浪漫情趣的艺术元素也为现世报应、为最低层次的衣食温饱、子嗣承继和少受伤害等世俗愿望所濡染，浪漫主义色彩也会变得现实和简洁。所以，毛南族源于艰辛的自然环境、简单的社会关系和浅近的生活期望所孕育而成的审美追求就显得极为平和与朴实。肥套就是在这样的艺术氛围里，在祈求子嗣繁衍和人畜平安的主题下完整顺利地展现一个综合性仪式过程，热烈与庄重的氛围里是一颗平常淡然的心。平淡艰难的人生境遇造就了毛南族人朴实的审美追求，毛南族人再以朴实的审美追求去审视平淡而艰难的人生境遇，两者交融之下成就了毛南族独特的艺术呈现心理，这样的艺术呈现心理在肥套中得到较为充分的体现。毛南族人的审美情趣蕴含在倔强和坚韧的性格之中，但往往又能够以平和的形态表现出来。这实际上是既不甘愿屈服于命运，又期望和融神灵、和融社会、和融自然的复杂心理的有机混合。

在民族发展的漫长历程中，毛南族所经受的生活压力明显、广泛而且沉重，以及由此形成的心理特质，往往非周边其他民族所能完全体察。考察毛南族肥套的形成土壤，必须首先从毛南族经受的生活压力入手。因为生活压力是导致毛南族独特文化观念以及形成独特艺术创造心理与创造方式的重要原因。

在中华人民共和国成立以前，毛南族所受到的生活压力主要来源于自然环境与社会环境两个领域。而这两个领域的压力有时是单独产生作用，有时是互相影响乃至交织在一起的；有时候自然环境压力导致或者加重了社会环境的压力。这些压力直接作用于毛南族人的生产、生活方面，进而作用于人们的思想意识，尤其作用于毛南族传统的宗教意识与艺术创造观念。传统上毛南族面临的生活压力主要来自下述方面。

经济压力。毛南族传统上所谓的经济压力主要指涉及个人及家庭的衣、食、住以及其他日常用度等方面必须开销的压力。在中华人民共和国成立以前的漫长时期里，毛南山乡自然条件恶劣，可耕地稀少而且瘠薄，加上水源极为匮乏，粮食产量非常低下。毛南山乡极为稀少的耕地高度集中在地主、富农手里，一般百姓大多在生活线上挣扎，吃饭问题非常突出。"思恩县五十二峒及仪凤、茅滩上中下疃皆瑶、壮居之，俗亦与宜山同。伶人则谓之苦荚伶。山田硗确，时时苦饥，每采药负薪，易粟而食。"① "山区的毛难族生活较为贫困，普遍缺2—3个月的口粮，所以每天只能吃两顿稀粥，并拌和瓜菜、红薯充饥，经常缺少油、盐。"② 导致此类沉重的食物匮乏压力的重要因素，除了耕地稀少且瘠薄、一般百姓失去土地等情形之外，还在于天气灾害频繁、鸟兽袭扰农业情形普遍等自然生态要素。在恶劣的自然环境里，农民基本上无法主宰农时及农作物产量；农民即便辛勤劳作，碰上意外的自然灾害仍然会颗粒无收，几乎全是靠天吃饭。毛南山区农民常常在玉米地里套种红薯、南瓜、豆类等作物，劳动强度往往三四倍于周边水田稻作地区农民，但收获则不及水田稻作地区农民的三分之一甚至四分之一。因此，毛南族面临的食物匮乏压力以及担心自然灾害袭击的精神压力是异常沉重的。

政治压力。在中华人民共和国成立以前，一般生活在社会底层的毛南族民众所面对的政治压力主要来自两个方面：一是各级政权机构的压力，二是宗族组织的压力。这些压力有些是可以预料到的，而有许多是无法预料的。传统毛南山乡曾经盛行"隆款"制度——村社推举富有威望和能力的老人为乡老，以制定村规民约（隆款），并赋予其管理村社的权力。随着社会的发展和阶级分化，乡老多为有钱人充任。在这些人把持下的隆款，往往成为有钱人攫取私利、鱼肉百姓的工具，诸如妄断是非、乱加罚款、挑起械斗等等。到清末民初的时候，乡老制"隆款"日趋式微，代之以组织更为严密、与政府行政权力融为一体的团、甲制度和乡、村、甲机构。这些机构成为一张大网，一般百姓置于其中无力挣扎：人们缴纳捐税、充服徭役，负担极为沉重，甚至多有为之倾家荡产者。③ 毛南族的宗族组织起源较早，但长期没有形成严密的家族组织；④ 而谭姓毛南族人中地缘兼血缘属性突出的组织"轻"（也被称为"疆"、"金"、"强"或"姜"等，均系同音异写）⑤ 则有着明显的宗族特征。传统上毛南族同姓或同族聚居一村屯的情况非常普遍，

---

① （清）谢启昆：《广西通志》，广西人民出版社1988年版，第6899页。
② 广西壮族自治区编辑组：《广西仫佬族毛难族社会历史调查》，广西民族出版社1987年版，第69页。
③ 同上书，第16、59页。
④ 广西省民族事务委员会：《环江毛难人情况调查》，1953年12月编印，第3页。
⑤ 孟凡云：《论明代广西毛南族谭姓"轻"组织的性质》，《中南民族大学学报》（人文社会科学版）2009年第5期。

鲜有多姓或多族混居的情况。一村可以将某一户或者某一人驱逐出村，吊销其"村籍"。这样的处罚方式非常有震慑力。被吊销"村籍"的人顷刻间社会地位一落千丈或者完全丧失社会地位。此方面的压力有时远胜于政权机构的压力。当然，某些时候，政权机构的压力和宗族组织的压力是结合在一起的。

意外伤害压力。意外伤害包括自然环境对人身的伤害及对农作物及家中禽畜的损害。广西山高水急，出门皆险；广西气候湿热，蛇虫繁多，过去还不乏猛兽。人们即便待在家里，也时常会有危险。尤其对于山区人民来说，危险性更强，担心意外伤害的心理压力更大。毛南山乡较广西其他的许多地方，自然条件更为险恶，出门行路、生产劳作的人们，种植的作物以及豢养的禽畜等，可能遭受的意外伤害会更多，比如生产生活中的跌打扭伤、刀砍斧劈；旱涝等天气损害庄稼、百虫鸟兽糟蹋作物，等等。所以毛南族人在生产、生活中有许多的禁忌，而这些禁忌的来源有许多可以归结到自然环境方面。这实际上是担心意外伤害的心理压力的外显或凝聚。险恶的自然环境加剧了万物有灵意识；浓厚的万物有灵意识赋予险恶的自然环境以更多的险恶意象——在毛南族人心目中，现实的和想象的意外伤害压力交织在一起，成为以自然环境为诱因的心理病因。

疾病压力。岭南自古以来多瘴。"瘴，二广惟桂林无之，自是而南，皆瘴乡矣。瘴者，山岚水毒，与草莽沴气，郁勃蒸薰之所为也。"[1] 此说甚合物理。瘴，应该是特殊的水土所含元素、草木散发出来的物质，以及动植物遗体在腐败过程中，与闷热、潮湿的天气等产生物理和化学反应而形成的气氛。瘴在缺医少药的时代给人们的健康带来巨大损害；而迷信愚昧的社会氛围则为瘴的存在与横行营造了神秘的羽翼。随着现代医学知识的普及以及医疗、医药的广泛应用，瘴气对人体的严重威胁已经基本消除。近三四十年来，在广西很少见到瘴给人们带来严重而广泛的危害，一般百姓已经不知道瘴为何物矣。但在 20 世纪 50 年代前漫长的时期，在"瘴"所形成的场里（包括物理场和意念中的场），毛南族人民所遭受的疾病灾难以及由于疾病灾难所形成的心理压力是非常深重和普遍的。过去，广西一年四季多疫，尤以夏秋之交为最。"谷子黄，病满床"这一毛南族谚语不仅是毛南山乡真切的写照，也是整个广西的大致情形。直到 20 世纪 70 年代末，每年夏秋之交，笔者亲眼所见，广西农村疾病甚广，因重感冒到医院求医问药者络绎于

---

① （宋）范成大著，齐治平校补：《桂海虞衡志校补》，广西民族出版社 1984 年版，第 31 页。

途。只不过因为毛南山乡交通较为闭塞、缺医少药状况更为严重、乡村卫生条件恶劣、人们崇巫信鬼活动普遍等因素导致其地疫病更为普遍而已。清朝光绪二十九年（1903年），毛南山乡的下南、波川等村流行霍乱，病亡者占其村民的30%—40%；民国十五、十六年（1926—1927年），毛南山乡的波川村流行天花，死者甚众；民国三十年（1941年）流行霍乱，毛南山乡下塘村有100多户死亡殆尽；民国三十五年（1946年），毛南山乡堂八村流行霍乱，每天死亡十五六人。[①] 其他如痢疾、疟疾、感冒、难产、婴儿早夭等情形，难以尽述。对于疾病的预防和治疗，毛南族与世居于岭南地区其他少数民族一样，长期采取的是多种有时是愚昧的办法。比如居住的干栏，通风透气，有助于减少地气和腐烂的动植物气体的熏染，也可减少蚊叮虫咬，从而起到预防疾病的目的；举办全村性的祭祀活动，祈福禳灾；患病则杀牲宰禽，行巫驱鬼。疯狂的瘟疫以及因此而展开的大规模巫术迷信活动，于生理疾病之外再加一层心理病痛，综合压力甚巨。

生殖与抚育压力。生殖以及对婴幼儿的抚育，是家庭、家族繁衍和民族繁衍的最为重要的方面，毛南族与岭南百越系其他民族一样，对此极为重视。毛南族传统上非常注重"儿女双全"，并且将其视为判断人生是否"有福气"的重要标准。毛南族肥套中的"婆王愿"，其主旨就是祈求生殖和婴幼儿平安。肥套中的师公、剪花公、守花婆的重要资质之一就是"儿女双全"。在毛南族人的传统观念里，有儿有女是延续香火、家运久长的必备条件。"不孝有三，无后为大"在毛南山乡得到生动而独特的演绎。传统的毛南山乡生计艰难，生殖不易，抚育婴幼儿尤难，"有的妇女生育七八个子女……活者只有二三人"[②]。独特的生态环境孕育了独特的生育文化，而独特的生育文化又赋予毛南山乡生态环境中的许多物象以神秘的色彩，二者存在超循环态势。现实与意象中的生殖与抚育目的，对毛南族家庭造成沉重而广泛的压力。毛南山乡下南地区西北有一石山，神似一妇人背负一子昂首阔步，被称为"圣母山"；"圣母"肚脐长出一株桃树，树上结出桃子。不孕妇女备物前去祭拜并食桃果两枚，以求怀孕。[③] 此足见毛南族所受生殖与抚育压力之重。

① 广西壮族自治区编辑组：《广西仫佬族毛难族社会历史调查》，广西民族出版社1987年版，第32页。

② 莫家仁：《毛南族》，民族出版社1988年版，第70页。

③ 覃永绵：《毛南族原始社会残余及其影响述论》，载覃永绵编《毛南族研究文选》，广西民族出版社1987年版，第61页。

情感压力。毛南族青年男女往往有恋爱自由而无婚姻自主。所以，毛南族人面临的情感压力当以某些青年男女坎坷的爱情之路为首位。传统毛南族社会中由于青年男女在婚前或者婚后女性"不落夫家"期间均可参加男女社交活动甚至相互恋爱，而这样的恋爱往往是有花无果的，会导致当事男女长期甚至终生的情感伤痕。一般而言，毛南族传统社会妇女地位低下，丧夫或被丈夫休弃之后再嫁，均被视为极不光彩的事，备受歧视。这样也会导致女性内心的极度痛苦。

当人们处于生活困境中的时候，任何人或者任何民族都试图作出全力的挣扎——体力的或者精神的，或者二者兼而有之的挣扎。面对如此生活压力，毛南族人采取相应措施，包括表达强烈的生活期盼，以及虚拟生活图景（其实，就某种情况而言，虚拟生活图景也包括表达强烈生活期盼的成分），以舒缓内心的苦闷与压力，同时从中获得生活的勇气和力量。毛南族人原始宗教观念孕育而成的神人和融期盼便在这样的生态压力中得到强化和体现。这便成为毛南族艺术——其中包括肥套中的艺术成分——的生成方式之一。这样的艺术生成方式尽管为许多民族所共有，但由于所处的自然环境和文化积淀不同，毛南族肥套的产生仍然有其自身的特色：人们一方面寄托于辛苦劳作，另一方面寄托于神灵的眷顾。而毛南族在传统的精神世界里，给神灵留出了更多的位置，或者说将更多的情感皈依了神灵，从而为实践神人和融期盼完善了模式。当中原地区的知识分子面对岭南古百越民族"信鬼神，重淫祀"表示惊诧的时候，他们往往并没有深究：除了淫祀鬼神，这些处于极端无助状态的人们还能做些什么呢？面对压力，毛南族表达生活期盼——而这样的生活期盼表达与生成肥套相关——的方式，主要通过不同层面，依次展示人们的多种生活态度，从而使肥套形成多向性、立体性。

一是立足于现实生活，用夸张手法表达对生活的态度。肥套应该是人生境遇与生活期盼相互交融的艺术生成土壤中最为典范的例证，体现并践行着毛南族神人和融的期盼。肥套仪式从根本上揭示了毛南族传统社会人们在独特的生态环境下所承受的子孙繁衍压力、生产生活中所遭受的生存压力，以及因生殖压力和生存压力而产生的内心恐惧、消除内心恐惧所形成的祈神心理与祈神方式，从而培育了毛南族肥套仪式生成的原始土壤。这一土壤也随着社会现状的不断变化而不断改善。尽管发展到后来，肥套的某些构件远离了宗教属性，但相关的构件仍然能够反映出毛南族传统艺术或艺术元素生成土壤的大致成分，研究者仍然能够从人生境遇与生活期盼的交融关系中找到肥套仪式产生和发展的内在机理。

　　二是站在生活和理想的制高点，对生活原型进行有目的的优化。毛南族肥套的表演者以极为简单的民间故事——"婆王愿"以韩仲定向婆王求子（许愿）、食言、失子、悔过（还愿）、复得子；"雷王愿"以黄莲出征前对雷王发誓（许愿）、食言、致病、悔过（还愿）、康复等民间故事情节——为诱因，将人们的恐惧心理、感恩心理、原始宗教心理等素材，以及毛南族传统生产、生活等情景糅在一起，演绎成规模宏大、神灵众多、结构复杂、多种功能同时显现的综合文化形态，从而成为毛南族传统社会生活的百科全书。而我们剖开肥套这一形态后会发现，各个素材的原型都非常简明、单调，有的情节或神灵在毛南族神话谱系中所司职责相互之间甚至风马牛不相及。但毛南族师公们站在生活需求的高度，对相关素材进行概括、黏合，通过一些场景要素组合起来，构建出肥套仪式，从而使毛南族神人和融期盼得以充分而形象地体现。

　　三是将生活愿望高度浓缩，借助于神灵作用去实现人们的社会期盼。考察毛南族发展历史及其现实情况，我们会发现，毛南族有一个较为显著的特点，那就是毛南族永远勤奋，而且永远富有理想（宗教期盼亦即建构神人和融境界当然可看成其理想之一）。毛南族的勤奋，我们可以从其所处艰难自然环境中仍然能够生生不息、蓬勃发展的事实中获得佐证；毛南族富有理想、虔诚追求神人和融的期盼，则可以从其庞大的神灵谱系以及诸事皆喜欢求神祈祷获得旁证。

二　蒙昧观念与理性意识的碰撞

　　进入毛南山乡，仔细观察毛南族的诸多文化事象，我们能够体味出毛南族所具有的一个鲜明特性，那就是蒙昧观念孑遗多见而厚重，理性意识普遍而强烈。这在许多人看来势不两立的一对矛盾体同处一室不仅相安无事，有时还相得益彰：蒙昧观念与理性意识或者分道扬镳，齐头并进，相互之间各司其职，井水不犯河水；或者相生相依，互为表里，甚至融为一体。此为毛南族某些传统艺术形态生成土壤之一面，也是审视毛南族肥套仪式时必须选择的重要视角。

　　考察毛南族的艺术形态，人们能够从中发现大量的蒙昧观念遗迹，并且能够梳理出蒙昧观念发展的大致轨迹。正是这些蒙昧观念导致了毛南族艺术的原始生成路径。毛南族传统艺术中的许多形态由这种蒙昧意识——万物皆神、万物有灵——生发，并依赖其独特的构建模式展开，造就了毛南族传统艺术主要形态的大致框架。与此同时，随着社会的发展，以及人们认识自然、认识人生的能力的不断提高，理性力量不断注入人们的意识之中，形成了蒙昧观念与理性意识互相交织、互相同化的格局。这两种观念有时泾渭分明，有时融为一体，孕育了毛南族的许多传统艺术形态。肥套这一综合仪式，更能够从中看到蒙昧观念与理性意识的互相交织。把握了这一点，有助于我们寻找到打开毛南族许多传统艺术形态及其生成奥妙之门的重要钥匙，包括探究到肥套仪式缘起的格局，因为肥套仪式综合了毛南族传统艺术中的许多成分。

毛南族的雕刻艺术——而这一艺术精义也在肥套的器物制作中得到很好的体现——就充满蒙昧观念与理性意识相互混融的内涵：制作的宗旨、展现的情景以及采用的原始宗教元素等方面，具有强烈的蒙昧观念，即体现了万物有灵和祖先崇拜的人类原始观念。然而在艺术构思和表现手法上，又富有宏阔的艺术气魄和娴熟的艺术技巧。许多傩面，尤其是傩面的许多主体构件，我们能够从中审视出毛南族传统观念中的原始意识脉理，比如涉及毛南族原始宗教的某些构图——冠盖饰物、宗教符号等，具有毛南族浓厚的原始神话色彩，体现出较多的蒙昧观念痕迹；而这些构图中的粗犷或细腻的线条、生动明快的色彩与神态、各个元素之间的组合规律与技巧，则充满毛南族的艺术智慧，应该是理性意识的艺术呈现。

肥套仪式当为毛南族传统的蒙昧观念与逐渐发展的理性意识相碰撞进而融合的重要结果。肥套的初衷及起因是敬神、祈神与酬神，人们试图通过一系列的法事、说唱、舞蹈来求得神灵的福佑，借以消除内心恐惧，获得理想的人生结果。而毛南族传统的"敬神思想起源于原始宗教社会意识，是原始社会自然崇拜、图腾崇拜的产物"，"是用一种虚幻的歪曲的方式来认识世界"①。从这方面来看，肥套所蕴含及体现的蒙昧观念至为厚重而明晰。但发展到后来的肥套不仅仅是跳神，其客观的社会效果也不能仅仅用敬神、祈神与酬神等蒙昧观念来概括，其中蕴含丰富的社会伦理、人生哲学、生产生活知识以及民族家族历史等方面的内容，乃至于演变为毛南族传统文化中重要的百科全书，凝聚了毛南族的多种艺术精华。而这些都是毛南族理性意识的结晶。深深植根于毛南族传统社会中的蒙昧观念为毛南族肥套的展现构建了合适的平台，而毛南族理性的艺术创造意识和创造才能则为肥套赋予实质性内涵的同时，客观地传播了毛南族传统社会中的伦理、历史、艺术等方面的成果与期待。我们可以这样认为：蒙昧观念与理性意识的碰撞进而互

---

① 韦秋桐、谭亚洲：《毛南族神话研究》，广西人民出版社1994年版，第83页。

化，是构成毛南族肥套产生土壤的重要组成部分，是在特殊的历史时期促进毛南族包括肥套在内的传统艺术或艺术元素发展的推力。

三　民族个性与思维特点的积淀

毛南族人的性格极有特点，那就是既认命又不甘听任命运摆布；既注重个人奋斗，更看重人与社会的和谐与和融；他们相信现实生活中的因果报应，但常常会默默地思考事物表象之间所蕴含的内在联系并尽可能充分地利用其内在关系达成生活期盼，等等。而这些个性与特点的积淀，也为孕育肥套准备了条件。

与其说毛南族从岭南古百越民族那里继承了顽强、刚毅和坚忍，还不如说毛南山乡的自然生态孕育了毛南族奋发不屈与坚定乐观的民族个性。毛南族的民族个性大致可以概括为"团结互助、开朗好客、勤奋谦逊、坚忍顽强，以及勇于绝境求生"①，并保持且发展了对自然环境强烈的敬畏与依赖心理。毛南族诗人谭亚洲先生曾经在内心深处吟咏过自己的民族：

> 渔猎的木船在荒瘠的沙滩上搁浅，
> 寂寞的古井震荡民族的呐喊，
> 男人和女人都是不倦的蜘蛛，
> 捻出心的愁丝在悬崖边织网，
> 捕捉风雨中易逝的希望，
> 幽深的山谷是孕育民族的襁褓，
> 层层砾石是生命的鳞片，
> 山的褶皱和脸上的龟裂记录着毛南人岁月的辛酸。②

毛南族正如她所依偎的大山：高耸、峭拔，饱受风霜而又气宇轩昂。

毛南族团结互助、开朗好客的民族性格既来源于岭南古百越民族厚重的群体观念的文化基因，也来源于自然环境的孕育。在山区生活生产，随时会有不期而遇的灾难，比如兽害虫咬、跌打损伤、水险火灾、瘟疫病痛等，往

---

① 蒋志雨：《走出大山看世界（毛南族）》，云南人民出版社、云南大学出版社 2003 年版，第 3 页。

② 节选自谭亚洲《山的民族》，载蒙国荣、过伟编《毛南族二十世纪文学作品选》，中国文联出版社 2001 年版，第 17 页。

往不是单家独户可以应付得了的，需要邻里乡亲相互扶持；中华人民共和国成立前的毛南山乡有换工互助的风俗：来者自带劳动工具，受助之家备办饭食招待。这种换工情形见于一年四季，也见于多种农活。[①] 久而久之，这种邻里乡亲为了生存共赴灾变以及彼此帮助的相互依赖关系演变为全民族自觉遵守的公共道德，进而通过集体无意识的方式孕育成民族个性。毛南族人好客，把接待客人居住看成是幸运和光荣；几乎每户都准备一个最好的房间留做客房，长年备好床、柜、席、被等物，专供客人使用。[②] 这些成为毛南族人和融邻里、和融社会的道德基础。

毛南人的厚道热情，使到访毛南山乡的外地人很有些置身桃花源的感觉。这里摘录笔者《田野札记》的一部分以为佐证：

2011 年 6 月 23 日下午 5 时许到下南，住谭旭生家庭旅馆。约6：30到圩上谭俊敏家小饭馆吃饭。饭后笔者聊起到下南的目的，俊敏即主动用两轮摩托带至波川小学（距圩场约 3 公里）看"谭家世谱碑"，拍照若干。俊敏听闻我欲次日访凤腾山古墓群，且只能步行前往，遂遗憾地说："可惜我明天有两桌客人，脱不开身，不然我用摩托送你去。"旭生、俊敏均为毛南族，笔者初次拜识。

返回至谭旭生门店，询其"圣母山"事，旭生未能详说。旁有一年约 70 岁老者趋前详说圣母山形胜。言谈中，旭生先生离去，未几，推一电动三轮摩托至店门前，坚持要带老者与我至圣母山下。旭生年约65 岁，门店距圣母山脚约 4 公里。天晚矣，虽已至圣母山下，只可仰见山体轮廓。

24 日早步行赴凤腾山。由下南六圩至凤腾山约 16 里，有一乡村公路，因雨水毁坏基本不通汽车，偶见乡民骑两论摩托往来。约 8 时到古墓群。墓地脉势雄壮，背景稳健，前景开阔，远处矗立一峰，势若笔立。拍照若干。

由墓地下来，行至路口，恰遇一男子骑摩托由远而近，遂招手示意。该男子停车询问何故。乃趋前致辞曰：吾系远方来客，清晨从下南六圩步行而来参观古墓。现欲返回下南六圩。腰腿疲软矣，想搭个便

① 广西壮族自治区编辑组：《广西仫佬族毛难族社会历史调查》，广西民族出版社 1987 年版，第 68 页。

② 卢敏飞、蒙国荣：《毛南山乡风情录》，四川民族出版社 1994 年版，第 7—8 页。

车。该男子欣然应允。彼云"谭永恒"，川山人，毛南族，往来于中南、下南各村屯，以屠猪为业。"我要去中南办事，恐怕带你不远。如果你能够在中南等我一下，我可以一直带你到下南。"我喜出望外。到中南稍停片刻，永恒的伙伴已从另一山村购一肉猪至矣。永恒与其交代清楚，即搭我到下南。路面为沙石铺就，坑洼相接，颠簸异常，但远比步行省力省时多了。与永恒在途中合影留念。

中南、下南民风古朴，其民厚道热情，为此行印象最为深切者。

受民族性格的影响，毛南族人认识人生、认识社会及认识自然环境的角度与方式等，颇具独特性：极为注重个人的品行修养，看重个人在家庭与社会中的作用，将勤劳善良作为评判人品的重要标准；特别强调血缘关系、宗法关系，进而注重社会的整体性，一个人是否为社会所容、为社会所重以及在一定的社会关系中能否发挥相应的作用成为人们判定其社会地位的主要标志；赋予自然现象以人格，并认定自然物象具有神奇力量，且将其中的某些典型形态升格为神位；将和融生态整体、和融生态中的象征性元素上升为重要伦理观念，并作为评判个人及评判家庭和评判社区优劣的衡量尺度。在毛南族人看来，个人成就与社会发展是相辅相成并不矛盾的；自身完善与济世助人都是理所当然的事；无论是神还是人，只要诚心敬事，都会获得回报。所有这些都成为传统社会阶段的毛南族人面对自然、家庭和社会所做思考及采取行动的重要参考依据。毛南山乡条件恶劣，其地生存、生活极为不易；其周边地区有其他人力及文化强势民族。毛南族能够生存繁衍并保持及发展自己带有独特性的文化，其坚忍顽强、绝境求生的民族性格在其中起到了关键性作用。与此同时，毛南族人一边在顽强拼搏，一边却又往往对自身力量缺乏足够的自信，因而依赖自然、敬畏自然、和融自然和祈求自然的观念极为浓厚，并在此基础上建构了具有毛南族特色的生态伦理体系。肥套仪式中师公们对于济世观念的实践，以及仪式过程中乡亲邻里的热情相助，都是这种思维形式与处世标准的重要体现。

这种对个人、社会及自然生态的认识观念、方式以及过程被大量地运用于毛南族的生产生活及艺术创作之中，成为毛南族艺术思维的鲜明特征，而且这样的特征具有全民族普遍意义。因此毛南族肥套所体现出来的认识角度、认识方式、认识过程和认识水平，更多地具有民族普遍性，即一般民众的认识流程大致能够对应肥套仪式的某些环节甚至整体过程。这也是毛南族肥套具有浓厚而鲜明的原生性的重要原因。肥套仪式复杂、庞大而烦琐，需要很多人参与，这些参与的人仅有少量报酬甚至不取报酬，秉承的是团结互助、济世救人的信念；仪式中敬神悦神的和融神灵之举，实质上也包含有和融自然的朴素观念；祈神酬神的核心所折射的是人们诚实守信的道德观念。毛南族认识人生、认识社会、认识自然——在毛南族的观念中，象征自然的最高主宰为自然现象升华而成的神灵，认识自然同时意味着认识相应神灵——的过程与其呈现艺术形态包括肥套等典型仪式的过程基本一致：将认识所得结果作为建构艺术形式的要素及塑造艺术形象的主要材料，用艺术形态或艺术元素体现他们对人生、社会和自然的认识水平。

相对全国其他许多地方的人们而言，广西各地人们的情感较为内敛；即便心中有千言万语，往往也是表现得含而不露。这或许仍然主要归因于独特的自然环境对人们性格的造就。就算是生活在较为偏僻地区的少数民族，他们在倾吐自己激情的时候，也往往要选择恰当的时间和地点，以及相应的氛围，比如节庆期间，群体活动场所，婚丧嫁娶时机等。一般而言，青年男女的社交活动还是较为严谨及很有分寸的。年龄超过青年阶段以后，男女之间的社交活动，比如男女交谈、情歌对唱等，受到的约束就更多了。《越人歌》云："山有木兮木有枝，心悦君兮君不知！"之所以对方未能了解自己的倾慕之意，主要原因当然是自己的含蓄，未能将真情倾吐出来。毛南族更是这样。他们喜欢唱歌，但对于题材、地点、时机、氛围、身份等方面，往往自觉遵守较为严格的约定俗成的规则，否则会受到人们的耻笑甚至斥责。这与该地区各百越系少数民族旧时情形略同：妇女婚后暂不落夫家，"遇正月旦、三月三、八月半，出与人歌……及有娠，乃归夫家，以后再不如作女子时歌唱也"[1]。20 世纪 40 年代前后，周边的壮族、仫佬族仍然有此观念。[2] 在毛南族肥套中，三娘与土地且歌且舞时演唱的情歌，灵娘与蒙官、覃九官、鲁班等表演时打情骂俏的艳语、求欢调情的艳歌之类，均不见载于文字唱本，由师公们凭记忆演唱旧词或者即兴编唱，这实际上就是毛南族传统民间艺人们在创作中所处理的情感与毛南族认定的道德标准之间关系的需要。

任何民族多有艺术冲动的天赋，不管这样的冲动是强烈外显还是含蓄内敛。这既沉淀成民族的思维特征，同时又为民族的思维特征所左右。毛南族

---

① （清）谢启昆：《广西通志》，广西人民出版社 1988 年版，第 6872 页。
② 广西壮族自治区编辑组：《广西仫佬族毛难族社会历史调查》，广西民族出版社 1987 年版，第 241 页。

的艺术冲动天赋往往表现在吟咏和舞蹈方面，这在其肥套中有充分的明证。这种冲动一方面是继承了岭南古百越民族的文化基因，另一方面也是受自然环境的孕育，因而其艺术冲动的外显往往是激烈与平和、大胆与含蓄等元素的有机融合。与两性情感相关的内容，除了青年男女在特定的场合对唱的情歌以外，较为正规的仪式很少有赤裸裸的表白；尤其涉及性与生殖方面的内容，毛南族的民间艺人们更为谨慎。所以，在毛南族传统的思维观念中，其艺术冲动往往被限制在一定的范围之内。毛南族的肥套体现出强烈的生殖崇拜冲动，但这种冲动在体现过程中却极为讲究含蓄、隐晦和曲折，例如三娘与土地的情歌，灵娘与蒙官、覃九官、鲁班等人的艳语、艳歌之类，"为了避免过于露骨，采用了毛南语中的形象词和借比暗喻的手法，来描写男女生殖器和性行为"，而且都要由师公戴着面具演唱。① 这样的呈现理念与方式，既在一定程度上保留了岭南古百越民族生殖崇拜——广西百越系民族至今在祈求子嗣类型的"傩愿"仪式中，仍然较多地存在极为露骨的性话语、性动作等生殖崇拜现象——的遗迹，同时又在表现方式上作出大幅度的改良，以适应民众的文化水平及审美情趣的变化状况。

　　毛南族性格与思维特点的积淀也成为孕育毛南族朴素而通俗的艺术观念的良好土壤，同时还为毛南族民间艺人在进行艺术构思和表现中设定了相应的阈值，这既有助于对艺术形态的优化，也有助于对人们审美情趣、艺术创作观念及艺术创作方式的优化。在原始宗教土壤中成长起来的毛南族肥套，在许多方面仍然保留着浓厚而复杂的自然崇拜色彩，而这些色彩往往是利弊互现的，并且直接或间接地左右着毛南族人的思想意识。毛南族民间艺人在体现这类艺术冲动时，虽然仍旧在一定程度上保留其形式的本质属性与宗教功能，但对其表现方式已经作出相当程度的改革，即突出和强化其审美艺术属性，尽可能剔除其动物本能属性。当广西百越系民族中的个别民族在祈求子嗣的"傩愿"仪式中仍然保留赤裸裸的性与生殖言行时，毛南族肥套的表演者们已经逐渐将此类素材做艺术化处理。比如最为明显地体现人类早期生殖崇拜观念的三娘、土地、灵娘、蒙官、鲁仙等有关性爱与生殖主题的唱词和舞蹈，瑶王的生殖示意型舞蹈等，基本上脱离了动物性直白的交媾原型，在音乐的伴奏下往审美艺术型方向发展，尤其瑶王所展示的交媾动作，已经演变为扭胯、弹胯、摆胯等艺术型舞蹈，虽然表达的仍然是生殖崇拜的

---

① 谭亚洲：《抛砖引玉引起的争议——兼答邓如金同志》，载覃永绵编《毛南族研究文选》，广西民族出版社1987年版，第209页。

主旨，但艺术型内涵已经较为丰富。与此同时，毛南族民间艺人已经逐渐由自发冲动型向自主优化型演变。在肥套仪式中，一些表演者主动从艺术美感的角度对某些表演动作做理论上的探究与总结，从而使某些表演动作尽可能脱离简单模仿层次，赋予表演更多的审美创造成分。一个在肥套中扮演瑶王的师公谈到他表演瑶王胯部舞蹈动作的体会时说："扭胯、前后顶胯、摆胯时，上身不要动，桩步要扎得稳，这样才好看。摆胯时要有旋转的动作，这样才摆得有力、有味道。"① 这些都体现出毛南族传统艺术活动在观念与方式上的发展，从而有助于促进毛南族整体艺术及毛南族审美观念的进步。

四　宗教聚力与艺术张力的统一

毛南族信仰多神，在漫长的历史发展中构建了完整而职能分明的神灵谱系。神灵在毛南族意识以及生产生活中占据有非常重要的地位，神灵以及由神灵衍生出来的文化事象俯拾皆是。毛南族的造神热情和造神艺术甚至发展到无以复加的境界：毛南族有神灵一百多个，其中有名有姓、来历分明、职能确切的神灵三四十个；许多神灵甚至在手抄文本上有详细的生辰属相，比如毛南族最为重要的神灵之一三界公，文本上就记载"三界历命戊申年■丁巳月■四月■八日子丑建生戊申■■癸亥命水"（"■"代表土俗字，因电脑字库中阙如，暂不录）；总管生育之事的婆王，文本上记载"圣母己酉年六月初六日午时生娘■■娘"；毛南族肥套师公传承的文本，三四十位神灵的事迹清晰列于其上。许多民族都有属于自己的神灵谱系且世代传诵者多有，但如毛南族于传诵之中将诸位重要神灵生辰属相赫然载于文本以证其真，在其他民族中恐为鲜见。毛南族宗教意识之强固与虔诚，由此可见一斑。此亦令孤陋之笔者叹为观止矣。关于毛南族神灵谱系及其审美内涵详义，可参见笔者与毛南族学者谭亚洲、覃自昆二先生所著《毛南族神话的生态阐释》一书（广西人民出版社 2012 年版）。

在毛南族的神话意识里，人物、动物等世间百物皆可为神。这是人类社会蒙昧时期万物有灵观念在特殊的生态环境中演变发展的结果。岭南古百越民族文化基因的传承，自然环境的险恶，周边民族强势文化的挤压，人生旅途的难测，以及对未来的强烈渴求等，不断催生毛南族神灵。在毛南族的传统文化里，"二元意识"占据着极为重要的地位：皈依神灵世界，崇尚神灵的导引和福佑；同时又追求自我，坚信人力在人生中的主要作用。这两种意

---

① 韩德明：《与神共舞——毛南族傩文化考察札记》，广西人民出版社 2006 年版，第 25 页。

识时而并立，时而主客互易，时而相互交融，总体上构成神人和融的境界。这应该是肥套之产生与流传，乃至发展到今天这一相对稳定模式的重要原因，也是众多神灵齐聚一堂的合理解说。毛南族肥套文本里提及的神灵近百位，其中有详细神迹介绍且需登场的神灵 36 位，可谓队伍齐整，阵容庞大。重要的神灵还需将其图形绘影并高悬在肥套仪式的殿坛上。

　　毛南族肥套所展现的神话，远比毛南族其他生活领域所流传的神话更为繁多且更为详尽、生动，也更具世俗生活色彩。借助于肥套，毛南族师公已经将生活于民众神话世界里的诸位神灵及其神迹尽情描绘和高度浓缩，以符合毛南山乡自然生态特征和毛南族人民审美需求的形式活现出来，形成了毛南族神话的相对规范文本。在对诸位神灵的生平事迹做全方位叙说的同时，师公扮演的相应神灵或坐或立，或歌或舞，增强了神灵的形象性和可感度。毛南族神话谱系里的许多神灵，例如三界、社王、鲁仙、三娘、土地、三九、太师六官等，原来都有着跟毛南族世俗人生一样的生活经历，在经历了一系列人生磨难和人格升华之后，逐渐由人演变而成神。而且善神、文神、凶神在师公表演和师公解说的过程中，往往伴随着人们对他们的评价，进而在潜移默化中确立了人们应该遵循的传统道德标准。从这一角度来说，毛南族肥套中齐聚的诸多神灵，不仅要将观众带入神秘虚幻的宗教世界，客观上还促使人们从神灵的生活演变轨迹中领悟做人的道理，自觉优化自己的人生观念。这恐怕也是肥套得以世代流传的重要原因之一。

　　在人类社会漫长的发展过程中，宗教产生过巨大的作用，缘于宗教的文学和艺术等文化成果至今仍然令人瞩目。某些宗教曾经形成过巨大的文化场，将人类社会的历史、伦理、文学、艺术等生成活动吸纳于自己的文化场之中。直至今天，我们在许多地方仍然能够感受到宗教的强大聚力。在毛南族传统社会中，宗教所显示出来的聚力也非常强大：神灵的力量无所不在、无所不能；人们期望与神和融的虔诚之心无所不至。毛南族传统的宗教体系构成虽然极为多元而复杂，但影响最为深远和普遍的仍属由岭南古百越民族传承下来的原始宗教。毛南族传统的原始宗教观念以及因之衍生的许多行为，凝聚为毛南族传统社会中宗教体系的内核。以本民族的传统宗教观念为主，结合外来宗教的某些元素，毛南族的宗教体系在历史上于毛南族社会的统一、文化观念的成型、传统艺术形态的产生与发展等方面发挥过巨大的作用。毛南族的肥套几乎都与其宗教聚力有着直接或间接的关系。毛南族的原始宗教催生出毛南族的神人和融期盼，并将毛南族人民的许多艺术创造观念和创造方式聚集到自己的文化场中，促使毛南族创造出适合自身特点的艺术形态。毛南族传统社会中的宗教聚力，主要体现在宗教意识对其生产和生活以及自然生态等方面的影响。而这些是毛南族肥套产生的丰厚土壤。在毛南族传统社会中，宗教聚力主要体现在下述方面。

一是狂热的造神观念。在很长的时期里，由于受岭南古百越民族原始宗教观念及独特自然环境的影响，毛南族"万物有灵"的意识根深蒂固。随着社会生活领域的扩大，毛南族神人和融期盼的外延不断增加，需要扩大神灵队伍以涵括神灵福佑人们的职责范围。因此，他们除了继承岭南古百越民族神灵系统中的绝大多数神灵之外，还不断独创或合成一些神灵来充实自己的神灵谱系，将毛南族的神灵队伍扩编到难以复加的程度。这种狂热的观念以及导致的活动，一方面揭示出毛南族先民在面对恶劣的自然环境时所呈现的焦虑情结：深感自身力量的薄弱，难以应对自然环境施加的压力；另一方面透视出毛南族先民性格中的不屈与坚韧：试图从自然环境中发掘出超自然力量并与之结成同盟，以获取应对自然环境赋予人生压力的资助。在毛南族先民心目中，超自然力无物不有，无处不在；而且这些力量分门别类，各有主宰。毛南族人费尽心思塑造相关神灵，赋予其鲜明的性格和独特的力量，或者对一些凶神的力量给予制约。在这种狂热的观念和活动作用下，毛南族先民的想象力和艺术创造力得到极大的激发和充分的发挥，并由此派生且完善了毛南族相关的艺术生成机制，也使毛南族在这种机制下创造出了独具个性的肥套。毛南族特有的宗教观念形如一块吸引力强大的磁铁，将毛南族先民的许多意识要素聚集到自己的场里。肥套中名号、形貌、性格、职能兼备的神灵有 30 多位，日常生活中的神灵更是不胜枚举。"民间有多种自然崇拜，山有山神，水有水神，树有树神，村头村尾土地神（庙），名目繁多。"[1] 毛南族狂热的造神心理由此可见一斑。

二是虔诚的敬神心理。毛南族对于神灵——包括各种神灵——的恭顺、恭敬及诚实、诚恳之心，也达到了无以复加的程度，周边其他少数民族往往难以望其项背，也往往惊讶于毛南族对于神灵的虔诚之心。毛南族根据毛南山乡的自然特征，结合岭南古百越民族敬神习俗，构建了适合毛南族生产、生活情形的敬神心理格局。该格局具有深刻性、广泛性、严密性和系统性等特点。毛南族传统的虔诚敬神心理不仅从其生活、生产习俗中体现出来，更从其艺术创造初衷和创造过程中显示出来：毛南族所有的传统节日几乎都与

---

① 广西壮族自治区编辑组：《广西仫佬族毛难族社会历史调查》，广西民族出版社 1987 年版，第 49 页。

神灵有关，或者某些从外族传入的节日都被赋予浓厚的敬神色彩，生产、生活中极为少见冒犯或亵渎神灵的言行。墓葬石雕和宗教仪式表演需要的木雕极为有力地诠释了这种敬神心理。尤其肥套中的剪纸绘画、傩面制作、法器雕刻、神坛构建、文本完善、舞蹈动作等，极其谨慎、细致，因而往往表现出较高的艺术成就，其综合艺术水平远在毛南族其他一些艺术形态之上。毛南族传统宗教如一双力量无比的强手，将人们的世情伦序、道德认知、艺术创造等常识与人们的恐惧心理糅为一体，塑造出毛南族独特的对于神灵的虔诚心理。

三是繁复的事神活动。在中华人民共和国成立以前，毛南族传统节日、人生重要环节（出生、满月、周岁、成婚、生子、丧葬等）、喜庆灾难、家庭重要变故等，几乎都伴随着事神活动；甚至于在外人看来毫不起眼的小事，毛南族人也要请神求巫作弄一番。外地人或者外族人对于毛南族人极为繁杂的事神活动甚为不解，而毛南族人却乐此不疲。严格说来，毛南族人基本上没有纯粹宗教意义上的献身精神与言行，而是在宗教仪式的平台上实现功利目的。他们的事神观念与活动完全是宗教聚力所致，是试图通过事神活动达致神人和融，进而消除或减轻内心的恐惧，以及借助于神灵的福佑获得人生的美满与平顺。肥套中各个环节，包括承接与法事，几乎都充斥着事神元素，在场上舞蹈的几乎都是神灵，唱诵的也绝大多数为神灵的事迹，事神之心和事神之行无所不在，无微不至。

但是，仅仅从宗教聚力的视角还不能对毛南族肥套的形成机制及其某些层面作出完全恰当的解释。包括肥套在内的毛南族传统艺术或艺术元素的形成机制还得力于艺术形态，尤其以宗教诉求为主旨的肥套在形成与发展过程中本身所具有的张力，亦即艺术规律作用于人们的宗教及其他相关观念，促使毛南族艺术形成机制的萌芽与完善。毛南族肥套的艺术张力主要体现在下述方面。

其一，表演和欣赏肥套促进人们的思维能力。人们在构思艺术形态和基本成型艺术形态的过程中，其艺术想象力及艺术构建力会受到极大的激发和促进。即便如蒙昧时期人们行万物有灵及自然崇拜观念，亦即艺术的早期阶段，人们也必须在自然与社会生活的物象原型基础上进行联想和想象。而这种联想与想象的过程就是人们思维能力形成与发展的过程。湘、黔、桂相邻地带"花"文化区人们，尤其岭南古百越民族对于花婆神话的创造与丰富，进而形成体系完备的宗教形象并予以虔诚崇拜，就是人们将自然环境现象、人的某些生命特征、人们对于生殖原理的朦胧认识等多种要素联系起来，再辅以相应的想象的思维活动与其他相应外在造神活动的结果。毛南族肥套无论是从表演主旨还是从表现形态，都对此作出了突出的诠释。毛南族先民造神并为神灵设计理想的职分，也应该是在人类形象和生活场景的基础上进行联想和想象的结果。在毛南族的肥套里，神灵的形象性格各异，神灵的生活丰富多彩，其栖息的场所或华丽，或简洁；或喧闹，或幽静，等等，都是人们根据现实生活的原型加以丰富的联想和想象而成。在人类早期社会中，这种艺术创造活动——主要体现为模仿、联想、想象等思维活动——对人们思维能力的促进应该是相当大的。考察毛南族肥套仪式及其与毛南族思维特点的关系，毛南族艺术活动对毛南族思维特质的形成有着明显的促进作用，那就是毛南族的神人和融期盼及其实践活动极大地拓展了毛南族的生活空间，其思维内涵带有浓厚的神话色彩。

其二，表演和欣赏肥套促进人们再创生活的能力。艺术形态的基本元素与组合模式促使人们以艺术的眼光审视生活原型，并激发人们改善生活、重新创造生活的灵感与热情，因为艺术形态往往高于生活，是生活典型元素的有机组合。艺术活动促使人们对其生活原型进行再审视，进而再创生活（再创的生活包括物质领域的生活与精神领域的生活）。由于生活在艰难的自然环境中，毛南族再创物质领域的生活有相当大的难度，于是在很多时候将这种创造热情及能力大量用于精神领域生活的再创造，以作为物质领域生活的补充。人们受艺术作品的启发，对自然环境进行优化，着力改善和提高原有物质生活的形式与品质，这是毛南族再创的物质领域的生活；肥套中众多巫语所构建的生活场景，殿坛展现的神话世界，唱词和舞蹈绘制的情感画面等，当是毛南族再创的精神领域的生活。这种再创造生活的动力，有许多应该来源于艺术活动——当然，恰切地说，这些再创造活动本身已经是艺术活动的有机组成部分。

其三，表演和欣赏肥套促进人们的鉴赏力。艺术形态在丰富和完善的过程中，促使人们对生活素材进行鉴别和选择，并对艺术作品进行欣赏和评价，从而强化人们优化生活的意识并提高其优化生活的能力。毛南族肥套发展缓慢，直至中华人民共和国成立后的很长一段时间，甚至到今天，基本上仍然停留在民间的业余的水平，亦即毛南族肥套总体上还处于原生状态。但毛南族肥套的这种发展状况有一个好处，那就是其产生、生存和发展土壤几乎全在民间，与普通百姓的生活联系密切，因而其影响对象也主要是普通百姓（毛南族表演肥套的师公在不演出的时候也为普通百姓）。主要表演者、欣赏者平时几无隔阂地聚集一处，可以就素材选择、艺术表现方式以及艺术效果进行广泛切磋。多种艺术活动无疑会产生集成效应，而这样的效应往往是民间普及性的。在毛南族的意识领域里，有时候精神生活范畴与物质生活范畴有着较为明晰的界限，但人们由精神范畴进入物质范畴往往极为容易。在肥套仪式中，表演的师公或换一副面具，或跨一道门槛，甚至有时候只需抬腿之间，就能由此境界跨入彼境界。不仅表演的师公如此，其他观众也可以择机参与相关活动，与表演的师公同台演出。此种普通而且普及的艺术活动更便于普通百姓艺术鉴赏力的提升。笔者在参观肥套仪式时了解到，主家、师公及一般观众当然极为关注仪式的顺畅与否，但同时也很在乎服装构图、木面造型、舞蹈功夫、说唱趣味等艺术构成元素。这说明肥套仪式在长期的发展过程中，已经对人们的艺术鉴赏力产生了影响。

其四，表演和欣赏肥套极大地拓展了人们的生活界面。毛南山乡系一弹丸之地，狭小而且相对封闭，传统上一般民众的活动空间极为有限。但毛南族人的心胸并不狭隘封闭，反而远比周边其他民族的人——包括许多汉族人——的文化胸襟来得更为开阔、豁达。形成这样的局面，其中可能有多种原因，但毛南族的艺术活动，尤其肥套的酝酿和展现等活动开阔了人们的视野，极大地拓展了人们的生活界面，应该是重要原因之一，亦即艺术化的生活场景及神灵形象极大地拓展了人们实际生活的边界，使人们能够接触到更为宽广的世界，包括物质世界和精神世界。毛南族肥套广泛采用包括汉族、壮族等周边文化强势民族的某些艺术元素：在肥套的表演中，巫语的朗诵采用汉语，以突出其典雅、庄重和华丽的特色；歌唱多采用壮语，以突出其表意丰富、音韵优美的内涵；傩面造型吸取中国古典传统审美元素，以突出各类神灵的身份及性格特点；许多舞蹈动作借鉴汉族戏剧中的儒士行止，文静雅致，谦恭有礼，等等。毛南族人从小耳濡目染，广泛接触并吸收周边民族较为优秀的文化，其心灵生活的界面已经远远超出了毛南山乡的局限。所以，在很早以前，外出的毛南族人文化适应能力就已经相当强。开阔的文化胸襟促使毛南族人更为广泛、更为深刻地接受其他民族的优秀文化；而接受其他民族优秀文化的结果导致毛南族人的文化胸襟愈加开阔。如此往复良性循环且在循环中螺旋提升，毛南族在保持本民族文化特色的同时，整体文化水平远比周边其他民族——包括周边的汉、壮等文化强势民族——的整体文化水平更高。这对毛南族肥套仪式相关氛围的形成与完善是极为有利的。

与此同时，艺术的张力还体现在普通百姓的创作欲望方面。喜好吟咏应该是人类的天性。广西地区山重水复，人们的劳作之地多在山岭沟壑之中，容易产生孤单寂寞和烦闷恐惧心理。人们一边劳作一边唱歌，往往能够减轻烦闷和恐惧压力，所以人的天性和自然环境综合作用，造就了广西地区人们喜唱山歌、善唱山歌的习俗。发展到后来，在很多场合人们歌唱伴以器乐，增强了娱乐气氛，也逐渐成为广西民间风气特征之一。"广西诸郡人多能合乐，城郭村落，祭祀、婚嫁、丧葬，无一不用乐，虽耕田，亦必口相乐之。"①　此种现象在今天的广西地区仍然所在多有，广西也因其民众喜唱歌、善唱歌而有"歌海"之称。毛南山乡的好歌唱情形与广西其他地区相比，有过之而无不及。"毛难族是热爱歌唱的民族，口头文学极为丰富。"毛南山乡古侯屯著名歌手覃恒久非常善于唱民歌，"以固定的调子，即兴编词，随编随唱，数十首一气呵成，情趣横生"②。除了唱歌之外，毛南族的建筑和雕刻也极为出色，在毛南山乡周边区域享有极高的赞誉。毛南山乡建造气派、石雕精美的墓葬随处可见；旧时候且不说殷实人家，即便光景一般的底层百姓，其屋舍都竭力修建得美观精致。由此可见，与周边其他民族相较，毛南族的艺术创作欲望是非常强烈的。

　　毛南族在传统艺术方面的创作欲望往往爆发于社会的最基层，这就较为容易保证毛南族传统艺术创作的稳定性、普遍性与连续性。这常常是社会大众创作与社会精英创作的很大不同之处。在传统的毛南山乡，某一个家庭的变故或许是剧烈的，但整个毛南社会的演进常常是相当温和的，除了个别特殊的时期以外。传统的毛南族艺术创作欲望来自整个社会，几乎整个毛南山乡都参与创作，即使个别艺术形态——诸如毛南族的石雕艺术品以及肥套中的某些部分——的创作主体来自社会中的特定群体，但由于这个群体在绝大多数时间是混融于普通百姓之中，因而其创作欲望仍然具有广大民众普遍性的鲜明特征。毛南族对传统艺术形态的需求，大致来自三个方面：一是娱神，即人们需要借助于艺术形态向神灵表达祈求与酬谢的愿望；二是娱己，即人们需要借助于艺术形态构建一个自我内心情感宣泄的管道；三是娱人，即人们需要借助于艺术形态使他人愉悦，以助交往。这三方面的需求在毛南山乡具有全社会普遍意义。神灵广泛存在于毛南族人的思想意识里，人们认为神灵无处不在；人是世俗世界存在的活体，人们睁眼即见。就毛南族长期具有的传统观念而言，人气既存，神脉就不断。所以，毛南族传统艺术创作的欲望和力量来自民间，其连续性有可靠的保证。毛南族肥套的直接建构者

---

① （宋）周去非：《岭外代答》，广西民族大学图书馆排印馆藏本，第73页。
② 广西壮族自治区编辑组：《广西仫佬族毛难族社会历史调查》，广西民族出版社1987年版，第52页。

系一个长期生活于特定区域的相对稳定的群体，由于社会文化氛围和自然生态条件演变相对缓慢，因而其创作欲望不至于因环境的剧烈变化而大起大落。这也是毛南族肥套连绵不绝、平稳发展的重要原因。

毛南族与肥套相关的创作欲望绝大多数具有自发性和主动性特征。除了娱神类艺术形态的创作欲望来自自然生态与和文化生态压力以外，娱己、娱人类等型艺术形态（这类艺术形态在肥套中也有大量呈现）的创作欲望基本上具有自发性和主动性，亦即艺术创造活动往往是创造者内心需求的自我体现，因而其欲望易为激发，也容易保持在较为积极和饱满的状态。这更接近于人类创造艺术作品的原生状态。毛南族的许多民间歌谣、民间故事，应该多属于此种精神状态下的作品。作为表现宗教主题的肥套，其建构欲望也带有相应程度的自发性和主动性特征，比如肥套中的某些抒情歌谣和舞蹈动作等。

毛南族肥套的表演者往往具有强烈的救世观念，这种救世观念应该来源于岭南古百越民族求子傩仪最为原始而朴素的愿望：通过繁衍人口以壮大家庭、家族乃至更大群体的力量，从而为自身的生存与发展创造有利条件——救世观念的原型从某种意义上讲也是自救欲望。到社会分化以后，家庭在社会中的地位日益突出，人们的家庭观念日益浓厚，繁衍人口、人丁兴旺逐渐成为家庭甚至个人的追求，因而促使早期的神职人员，以及受神职人员影响的一般民众的自救观念升华至公共道德层面，由一般的利己和利生观念向利生与利他的更高境界演变。这种演变其实蕴含着神人和融的拓展与升华。在这样的境界里，艺术形态的创作主体在构思和表现的过程中，可以抛却功利压力，置身于清净纯洁的艺术创造情境，从而促使创作的态度更为自觉、自主、严谨乃至虔诚。毛南族肥套的表演者们都认为自己是在行善，是在为别人创造幸福——通过自身的努力为别人祈求到子嗣和平安，那是远远超过任何物质报酬的天大善事！也正因为如此，师公们在表演，亦即在仪式过程中的那份虔诚和投入，非一般人所能想象。毛南族师公置身的是一个利生与利他相融合的高尚道德境界。而这样的境界更容易激发艺术创造欲望，且体现出来的艺术创造欲望也更为纯净。

毛南族传统社会中的宗教聚力与艺术张力是一对相互作用、相互依存的矛盾体，并且在相应的时机达到辩证的统一。如果仅仅有宗教的聚力而没有艺术的张力，毛南族的肥套恐怕仍然停留在跳神、娱神的层面；如果任由艺术的张力驰骋而没有宗教聚力的笼络，毛南族的肥套恐怕难以保持今天这样的原生态韵味。这一对有机统一的矛盾体与其他要素一起，构成了毛南族肥套生成机制的主体骨架和重要元素。毛南族宗教聚力与艺术张力的有机融合并呈超循环运行态势，成就了肥套的鲜明特色。

第二节　肥套的产生图式

一　文化基因的传承

毛南族由于没有自己的文字，对自己民族历史、文学的传承，基本上靠口授心记。民族的艺术形态长期处于民间俗文化状态，在流传的过程中具有极大的变异性。而汉文献对于毛南族的相关记载相当笼统、简略，人们只能从文献中涉及的大致方位来对毛南族先民的某些情况作出推测。我们现在试图对毛南族肥套的发展过程分期，难度无疑是相当大的。但毛南族作为岭南（到后来主要为今广西地区）古百越民族的后裔，其文化现象带有大量岭南古百越民族文化基因，在这一点上学界基本上无异议：壮、傣、侗、水、仫佬、毛南等民族在建筑、器具、丧葬、婚姻、服饰、语言、宗教、歌舞等方面基本一致；① "广西境内的主体民族，包括壮族、侗族、水族、仫佬族、毛南族、布依族等，均系古越族的后裔民族"②；"现今民族历史的研究成果表明，壮、布依、傣、侗、仫佬、毛南、水、黎等民族都有历史渊源关系，犹如一株大树一样，大家同一根源，随着时代的发展，生长出支干，分化成不同的民族"③；现今毛南族分布的区域古为百越之地，封建王朝时期这一带所谓的"蛮"，就是居住在这些地方的壮、侗、毛南、水、仫佬等民族的先民④。直至今日，居住在该地区的壮、水、仫佬、毛南等百越系民族在风俗习惯方面仍然有许多相似或相同之处。因此，考察毛南族带有不同特征的艺术形态或艺术元素，再佐以相邻百越系其他民族的相关艺术材料，对毛南族肥套不同时期发展的图式作出粗略描述，应该是具有一定可能性的。

岭南古百越民族文化的主要特征之一为巫鬼气息浓郁。考诸广西百越系民族，壮、侗、毛南、水、仫佬、布依等族都行还愿仪式（当然，各族的还愿仪式多有较大区别），均有庞大的神灵体系。壮族还愿仪式所祭祀的神

---

① 钟文典等：《广西通史》（第一卷），广西人民出版社1999年版，第19—22、29—36、102—111页。

② 李路阳、吴浩：《广西傩文化探幽》，广西人民出版社1993年版，第49页。

③ 张声震等：《壮族通史》，民族出版社1997年版，第91页。

④ 蒙国荣、王乇丁等：《毛南族文学史》，广西人民出版社1992年版，第11页。

灵有"三十六神七十二相"①，侗族还愿仪式所祭祀的神灵有 36 位之多②，水族还愿仪式所祭祀的神灵有 21 位③。这些民族的还愿仪式至今仍然以跳神为主，主旨为求子嗣和保平安，尤其以祈求子孙繁衍最为重要。古百越民族的巫鬼文化演变为毛南族传统的原始宗教观念，而这种观念渗透到毛南族许多传统艺术形态，其中包括肥套的艺术构件中。遍行于毛南族传统习俗中的自然崇拜、祖先崇拜、多神崇拜及狂热的造神活动，当是岭南古百越民族巫鬼文化基因的流布与裂变。毛南族传统观念认为，万物皆可为神，万物皆有神力，而以掌管生育之神最为重要，亦即生殖崇拜为毛南族传统一生中宗教观念之最著者。毛南族的《上梁歌》有"脚踏云梯第九根，九级云梯最上层。预祝主家人丁盛，子孙发达万年兴"，"四友对六亲，个个送恩情。建造新宅舍，送蛋给主人"。子孙繁衍、人丁兴旺是岭南古百越民族强烈而不懈的追求。在毛南族的传统观念里，蛋是生命、是子女的象征，送蛋即送儿女，亦即子孙繁衍。毛南族肥套应该是岭南古百越民族文化基因传承中较为重要的体现。"广西越族的后裔，无论是壮、侗、水，还是毛南、布依、仫佬族，都把'子'的繁衍视为家族，乃至整个民族兴旺发达的根本。"④毛南族肥套正是此一根本观念的具像化。当然，毛南族的神灵谱系以及最为重要的宗教期盼在传承着岭南古百越民族相关观念的同时，也与百越系民族中的其他民族所具有的情形有所不同：神灵谱系存在差异，神灵职分发生变异，借助神灵所体现的行为在程度和内涵上不完全一致。但是，毛南族神灵与毛南族巫鬼观念一脉相承、神灵各种超自然力的体现往往需要借助于神职人员行巫鬼之道，确实与岭南百越系其他民族多有相似。

　　岭南古百越民族文化的主要特征之二为山水色彩鲜明。这主要表现在文化观念及习俗构件里富含山水元素。岭南古百越民族生活的地方多山富水，尤其广西地区号称"八山一水一分田"，所望皆山，出门见水。山险水恶的自然环境加剧了人们的内心恐惧，因而自然崇拜的观念更为普遍和浓厚；山重水复的自然环境则造就了岭南古百越民族刚柔兼具的秉性：坚韧倔强之中不失温和；依山傍水所带来的生活便利培养了人们对于山水强烈的依赖心

---

　　① 中国各民族宗教与神话大词典编审委员会：《中国各民族宗教与神话大词典》壮族部分，学苑出版社 1993 年版，第 751—758 页。

　　② 李路阳、吴浩：《广西傩文化探幽》，广西人民出版社 1993 年版，第 233—257 页。

　　③ 中国各民族宗教与神话大词典编审委员会：《中国各民族宗教与神话大词典》水族部分，学苑出版社 1993 年版，第 547—556 页。

　　④ 李路阳、吴浩：《广西傩文化探幽》，广西人民出版社 1993 年版，第 62 页。

理，等等。岭南古百越民族的山神、水神是其神灵谱系中的重要构成部分，毛南族神灵谱系中山神、水神至今仍居于重要位置。岭南古百越民族"买水浴尸"："'买水'为古越俗。"① 古时候广西百越民族多有此风俗。毛南山乡在中华人民共和国成立后的一段时间仍行此俗，而且有一套较为严格的相关程序及相关禁忌："父母死后先要买水。用一根禾穗、三枝香、一叠钱纸到井旁或河边去买，不用请鬼师，只由亲生的两个儿子拿水桶去扛回家，往返都不哭。将水烧热后，由亲生子（或侄）来给死者洗身。""与死者洗身的人，未满十天不能进别人的家"。② 广西百越系民族中有很多还保留着桥神和与桥有关的风俗，当为岭南古百越民族桥文化的孑遗，而桥文化与水文化在古时候从某种角度而言可以看作是一体两面，形异而质同。毛南山区虽然缺水，未见大江大河，但文化中的"桥"元素仍然丰富鲜明，肥套仪式中与"桥"相关的情形（在毛南族肥套仪式里，现实生活中的桥和神话观念中的桥往往融为一体）所在多有，足见岭南古百越民族文化中的山水魅力，其基因已然植根于毛南族文化血液之中，进而成为肥套的构成观念与元素，尽管仪式中的桥与自然界的桥在内涵方面已经有很大的不同。

　　岭南古百越民族文化的主要特征之三为群体观念厚重。古文献和今人的研究都认为"粤（越）人之俗好相攻击"，"越人相攻击，其常事"；越人好相攻击之俗，"除了指氏族、部落间的掠夺、兼并战争外，也是越人盛行血族复仇制的一种真实写照"③。这种现象也从侧面证明古百越人的群体观念浓厚。直到今天，广西百越系民族那种以家族、姓氏、村屯等为单位的群体团结性，往往非外省人可以理解。此类群体精神也传承到毛南族的文化血液中。"一般来说，毛难人都是聚族而居，同姓的聚居在一个乡或一个村屯，异姓杂居在一个村屯内是很少的。此外与其他少数民族杂居的情况也是很少的。"④ 包括毛南族在内的广西百越系少数民族的歌圩，大规模的宗族、民族性祭祀活动，群体性节庆活动等，往往人山人海。毛南族"每到旧历新年的头几天内，青年男女都集合到村外附近的山坡上对唱山歌，有时聚众至千数百人"⑤。这实际上与岭南古百越民族浓厚的群体观念之变异与遗传有很大关系。群体型娱乐活动的兴盛，为毛南族的某些艺术类型的兴盛准备

---

① 吴永章：《中国南方民族文化源流史》，广西教育出版社 1991 年版，第 279 页。
② 广西省民族事务委员会：《环江毛难人情况调查》，1953 年 12 月编印，第 108、113 页。
③ 吴永章：《中国南方民族文化源流史》，广西教育出版社 1991 年版，第 401 页。
④ 广西省民族事务委员会：《环江毛难人情况调查》，1953 年 12 月编印，第 3 页。
⑤ 同上书，第 82 页。

了良好的土壤。毛南族肥套的主旨就深受这种群体观念的影响，因为子孙繁衍与民族壮大在很多时候是可以画等号的；而毛南族师公们积极从事肥套表演活动，其主要动力之一虽然是为了促使主办之家人丁兴旺，但客观上蕴含有促进整个民族的兴旺与强大，其观念仍然与强烈的民族繁盛意识有关。

二　自然环境的孕育

作为岭南古百越民族的后裔，毛南族及其传统仪式肥套走过了一条独特的道路。尽管从民族属性到艺术形态等方面，毛南族与广西百越系其他民族有许多相似甚至相同的地方，但独特性和差异性还是非常突出的。之所以如此，多种因素当然在毛南族的形成、毛南族肥套文化特色的凸显等方面发挥了重要作用，但独特的自然环境在孕育毛南族肥套的民族特色方面产生了不可低估的作用，甚至这些自然环境因素有时是关键性的。这些作用主要体现在下述方面。

独特的自然环境孕育了毛南族独特的艺术创造心理。本来，人类是大自然的关键物种，在大自然的调节机制中发挥着重要作用，但在特殊的时期，人类却常常受到自然环境的左右。毛南山乡地处云贵高原东南麓，山势连绵险峻；峰丛间串珠式洼地往往是封闭半封闭峒场。山多、地少、水奇缺，是毛南山乡自然环境的典型特征。人们行路、劳作于崇山峻岭之间，时刻都会面临意外的灾难。中华人民共和国成立以前，毛南山乡疾病多发，缺医少药，毛南族谚语云："谷子黄，病满床。"在这样恶劣的自然环境里，人们生存和繁衍都极为不易，个人很难把握自己的命运。于是，人们那种听命于天、祈求神灵福佑的观念非常深刻而普遍，原始宗教意识不仅未见减弱，反而在很多方面日渐强化，在生活与生产中创造出数量众多的神祇并加以顶礼膜拜。毛南族从自己独特的宗教心理出发，对生活与生产中的许多事象进行艺术化构拟，从而创造出适应自然特征的、能够宣泄内心情感的、祈求子孙繁衍、人生平顺的宗教仪式。因此，毛南族传统的艺术创造心理可以大致描述为：内心恐惧—通过宗教艺术形式消除恐惧—宗教艺术形式强化内心的恐惧。肥套正是在这样的艺术创造心理作用下得以传承和发展。

独特的自然环境造就了毛南族独特的肥套仪式。肥套从场景构建、神灵形象塑造及成效体现，几乎充满毛南山乡的自然生态元素。当然，这些自然生态元素在肥套中的体现，有的是直接的，有的是间接的。肥套将当地的自然生态元素纳入整个仪式当中，既是肥套仪式拉近与受众距离、增强艺术感染力的需要，也是艺术或艺术元素本身发展规律使然。肥套中《鲁仙》一场，从鲁仙的台词、舞蹈动作到劳动场景的展现，都直接或间接地取用了毛南山乡的自然生态素材。肥套经过数百年的发展，已经基本走出了单纯的敬神、娱神、祈神的宗教窠臼，逐步向娱人与审美的方向迈进。而这样的改进，就包括增加一些世俗性内容，以便从总体上减少仪式的宗教性内容比重。后来增加的《土地配三娘》和瑶王表演活动情节，直接采用毛南山乡的自然生态元素，数量更多，地域属性更强。肥套的传统表演场地至今仍然局限于民居大堂，其舞蹈动作以舒缓、轻柔、小跨度为主的特点，也间接地体现出这一综合仪式所具备的毛南山乡自然生态特征：传统的毛南族民居为了便于通风透气以适应岭南潮湿、炎热的气候，同时为了防止毒蛇、猛兽的侵扰，基本上采取干栏式建构体制。传统的干栏式建筑多为土、木结构：墙体为泥土夯筑，屋架为木料穿接，屋架底层高约 2 米，作圈养畜禽及堆放杂物之用，楼上住人。楼面以条木为框架，铺以木版、竹片为地板。这样的干栏式建筑抗振性极差，一般只能承受舒缓、轻柔、小跨度的舞蹈动作。这实际上是间接地采用毛南山区自然生态元素来结构肥套中的舞蹈艺术形式。

　　独特的自然环境强化了受众的艺术需求意识。肥套不是商业性演出，也难以发展成商业性演出，因为肥套表演班子——师公演出队伍——秉持的是"做善事"理念，虽然在表演中收取极少的酬劳——这酬劳往往是由主家自己斟酌自愿付给，演出班子不作特别规定，这就排除了肥套商业化的可能。作为民间性的宗教表演，受众——主办演出仪式的主家及观看演出的村民——之需求意识强烈与否，决定了肥套的存在价值及其发展方向。在漫长的封建半封建社会里，生活在毛南山乡的人们，随着自然环境的恶化速度加快，各种自然环境灾害以及伴随着自然环境灾害而出现的人为磨难增多，肥套产生和发展的重要背景——子孙繁衍和家运平顺等宗教期盼——日趋复杂，人们需要通过包括肥套在内的宗教活动来消弭内心的恐惧，确立生活的希望。在中华人民共和国成立前的毛南山乡，表演肥套的师公班子林立，影响比较大的班子有七八个，每个班子有十几名成员；其他小班子人数也有七八人。据广西省民族事务委员会 1953 年 12 月编印的《环江毛难人情况调查》，截至 1953 年 10 月 23 日，居住于环江县的毛南人为 3649 户，16753 人，而居住于下南、中南、上南等毛南山乡的毛南人肯定不及此数。以此推算，表演肥套的戏班及其师公人数占当时毛南山乡毛南人总数的比例是非常高的，显示出毛南人对肥套仪式的需求较为旺盛（当时毛南山乡周边的壮、瑶等民族农户也偶有请毛南族师公戏班表演肥套的，但毛南山乡的蒙姓毛南人一般不行肥套风俗，两者略可抵消）。这样的旺盛需求，自然环境因素在其中发挥了巨大的作用——在毛南山乡相对封闭的自然环境里，群体娱乐的方式和接触交往的方式往往极为单调，肥套在践行宗教期盼的同时，还为人们创造了难得的公共娱乐和接触交往的机会。

从现今的师公班子分布情况以及民众对肥套的希求情况来看，自然环境因素在其中发挥了极为重要的作用：交通相对闭塞、自然环境较为恶劣的玉环、下塘、古周等村的老百姓，至今仍然强烈地认为肥套之于生活的重要性跟以前没有什么差别；而自然条件改善较大的上南、仪凤等地的人家，许多已经不做肥套了。

【田野笔记】

时间：2012 年 10 月 25 日下午 4 时许

地点：环江毛南族自治县洛阳镇团结村团社屯谭亚洲门前场院

被采访人覃万畅（前文已作简介）。

采访者：现在做三元公的人，主要分布在哪些地方？

覃万畅：据我所知，下南乡的下塘、玉环、塘八这些村比较多，其他地方比较少。

采访者：毛南山乡各地区做还愿仪式的情况有什么差别？

覃万畅：现在玉环、下南、中南、堂八、下塘、古周、景阳、希远、才门、波川等村的各屯，以及川山镇的毛南族村寨做还愿仪式的人家比较多。原来居住在毛南山乡、后来移民到县里其他地方的毛南族人家，有的回到原地方做，有的在新居住地做。上南做还愿仪式的人家很少了，个别家庭才做，这种变化特别在解放后更加大。仪凤村各屯做还愿仪式的人家也比较少，许多人家都不兴这个了，但谭姓人家还是很兴做这个。

上述情况说明，自然生态因素在肥套的流行方面起着相当重要的作用。

三　多族艺术的融会

传统的毛南族文化主要是由岭南古百越民族文化基因的传承，通过独特的自然环境与多民族的文化浸染，综合孕育而成的。毛南族敢于也善于吸收其他民族文化营养，这应该是毛南族文化水平高于周边其他少数民族文化水平的重要原因。传统上毛南族生活的地区狭小而且自然条件恶劣，但他们仍然能够基本保全其独特的文化样式，这主要得益于毛南族宽广的文化胸襟。

考察毛南族的神灵谱系我们会发现，除了从岭南古百越民族文化基因中传承而成的神灵之外，许多由"人"神化而成的重要神灵，常常具有外族"血统"。而且这些具有外族血统的神灵大多居于毛南族神灵谱系的尊位。另外，毛南族的许多神灵在成长过程中，吸收过其他民族文化的乳汁。例如肥套仪式中对社王故事的叙述：

> 社的父亲在社出生很早前就去世了，一次社的母亲走夜路回来就带孕了，还以为别人撒谎不可信。（社）刚生下来（被）丢在路边，一只母羊见了便给他喂奶；第二次（母亲）又把婴儿丢在山林里，家神见了又把他抱回来；（母亲）第三次想出了巧计，把孩子丢进水塘里。七天后再去看，只见一只凤凰打开翅膀给社垫睡。

这种育婴方式揭示出古代人类只知其母不知其父的情形，以及某些地方的人们通过原始的自然淘汰法则判断婴儿生命力强弱并决定是否继续抚养婴孩的重要措施。这种自然淘汰方式并非毛南族所独有，汉族先民也有此俗：

> 厥初生民，时维姜嫄。生民如何，克禋克祀，以弗无子。履帝武敏歆，攸介攸止。载震载夙，载生载育，时维后稷。
>
> 诞弥厥月，先生如达。不坼不副，无菑无害。以赫厥灵，上帝不宁。不康禋祀，居然生子。
>
> 诞寘之隘巷，牛羊腓字之。诞寘之平林，会伐平林。诞寘之寒冰，鸟覆翼之。鸟乃去矣，后稷呱矣。实覃实訏，厥声载路。
>
> （《诗经·生民》）

社的遭遇跟后稷的遭遇几乎一模一样。到底是毛南族的社还是汉族的后稷属于人类采取自然淘汰法则的先成模式，在此我们不作考究。但两个民族有如此高雷同度的传说与记载，自然不能不令人惊讶。这说明汉民族与毛南族之间文化的相互影响，已经达到很深的程度。

毛南族以其宏大的文化胸襟容纳着其他民族文化，然后经过融会，使之成为本民族文化的有机组成部分。这实际上是神人和融期盼的升华——在毛南族先民的观念里，人格和神格本来是可以互换的，和于神与和于人，其旨归在很大程度上是相通的。毛南族先民以肥套为熔炉，将不同民族的文化元素倾入其中加以熔炼，最后浇铸成具有毛南族标记的文化样式。即如毛南族重要的神话人物三界公，邻近地区的岭南古百越系族裔的其他少数民族诸如壮、仫佬等族的神话谱系里也有这一重要人物，[①] 广西壮族自治区的忻城县至今仍保留一座规模宏大、建筑华丽的三界庙，竖立有三界公神像。但毛南族神灵谱系里的三界公经过肥套熔炼以后，仿佛成了毛南族独有的"土特产品"——构成三界公神话的重要元素如"菜牛"、"饲养菜牛"、"毛南族的神医"等神迹，再加上详细的出生及成长实录，三界公这一神灵就被打上鲜明的毛南族印记了。

即便如肥套本身的形式，也都是杂糅了毛南族原始宗教以及道教、佛教等外形元素；毛南族师公将其他民族的宗教文化元素熔炼之后，造就了肥套的许多外部形态。肥套仪式展开之后，各路神灵次第登场，而许多神灵之间无论是从职分还是从其在肥套中的结构作用，往往无必然联系。但就是凭借肥套这一平台，毛南族师公将众多的文化元素融为一体，并且铸就了肥套这一综合宗教仪式。另外，整个肥套中所使用的语言，包括朗诵用语、吟唱用语和一些叙述用语，已经成为多民族文化融合的典型表征：虔诚、庄重、典雅的朗诵用语一般采用汉语；吟唱尤其诙谐浪漫的情歌对唱一般采用壮语；口语特性详明的叙述语言一般用毛南语，因而肥套仪式成为多族语言竞相展示的大舞台。毛南人以其语言天赋（一般都会说多种语言）自傲且傲人，也博得了周边民族，尤其汉、壮等文化强势民族的尊敬，这或许与独特的语言训练有关：肥套仪式早就成了毛南人代复一代、年复一年的语言大学堂。从文化传播和文化升华功能而言，我们甚至可以说，肥套仪式的熔铸功能实际要远远大于它明确标示的宗教功能。

毛南族与广西百越系其他民族的传统仪式傩愿虽然有着天然的血缘关系，其仪式观念、仪式形态、仪式呈现方式等，有许多相似之处，但由于民族不同，生活的自然环境不同，承袭文化基因的理念与方式不同，等等，各民族之间的文化事象仍然有许多差异，因而各民族之间在艺术方面的借鉴、融合是必然的，也是必需的。毛南族周边除了生活着壮、侗、水、仫佬、布依等百越系民族外，还生活着汉、瑶、苗等非百越系民族。而非百越系民族的文化事象与毛南族的文化事象差别更为明显，他们之间在艺术方面的相互影响更大。尤其生活在当地的汉族，人口数量虽然少于毛南族，但多居住在城镇和自然条件较为优越的地区，因而整体文化水平较毛南族为高。与此同

---

① 广西壮族自治区编辑组：《广西仫佬族毛难族社会历史调查》，广西民族出版社 1987 年版，第 214 页。

时，广西其他相对发达地区较为先进的汉文化往往通过当地的汉族或者外地汉族客商辗转传播到包括毛南族在内的少数民族地区。所以，毛南族肥套在发展的过程中，在受其他少数民族艺术影响的同时，受汉族艺术的影响较为明显一些。毛南族肥套及其元素与其他民族的艺术元素相互融合并互相促进，这主要体现在下述方面。

肥套所塑造的神灵有许多来自其他民族。肥套塑造了三十多个重要神灵形象，其中约超过三分之一具有其他民族背景，比如上元、中元、下元、太师六官、三界公爷、鲁仙、瑶王、土地（肥套中的后生哥土地与毛南族土地神不是一回事，尽管在外部造型方面杂糅了土地神元素）等。这些人物在肥套仪式构建的神灵谱系中居于重要位置，在整个仪式中发挥重要作用。

肥套仪式大量采用道教、佛教元素。尽管肥套具有传承毛南族文化，教育、娱乐民众的客观作用，但仪式的宗教特征明显。在整个肥套仪式中，虽然毛南族本土宗教成分占有较大比例，然而在其中起主要结构作用、主要祈神仪规、用以通神的法器、师公所用的咒语等，基本上来源于道、佛二教。尤其仪式中的三元神（道教中的上元、中元、下元）被毛南族师公尊为自己的祖师：毛南族师公自称以及人称"公三元"。"公三元"用汉语来表达就是"三元公"。

肥套大量使用汉语和壮语。肥套仪式文本中有师公朗诵的典雅、庄重的颂语，人们称为"巫语"，数量极多。这些巫语属于散文体颂词，词句凝练，指事绘形，铺排烘托，富有华丽和夸张的修辞色彩，颇具文采，在仪式中担当承接、导引、烘托、激发等职能。例如：

　　日出东方，花朵初开……花影重叠，春旺花明，夏旺花荫，秋旺花丽，冬旺花开，阴师入坛，烧香一炷……　　（肥套《红筵开坛》巫语）
　　日架西边，牛羊归栏，州县封城，鱼龙分别，明月东升，乾坤黑暗，坛前封廊文书，令时应领……　　（肥套《发关》巫语）
　·酉戌二时，日转临西，金鸡未叫，百鸟投林，星辰欲出，江鱼散罢，牛马归栏，坛前光亮，欲迎三界，保卫红筵。

　　　　　　　　　　　　　　　　　　　（肥套《花杯》巫语）

这些巫语皆用汉语方言（汉语西南官话）朗诵。肥套中有许多演唱场面（叙事和抒情歌曲），师公们演唱时大多数使用壮语，因为歌唱中韵律及词汇的原因，毛南语往往难以胜任其职。从语言的角度审视，肥套仪式就是一个多族语言的大熔炉，既铸造了毛南族典型的宗教仪式，又体现出毛南族博大的文化胸怀。

肥套的服饰及木面造型多来源于中原地区。肥套中文神、善神（毛南族将神灵划分为文神、善神和凶神三类）正式登场演出服饰基本为汉式，绣以龙凤图纹，多具宋、明官式服装风格，甚至还能够从中窥探出汉、唐遗韵，雍容典雅，庄重富丽。肥套中的木面造型秉持中国传统审美理念：女性文神、善神的造型多采取中国传统美女模式：鹅蛋脸，丹凤眼，樱桃口，柳叶眉；鼻直而柔，气润而慈；面容丰满，色调素净；妩媚中不失庄重，明快中富含沉稳。男性文神、善神面庞周正丰润，神态沉稳厚道，富有长者温柔敦厚之风；鼻高梁直，口方唇薄，眉清目秀之中焕发出睿智，往往是智者与善者的融合体。男女傩面整体造型上极少当地人面部特征。这些服饰和人物造型往往是中原汉族舞台艺术元素的典型移植。肥套大量借用，体现出毛南山乡受汉文化濡染的深刻与普遍，其传统舞台艺术已经融合了中原地区汉族舞台艺术的许多成分。

肥套的舞蹈动作吸收了汉族交往中的某些礼仪形态。肥套中舞蹈场面较多，许多舞蹈动作表现出明显的山区生活特征。但其中有些动作，比如诸位神灵所跳"穿针舞"中的垫步、碎步、行礼等动作，舒缓、轻柔、文雅，仿佛汉族舞台艺术中的官场交往，又如文人墨客间的礼让蕴藉。整个仪式中很少出现少数民族祭祀场面中常见的自由、粗犷、热烈、奔放等舞蹈动作。这可能与毛南族民间艺人们所想象的神灵生活场景有关：或许他们认为，神灵们的生活应该是谦恭礼让且文质彬彬的。

毛南族系岭南古百越民族后裔，其周边居住的壮、侗、水、仫佬等百越系少数民族与毛南族有非常接近的同源关系。壮、侗、水、仫佬等百越系少数民族所表现出来的文化事象跟毛南族的文化事象有许多极为近似。在宗教信仰方面，壮、侗、水、仫佬等百越系少数民族也基本上奉行自然崇拜和多神崇拜，而且具有以祈求子孙繁衍、家庭平安（有的地方以祈求家族、村寨平安）为主要诉求的还愿习俗，习俗的主要环节和主旨方面保持较多的一致性："在古越族后裔各族的还愿过程中，都有以求子为中心内容的安桥、送花等仪式，而且整个傩祭过程是以安桥送花为中心情节的。"① 同属求子驱邪的还愿傩仪，毛南语称为肥套，壮语称为"跳南堂"，布依语称为"挑"，仫佬语称为"做依饭"，侗语称为"月软"。毛南族和布依族还愿仪

---

① 李路阳、吴浩：《广西傩文化探幽》，广西人民出版社 1993 年版，第 69 页。

式有一个完全相同的情节"背鸡"，而且这一情节都是整个仪式中的高潮，集中体现了岭南古百越民族巫鬼观念：还愿人家的男主人（才郎）弯腰俯身，师公一边口念魔咒，一边将一只公鸡（毛南族谓之"长命鸡"）安放于主人背上，并在主人背上置一装米的食器。其时鞭炮震响，器乐齐奏，观众欢呼，但雄鸡泰然自若，安详地一边啄米，一边不时抬头察看好奇的观众。主人俯身背鸡，缓缓而行至于房间内。毛南族和侗族的还愿仪式中有一个情节则非常直白、形象地表现了岭南古百越民族曾经普遍存在的生殖崇拜观念：毛南族通过瑶王夸张、形象的交媾舞蹈动作传达性崇拜，亦即生殖崇拜观念：在器乐伴奏中，瑶王双手持一个用稻草扎制、象征男性生殖器的条状物于两股根之间，在一番营造气氛的舞蹈之后，紧接着做大幅度的扭胯、摆胯和顶胯动作；而侗族法师在进入侗寨举行还愿傩仪时，先在侗寨重要的群众集会场所鼓楼前平地放下担子，全村男女老少将法师团团围住。法师对着众人大声说："你们这里，××（男性生殖器）紫一片，××（女性生殖器）红一片。人丁兴旺呀！"众人大笑之后，村中一德高望重老者出面答道："法师说得好！接他进村吧！"[①]尽管都是赤裸裸的性表述，但人们并不以为猥亵。两个民族表达的主旨完全一样，只是形式略有差异而已。

根据毛南族谭姓、覃姓、卢姓等几个大姓的族谱记载和口头传说，其父系始祖均是由外地迁徙至毛南山区的汉族人，与世居于当地的母系始祖联姻而繁衍起来；蒙、韦等姓原是由外地迁居毛南山乡的壮族，年长日久后一同发展为毛南族。这些未必完全可信，但现今的毛南山区曾经居住着壮、侗、水、瑶等民族却是不争的事实。所以说，毛南族本身就是民族分化与融合的产物。毛南族虽然长时期偏居山区一隅，处于相对封闭的状态，但其周边生活着其他民族，"经常与周围的壮、汉、侗、仫佬、苗、瑶等民族发生着频繁的交往"[②]，尤其至清朝中叶以后，随着毛南山区汉文化教育的兴起，毛南族文化与汉、壮等民族文化的融合速度加快。在与其他民族艺术交流、借鉴和融合的过程中，毛南族肥套在多民族文化融合方面表现出四个特性。

一是在体现文化基因遗传痕迹方面，毛南族肥套仪式在源头和原始要素等构成上，与广西壮、侗、水、布依、仫佬等百越系民族相关的仪式表现出更多的相似性或一致性。由于族源的关联性比较强，毛南族文化中的许多元

---

① 李路阳、吴浩：《广西傩文化探幽》，广西人民出版社1993年版，第231页。
② 广西壮族自治区编辑组：《广西仫佬族毛难族社会历史调查》，广西民族出版社1987年版，第1页。

素与壮、侗、水、仫佬等广西百越系民族的某些文化元素形异而质同，甚至在许多方面形质皆同。除了前文所述，另有花婆、三界公爷、雷王等重要神祇，以及与原始宗教相关的艺术元素，毛南族与广西其他百越系民族表现出高度的相似性；与群体型艺术相关的艺术形态如歌圩、婚礼歌等，形式上无多大差异而仅在内容以及所涉及的物象上有所不同而已。以求子、禳灾、保平安为主旨的"傩愿"或其演变形式在广西百越系民族中仍偶有存在，而且其主干部分无大的差别。壮族的仪式依次为：请圣、发功曹、合村（合神）、求花（求子）、扫坛；布依族的仪式依次为：请圣、架桥、背鸡、送花、结愿；毛南族的主要仪式依次为：请圣、架桥、送花、扫坛；侗族的仪式依次为：请圣、发功曹、合神、安桥、送花、扫坛；水族的仪式依次为：开坛、安桥、拉线、求花、结愿（上述各环节在不同民族中称谓略有不同，但实质相类，故有的就暂用统一名称）。[①] 当然，各民族在结构仪式、充实仪式的内容以及仪式和内容所体现的艺术价值等方面有很大差别。尤其是发展到借鉴汉民族艺术方面，毛南族与其他百越系民族的仪式不同之处就更多了。

二是涉及语言表达方面，毛南族肥套向汉、壮等民族的艺术形态借鉴得要广泛一些。1942 年思恩县政府编制的《思恩年鉴》云："冒南（'冒南'即今之毛南族——笔者注）话之音，有十分之四似母老（'母老'即今之仫佬族——笔者注）话，十分之二似壮话，十分之三似官话（'官话'即汉语方言之西南官话——笔者注），十分之一另一种土音，为本县特别语言。"毋庸讳言，由于多种原因，在桂西北少数民族地区，壮、汉两个民族相对于其他少数民族，文化方面表现得相对强势一些，很长时期其他少数民族在文化发展方面多向这两个民族尤其向汉民族看齐。毛南族传统的民间歌谣和肥套仪式中的说唱蓝本基本上是以壮语和汉语为载体；毛南族肥套仪式经文所使用的土俗字，如同壮族所使用的土俗字一样，基本上是借用汉字或其部件构成的。这体现出毛南族肥套仪式融合了多种民族艺术元素的情形。

三是以汉文化特征为主的道教元素在形式上取得了毛南族肥套仪式法事的主导地位。毛南族与周边的许多其他少数民族一样，表演宗教仪式的师公多认为自己所行宗教属于道教中的梅山教派。其实这只是就其表面形式而言。实际情况是，某些宗教仪式，尤其肥套仪式中所展现的一些结构元素为道教中的梅山教派所有，而核心元素多为毛南族原始宗教要素的孑遗或变

---

① 李路阳、吴浩：《广西傩文化探幽》，广西人民出版社 1993 年版，第 69 页。

异，因而所行宗教整体上融合了包括岭南古百越民族的自然崇拜、祖先崇拜、巫鬼崇拜等观念，以及道教、佛教的某些成分；但从肥套的外形看，道教梅山派的某些教义及其人物造型、应用法器、通神方式等占据了主导地位。由此形成了毛南族独特的宗教现状：人们在日常生活中所供奉、祈祷的宗教偶像主要来源于原始宗教形态的承传以及依照原始宗教观念所创造的神灵；重大宗教活动则借助三元祖师，承担宗教仪式的结构性任务；仪式的核心职能诸如送花、镇邪、驱灾等则由毛南族传统宗教中的婆王、雷神、三界神等重要神祇来履行。从毛南族肥套的法事结构形式来看，整个仪式主要依赖道教搭建舞台，依赖原始宗教范畴内的神灵来完成核心使命。但毫无疑问，倘无道教的这层外衣，毛南族的肥套以及周边其他少数民族的宗教活动，或许得从其他地方借助一具外壳，并将各位神灵的职分重新做一番调整。

四是汉族舞台艺术造型增强了毛南族肥套的审美功能。广西许多少数民族的傩戏，尤其百越系其他民族的"傩愿"基本上仍然处于仅仅表达原始的敬神、娱神、祈神和酬神等宗教愿望阶段，其歌舞往往还是以"跳神"为主，傩面造型较为可怖，巫鬼色彩极为浓厚。毛南族的肥套仪式虽然也带有较为浓厚的巫鬼文化色彩，尚未彻底从上述概念和氛围中脱离出来，但其傩面造型已经完全具备舞台脸谱艺术的重要特征，能够与人物的舞蹈动作、相关说唱一起塑造神灵个性。傩面与舞蹈的造型观念和技巧已经基本上完成了由鬼到神再到人的根本性转换，亦即实现了由原始宗教造型向审美艺术造型的蜕变。这应该是毛南族肥套仪式最为重要的变革——在敬神、娱神、祈神和酬神的巫傩表演中，大量注入审美艺术成分——也许那些演出的师公并没有完全意识到这一点，但毛南族肥套的客观效果已经具备了这些因素。我们从毛南族肥套仪式中傩面造型特征、服饰设计风格、舞蹈语汇呈现等方面，能够体悟到汉族舞台艺术对其影响之深刻与广泛。可以毫不夸张地说，进入毛南山乡的道教元素和汉族的舞台艺术元素，以及这些元素与毛南族原有的文化元素结合在一起，是促使毛南族肥套仪式由原始的跳神活动向戏剧雏形过渡的重要推力，也是毛南族肥套仪式与周边百越系其他民族傩愿在形式和内容上形成重大区别的要素之一。

四 民族特色的凝聚

毛南族肥套仪式伴随着毛南族形成和发展的历程，就应该经历着凝聚民族特色的过程，因为艺术或艺术元素总是伴随着人类活动而孕育、成长的。

其中，肥套仪式对于岭南古百越民族文化元素的传承与发展、自然生态元素的聚积、民族符号性元素的打造和凸显等，是凝聚肥套民族特色的主要方式和着力点。表现于肥套中的毛南族传统的雕塑、说唱、手工织造及音乐舞蹈等，就是这样凸显出毛南族特色的，而这些艺术形态成为毛南族肥套成长的重要氛围和基础。毛南族肥套作为毛南族的百科全书，"像一条金丝彩带把毛南山乡遍地皆是犹如珍珠般的神话、传说、故事、歌谣乃至音乐舞蹈连缀起来"[1]。毛南族肥套之所以能够成为毛南族符号性形态，应该与毛南族民间艺人借助宗教舞台，着力凝聚其民族特色有很大的关系。肥套仪式的民族特色及其凝聚方式，主要体现在下述方面。

原生性与发展性融为一体。毛南族肥套仪式产生于民间，传承于民间，优化于民间，其表演队伍、构成材料、结构规则、语言特点、展现方式等均与社会基层民众生活有着紧密的联系，甚至绝大多数材料就直接来自民间；其中的许多元素能够从人类或者岭南古百越民族历史文化中找到影子，人们能够从肥套仪式中探究到岭南古百越民族生活和情感的某些方面，能够领略到毛南族传统的宗教理念、处世态度以及生活情景中的许多成分。可以毫不夸张地说，肥套是真正进入毛南山乡的门票和桥梁，是人们认识毛南族历史和文化的重要材料。当然，与毛南族其他传统艺术形式一样，毛南族肥套也处于缓慢的发展进程中。从肥套的服饰制作特征、傩面造型观念、展现的某些生活情境等要素，我们能够感受到肥套这一文化"化石"型的仪式一直在努力追赶社会发展的脚步，例如为了适应受众（主要是聚集到表演场地观看的村民）的需求增加了《土地配三娘》及《瑶王拾花踏桥》等场次和人物，表演的师公在与观众互动过程中不回避时代话题等。毛南族肥套仪式作为毛南族人们传统宗教意识诉求的主要呈现方式，难以远离其民间情感而朝纯粹的审美艺术方向发展，否则就会失去生存的土壤；但肥套仪式作为一种艺术性极强的形态也不可能长期局限于敬神、娱神、祈神和酬神等单一功能中，否则就会逐渐失去受众，因为随着社会的发展，受众的精神需求日益多元化，以前如此，今后更会如此。包括表演肥套的师公在内的毛南族民间艺人们在长期的艺术实践中已经不断做出抉择。

宗教性与世俗性犹如比翼。毛南族的宗教观念直接或间接地作用于艺术创造观念和创造方式，因而其艺术形态所蕴含的宗教元素甚为丰富；与此同时，毛南族人民的世俗情感也必须有艺术化的表达方式。所以，宗教性与世

---

① 韦秋桐、谭亚洲：《毛南族神话研究》，广西人民出版社1994年版，第92页。

俗性相辅相成就成为毛南族传统艺术形态的鲜明特点。在这方面的特点，毛南族的民歌、传说、故事等均有体现，但表现得最为典型的仍然数毛南族肥套。肥套的宗教属性是不言而喻的，尤其在呈现的形式及表达的期盼方面。假设某一天肥套的宗教特征完全消除、人们的宗教情结完全淡化、宗教期盼不复存在，那么宗教范畴内的肥套也就可能消亡了。但肥套作为毛南族典型的综合仪式，其承载和传承毛南族神话、传说、故事、歌谣乃至音乐、舞蹈等文化艺术成果的功能，娱乐民众、满足人们艺术审美需求等方面的功能，长期无可取代者。此种情形一直持续到中华人民共和国成立，甚至其后的一段短暂时期该情形仍然存在。所以，宗教仪式、宗教诉求是毛南族肥套的骨架、肤色，而毛南族肥套所承载的毛南族神话、传说、故事、歌谣乃至音乐、舞蹈，所展现的雕塑、绘画、服饰、剪纸等艺术成果，以及娱乐毛南族人民的情感，提高毛南族人民的艺术审美素养，规范公序良俗，教化一般百姓等职能，则为肥套的肌肉、五脏、血液与精神。毛南族师公们在表演、运用这一艺术性仪式时，也许意识到了这种表里之间的有机联系，但他们尚无力处理好二者之间的辩证关系，因为从现存的肥套唱本及表演情形看，艺术主线不明、结构松散、缺乏情节、形象单调、材料堆砌等缺陷比比皆是。这体现出毛南族民间艺人们在肥套仪式向综合型舞台艺术的过渡、完善和优化方面尚缺乏宏观规划能力、中观整合能力和微观雕琢能力。毛南族民间艺人有限的文化素养、过分拘泥于仪式的宗教性以及缺乏对肥套整体构架及细部衔接的艺术追求，导致了肥套整体艺术性不足。笔者曾经设想，倘若有文人，特别是有相应舞台艺术修养的文人的深度与广度的参与，以韩仲定夫妇及黄莲性格与命运发展为主线，重新设计肥套的结构，辅之以毛南族传统宗教活动元素，对肥套仪式进行环节浓缩和品质提升，肥套或许就不仅仅是戏剧雏形而会具备更为浓厚的戏剧效果。

第三节　肥套的发展

一　发展观念灵活开放

毛南族文化——包括其艺术——的开放观念与开放程度，与该区域内其他各民族比较而言，应该是很值得赞许的。前文已有论述：毛南族的文化胸怀既敞开又宏阔，其整体文化的现状与发展趋势均呈现开放格局。以中华人民共和国成立初期的人口总数与该民族传统艺术成果总数、传统艺术成果的特色以及在该地区的影响等论，毛南族位居该地区各民族前列应属当之无愧。不开放，难以产生如此结果。因此，在发展过程中体现出足够的开放格局，是毛南族肥套仪式具有的本质属性之一。这里所说的开放格局，可以从下述四方面窥探出来。

一是宗教观念开放。毛南族的传统艺术形态大多为宗教观念的演绎，或者以宗教观念作为结构主线，附会相应内容；或者以表达宗教诉求为主旨，结构相关形式与内容。毛南族肥套中的构件和墓葬石雕基本上可以归为此列。而毛南族的宗教观念是至为开放的：他们基本上坚持自己的传统宗教观念，亦即将万物有灵和祖先崇拜作为其宗教意识的核心，但并不顽固坚持此意识核心是不可变更的。他们欣然接受外来宗教，比如道教、佛教之类，其中很多人在形式上甚至认为外来宗教——比如道教的梅山派系——对他们的日常生活影响更为深刻和普遍。他们在日常习俗中虔诚地尊崇每一位神灵，并寄予众多神灵以殷切的期盼，但在肥套里，他们敢于嘲弄或者以俗世的眼光看待除婆王及自己的祖先神灵（家仙）以外的任何神灵；他们用虔诚的宗教情感和灵巧的双手刻绘每一副神灵面具，而且在举行隆重的"开光"仪式以后才正式使用，但他们在肥套仪式表演前、表演中及表演后的间隙，将神灵面具随地弃置且不以为亵渎。所以说，毛南族的宗教观念往往是固执、虔诚与灵活、随意等多种因素的集合体，一些相对、相反的要素可以和谐地共处一室。具有如此开放而平常的宗教观念，毛南族在吸收其他民族宗教的形式及内容时，就更容易形成海纳百川的态势，精取其他宗教可用之处而为自己所用。随着宗教观念的开放，毛南族肥套仪式的表演者们在构思和体现的时候，就有更多的自由来构建神灵生活的图景，有更多的可能将俗世生活元素糅入神灵的生活，也更容易处理好宗教观念与艺术追求之间的关系。

二是内涵构建开放。内涵构建的变化是艺术形态发展的重要象征，是艺术形态实质性演变的主要步骤以及必须经历的阶段。毛南族肥套作为民间宗教与艺术活动集成的产物，其发展步伐虽然极为缓慢，演变所经历的过程极为漫长，但其内涵构建方面的开放格局却较为引人注目。毛南族肥套的内涵构建主要应该包含两个方面：一是宗教主旨，二是艺术形象——包括神灵外部造型、相关故事、仪式中的情节等。毛南族肥套宗教主旨中的一项——而且是至关重要的一项——为娱神、祈神与求福保平安，亦即追求神人和融，但客观效果所显示的另一项主旨（潜在目的）更为突出：传播毛南族文化，在特殊的历史条件下采取人们喜闻乐见的方式提高毛南族民众的文化素养。

与此客观效果相适应，毛南族师公们对肥套仪式的内容作了大幅度修改：减少原始的跳神情节，增添俗世常见的歌舞成分；淡化神秘气氛，赋予神灵以更为普遍、更受人欢迎的世俗经历与情感；在保持巫语庄严、典雅、富丽的同时，将大量的世俗生产与生活场景及日常口语糅入，使之成为表演的重要内容。此种内涵构建方面的开放格局，成为毛南族肥套发展过程中较为显眼的特征之一，直到今天仍然在发挥作用。

三是表演形式开放。"傩"的早期主旨为人们通过构拟神灵的动作及交通神灵的语言来使神灵愉悦，从而拉近人与神灵的关系，借助于神灵的力量获得福佑，驱除邪秽。构拟的基础当然是模仿和想象，即模仿自然界的某些物象，再通过想象神灵的言行丰富之，主要形式为戴着面具"跳神"。毛南族肥套毫无疑问也经历过这样的初级阶段。在经过漫长的发展阶段以后，毛南族肥套逐渐向戏剧艺术靠近，舍弃了单一的跳神模式，演变成具备唱、念、做、打等戏剧常见艺术形式的综合表演仪式，主旨也由单一的娱神向娱神与娱人兼具，进而建构神人和融审美范式的方向转变；故事情节虽然散漫、零碎，但毕竟有众多的神灵形象与事件，整个仪式已经具备戏剧雏形。表演形式虽然仍以师公的唱、念、做、舞为主，但表演队伍以外的人员可以登场以表演角色的身份参与交流。开放的表演形式不仅为肥套的演变积累经验，同时更为神化艺术向人化艺术转变提供了观念与内涵上的支持。毛南族肥套中有大量的故事叙说和巫语朗诵，应该是表演形式的开放格局所导致的早期"傩愿"向综合表演艺术演变的成功范例。

四是传承与欣赏形式开放。毛南族肥套较为完整地保持了它们的俗文化属性，即毛南族普通民众的广泛参与性。毛南族师公虽然属于一个特殊的群体，但他们具备民间艺人的全部属性：来自民间，从事业余神职后仍然一直生活在民间，生活来源几乎全部依赖在俗世间的劳作，其观念及其所表达的祈求与普通百姓并无二致，其传承过程虽然存在一定的神秘成分，但在跟班学徒、组班表演以及是否参与演出班子或者以何种方式参与演出班子等方面基本上没有硬性规定，全凭个人兴趣；班子之间门户观念相对淡薄，不同的师承背景绝不影响同台演出。在欣赏形式方面，毛南族肥套所体现出来的俗文化属性就更为鲜明：欣赏主体具有局部地区的全民性，即仪式表演地的所有村民均可自由入场欣赏，欣赏者的地位大致平等，基本上没有身份的差异；欣赏者有权利自主表达自己的观感，其判断基本上不受他人约束。这种欣赏形式的开放格局，有助于肥套表演效果的及时反馈与评价，从而为肥套的发展提供可资参考的形象而直接的资讯。

二 相关文本渐趋稳定

按照我们通常的理解，文本是以文字或相关符号呈现的，具有相应内涵的本子。但以此标准去考察毛南族传统的艺术形态有诸多不便之处，因为毛南族基本没有本民族的文字，他们的一些艺术形态往往以口授心记、土俗字、仪式等方式记载和传承。所以，我们在这里谈到肥套仪式的文本时，不妨采用陈嘉映先生的说法："文本是包含各种不同解释的可能性的文著、文化资料。社会组织、仪式、历史遗迹等都可以成为文本，远古的艺术作品也可以是文本。"① 这样，在谈到文本的时候我们就可以将毛南族肥套许多要素囊括进来，从而给研究肥套的发展情况带来更多的方便。

毛南族肥套的文本包括"经文"（其中有文字唱本、舞蹈步伐要领、鼓点击法等）和表演过程中的相关要素（其中有师公即兴创作的情歌、"经文"中不载但在表演中必须呈现的舞蹈、法事、场景等）。毛南族肥套唱本由下列部分构成：请神引神用的《大供双集》、祭祀及献供品时用的《保筵·茶礼卷》，记载神话传说故事的《红筵过桌》，记载仪式中所唱歌谣的《求花二集》，解释肥套缘由的《大供坛开二中霄》，记录仪式中所用巫语的《三满供》，讲述毛南族历史、地理、民俗的《五湖解》，记录赞颂神灵用语的《红筵起欢》，规范舞蹈的相关程式（包括节奏、要领、步伐、舞姿诸项）文本，器乐演奏文本等。各师公戏班所用上述文本大同小异。但《土地配三娘》一场三娘与土地对唱的情歌大多由师公临场编唱，一般不录入文本《求花二集》中。因此可以看出，毛南族肥套已经基本具备较为成熟、稳定、规范及分类明晰并且大致可供各个师公戏班通用的文字抄本（毛南族师公谓之"经文"），与一般的神汉、巫婆在某些神巫活动中随意发挥、不受拘束已经有着本质不同。

从产生艺术形态或者展现艺术形态的社会仪式来说，毛南族肥套的文本逐渐走向规范，而且长时间地稳定持续。毛南族传统生活中，除一般的劳动场合歌语互答，无固定场合和仪式外，其他如婚仪、歌圩上的演唱，往往有相对固定的程式，题材虽然较为广泛但仍然有一定的框架。尤其是一些礼俗歌谣，演唱场所、演唱者、演唱内容、演唱形式等，都有严格规定，而且有的人还保留有文字记载的唱本，说明毛南族传统歌谣在经过长时期的发展以后，已经发育出规范、成熟的仪式与资料型文本和文字抄本。毛南族肥套仪

---

① 陈嘉映：《从作品到文本》，载《无法还原的象》，华夏出版社 2005 年版，第 58 页。

式的文本无疑受到这些情形的影响。尽管这些文本的文字记载部分都是以汉字或者土俗字记录，但从文本发达角度看，已经相对稳定和成熟，涵括较为全面，较为完整地呈现了道白、颂语、唱词、舞蹈、音乐等主要内容，有很强的综合性和程序性，已经具备民间剧本的雏形。一般来说，学徒拜师求艺以后，学习、背诵、演练程序等基本功夫，除了依据文字抄本外，还要靠师傅的言传身教，而这些言传身教的言语和动作，经过数百年的发展，已经极为规范。各个师公戏班内此类师徒传承的文本，内容改动的空间极为有限；加上毛南山区地域狭小，各个师公戏班所在村屯距离一般都不是太远，师公们在日常生产生活中交往密切，因而对各个戏班的演出情况较为了解，这也便于保持文本的稳定和相对一致性。这方面的明证之一，就是某一师公接收到表演邀请成为班首以后，如果经常同班表演的成员临时缺位，可以从其他班子邀请成员补充。而临时补充进来的成员均能顺利地担当相应角色。这说明肥套仪式的整个文本在毛南山乡的师公戏班基本上是可以通用的。

毛南族肥套这种稳定的文本形式至少体现出两个方面的意义：一是标志着该仪式已经发展得相对成熟，艺术含量大增；二是标志着肥套正在逐步揭开神秘的面纱，由宗教艺术属性鲜明的仪式向世俗艺术属性逐渐加强的戏剧形态靠近。毛南族肥套由单纯的跳神活动发展到跳神和世俗生活兼顾，而且其跳神活动从形式到内容已经逐渐褪去巫鬼色彩，改以世俗生活气息浓厚的神灵歌舞及叙事抒情类念诵，这应该被视为里程碑式的变革。而这一变革肇始于何时，完成于何时，就是年岁极长、20世纪80年代已经80多岁的师公们都说不清楚。这体现出肥套文本的相对稳定上百年时间，其成熟程度也就被间接证明了。当由巫鬼活动发展而来的一种艺术属性逐渐增强的形态从表演形式到说唱内容再到音乐伴奏都有相对稳定的文本记载，说明其与生俱来的巫鬼色彩已经在慢慢远遁，其审美艺术属性在慢慢滋长，因为稳定的文本意味着神秘氛围逐渐减少，而人类的神巫活动往往是在人为的浓厚的神秘氛围中展开的。

三　表现形式愈加规范

毛南族艺术在长期的发展过程中逐渐形成了自己的规则，不同的艺术形态形成并遵循着相应的规范，不同形式的艺术形态分别在不同的场合展现不同的生活内容，抒发不同的生活情感，达成不同的艺术宗旨，这在毛南族传统艺术活动中都有较为严格的规定。毛南族肥套在形式方面更为规范，其说唱、音乐、舞蹈等艺术构件虽然结构松散，但各有职分，各主要场次的先后顺序较为明确，时段扣得较为严密，这是一般宗教活动所难以具备的。这说明，毛南族肥套的表现形式已经发展到相当高度，体系已经较为完备。

毛南族肥套在发展过程中，其表现形式趋于规范，除了艺术发展的内在规律发挥作用以外，还与毛南山乡独特的地理条件及人文状况有很大关系。毛南山区狭小，长期处于封闭半封闭状态，生产生活环境自成系统。在传统的小农经济时代，生活在毛南山乡的一般村民，可以较长时间少跟或者不跟山外交往。毛南族公共活动场所（主要是商贸圩场和行歌的歌圩）较为集中，传统上人们的文娱活动范围极为有限，因而相关的活动地域性极强，一种艺术表现形式在形成和发展过程中，几乎无法在毛南山乡形成地域性差异。与此相联系的是，毛南族师公班子多集中于毛南山乡的中南地区，而且多为谭姓和卢姓。中南地区为谭姓毛南族发祥地，不同的村寨往往具有基本相同的文化氛围，村民的文化观念也极少差异。即便非谭姓毛南族人，也多集中于覃、蒙、卢几个大姓，其观念很容易相互影响而达至统一。这些都为毛南族肥套表现形式的规范创造了相应条件。

我们说肥套的表现形式大致规范，并不意味着所有的师公班子的表演都完全呈现出一个模式。事实上，不同的班子从唱本到仪式结构还是有些许差异的。因为他们各有师承，其唱本在传抄乃至于再创造过程中个别地方难免产生某些变异而导致不完全一致。比如有的戏班所用的唱本，已经叙说到清朝光绪年间（1875—1908 年）的人情世事。不同的内容当然会导致略有差异的表现形式。只是这样的差异一般不是太显眼罢了。但毫无疑问，起主导作用的关键的表现形式，各个师公班子还是保持基本一致的。

肥套在表现形式上体现出来的规范是相对而言的。毛南族师公说，早期的肥套主要是唱神和跳神，由于毛南族没有文字，其历史以及以语言为载体的艺术形态往往靠口耳授受实现其传承，故而这里的"早期"无法设定一个明确的时间范畴。一些关于毛南族历史和艺术的研究，比如《毛南族简史》、《毛南族文学史》，就是采用常用的中国正史及中国文化发展史记载的时间分段方式。这样照顾到国人一般的叙述与接受习惯，是有其科学道理的。但笔者认为，毛南族肥套形成的时间难以准确界定，如果偏重时间的维度对其特点进行阐述，难度相当大，而且未必能够切中肯綮。所以这里阐述的时候，对时间维度仅采取一个较为模糊的状态。这既是为了阐述的方便，也是为了更切合毛南族肥套产生时间不确定的实际情况，故而不仅仅是一个偷懒取巧的办法。

　　肥套作为毛南族一个艺术性比较强的综合仪式，其中有许多说唱成分。肥套的说唱成分包括文本说唱词语和临场编唱的歌词（例如《土地配三娘》一场伴随三娘、土地和小土地舞蹈演唱的歌谣，其中有许多需要临场的师公在现场表演中临时编拟，一般不在师公唱本中呈现）。文本中说唱词语包含巫语25000余字，叙事歌谣3000多行，30多个神话故事（有的用毛南语叙述，仅《三界公爷的故事》、《韩仲定的故事》就各有约500字），均载于相对稳定的师公唱本。① 师公唱本所载说唱语词占有肥套文本的绝大多数篇幅。其中的说唱歌谣跟许多毛南族民间歌谣一样，多有稳定的韵律和曲谱，② 有的场合还配以器乐伴奏，其综合表演可以被视为较为成熟的民间说唱艺术形态。

　　肥套早期的说唱艺术环节基本上依附于敬神、祈神和酬神活动，说唱词句大多未脱离宗教情结，许多说唱情节甚至有着鲜明的宗教主旨，大致处于原始宗教的"跳神"层次。对此我们可以从毛南族表演肥套的师公们的叙说和毛南山乡周边百越系民族现今的傩愿仪式进行推定。③ 这种状况与毛南族所继承的岭南古百越民族的文化基因、与毛南山乡独特而艰难的自然环境、与肥套的核心诉求等因素有极大的关系。但是，肥套中的说唱似乎正试图从宗教的氛围中走出来，向审美性表演艺术的方向发展。例如其中的巫语典雅华丽，师公朗诵巫语时庄严肃穆的神态，巫语在铺排渲染中所取得的艺术效果等，在颂神娱神、营造宗教气氛的同时，已经能够创造出相当优美的艺术境界；在《土地配三娘》一场中伴唱的情歌，则完全是毛南族青年男女情爱生活情景的再现或升华，与事神活动及仪式主旨基本上失去了联系，具备了戏剧艺术的某些属性。肥套中的说唱艺术形

---

　　① 韦秋桐、谭亚洲：《毛南族神话研究》，广西人民出版社1994年版，第92—174页。

　　② 蒙国荣、谭亚洲：《毛南族民歌》，广西民族出版社1999年版，第986页。

　　③ 《毛南族文学史》（蒙国荣、王弋丁、过伟著，广西人民出版社1992年版）第167页记载毛南族师公们的话说，毛南族古老的还愿仅仅是单纯的唱神和跳神。2011年7月14日，笔者与毛南族学者谭亚洲先生在环江毛南族自治县长城宾馆谈到肥套时，谭先生说，其父谭善明（毛南山乡著名师公，曾分别师从于毛南山乡旧时七大师公班子的松崖班和古豹班，为20世纪80年代末毛南山乡师公中最为年长者，1993年去世，享年94岁）告诉他，古老的肥套主要是跳神和唱神，后来才增加了三娘、土地和瑶王这些人物和情节。笔者在观摩肥套现场表演时也深切地感觉到，尽管肥套中的唱词、故事和舞蹈等元素有许多已经脱离了颂神和跳神的窠臼，但唱神和跳神的痕迹仍然较为繁多而明显。尤其在"请祖师"、"仙官过桌"、"铺桥"、"退光"等场次中，跳神的情形仍然繁多。另据李路阳、吴浩的《广西傩文化探幽》第258—271页记载，广西上林县壮族的傩祭仪式基本上处于请神、颂神和跳神层次。

态由单纯的颂神到体现世俗人生的情感生活，展示出毛南族语言艺术的嬗变路径：宗教情结逐渐淡化，审美诉求逐渐强烈，审美意象逐渐鲜明，审美效果逐渐突出。

毛南族肥套早期的表演主要是跳神，"古板的跳神"[①]，与周边其他民族的傩愿无太大差别，表达的是敬神、祈神，求子孙繁衍、人生平安的主题，审美内涵较为淡薄，应该是从家庭祭祀、集体祭祀及驱鬼等形式中简单独立出来。从形式和本质上而言，早期的肥套是在家庭供神焚香、请法师禳灾的基础上的拓展，因为直到今天，小规模的肥套整体仪式，以及大规模的肥套仪式中的某些情节大致相当于家庭祭祀活动和禳灾活动。所以，我们把小规模的肥套整体仪式及大规模的肥套仪式中的某些情节作为早期肥套仪式表演艺术的缩影或雏形，应该不会导致人们对早期肥套仪式产生太大的错觉。下引田野资料对此可做说明：

【田野笔记】

至今广西西南部、西部和西北部的许多农村，甚至在南宁市周边农村，包括南宁市的城中村，在夏历九月下旬以后（按照旧时农事安排，该时正是秋收完毕、农事闲淡季节）仍然举行全村性（自然村屯而非行政村）的祈福禳灾活动。笔者所住小区围墙外系南宁市兴宁区长岗官桥村三组。村民为壮族和汉族。汉族人自云先世随宋朝狄青征侬智高南来定居于此。年纪稍长村民之间平常交谈说平话，当可证其先祖宋时南来定居于此之说无大谬。村旁有一株古榕树，树下立一小庙，高六尺左右。每年夏历九十月间择日在小庙前搭一简易戏棚，邀请简易傩愿戏班举行傩愿仪式（祈福禳灾）。仪式持续一天一夜，基本上全是师公跳神，穿插说唱和做法事情节。做法事时，村中老者往往手持燃香参与其中。全村人聚集吃喝（但亲临现场观看者寥寥），费用以村里公费支出或者按人头分摊。师公表演请神、祈神、酬神，模拟神灵的言语和动作，服装、道具极为简陋，唱、做功夫更是无从谈起。整个仪式在表演方面与毛南族肥套中的某些情节极为相似。笔者曾于 2010 年 10 月 29 日至 30 日临场观看，并与师公及村民交谈。

---

① 吴兰：《毛南族传统宗教仪式"求花还愿"透视》，《广西民族大学学报》（哲学社会科学版）2006 年第 6 期。

　　肥套发展到清朝中后期，表演形式渐趋成熟，戏剧性元素逐渐增多。虽然肥套的某些舞蹈动作仍然具有浓厚的跳神色彩，但整体表现形式的构建及细部动作的总体倾向已经在往戏剧艺术的方向发展。绘于清朝乾隆四十五年（1780年）的一幅傩舞表演神像（1987年在环江毛南族自治县下南乡希远村发现的四幅傩舞像之一），整体造型具有极强的艺术表演韵味；镌刻于毛南族老人谭上达墓壁上的两幅画，对此亦可作充分的证明：师公戴着傩面跳肥套舞蹈，其身段之轻盈，动作之曼妙，极富广西汉族地区舞台戏剧表演的韵味。该墓修建于清咸丰八年（1858年），位于中南地区凤腾山毛南族谭姓墓地。这些图像资料说明，毛南族的肥套表现形式在经过一段时期的发展以后，逐渐吸收其他民族的戏剧表演元素，由单纯的跳神动作向戏剧表演靠近，其审美特性有所增强。该时期肥套仪式从师公着装到舞蹈动作均向舞台戏剧艺术发展，应该跟毛南族上层社会的重视与参与有很大的关系，因为这起码可以为肥套的戏剧化注入一定的经济活力，使肥套表演能够改善一些经济状况——谭上达就是属于当时毛南族上层社会的统治阶层。

　　至今存在于肥套中的许多表演动作内涵"文"、"野"分明，表征毛南族肥套中的表现形式在保留原汁原味的生产和生活情景的同时，已经试图脱离简单模仿劳动与生活情景的层次，缓慢进入凝练及升华生产生活情景、融情于境的艺术再创造阶段。肥套中请神、引神、敬神、颂神、祈神、酬神以及诸位神灵保筵（保筵即保护仪式不受邪秽干扰，从而使仪式进程顺利、完满）、施法等表演，或轻柔文雅，舞姿曼妙；或渲染烘托，语辞华丽；或排山倒海，气势逼人。这些表演简单模仿毛南族生产生活原型的成分较少，有许多情景在毛南族现实生产生活中根本就是不存在的，只能在毛南族的原始宗教形态及他们通过联想和想象构拟的神灵世界里才能寻找到迹象。毛南族民间艺人赋予舞台艺术表演以更多的联想和想象，因而艺术审美的色彩较为浓重。而肥套中的《鲁仙》、《土地配三娘》、《瑶王拾花踏桥》等场次，表演动作的生产性、生活性以及普通百姓日常的娱乐性就非常强，直接模仿生产生活情景。例如鲁仙寻材、伐木、加工木料、组材架桥等表演，瑶王捕鸟、捉鱼等情景，基本上属于生产生活场景的简单移置，其表演艺术的形式与内涵均具有厚重的原生态风味；瑶王舞蹈中的交媾表演、土地与三娘的调情动作甚至相互之间的性爱动作，在特定场合、特定情景下具有特殊暗示性含义的演示，虽然有原始艺术的成分，但毛南族不视其为表演艺术，因为毛南族除了在肥套仪式里表演此类动作及有相关演唱外，平时基本不见此类表演及唱词、唱腔，甚至连肥套的话题都避讳。① 笔者所做田野材料也证实了此一说法：

【田野笔记】

2011 年 6 月 23 日，笔者赴毛南山乡考察，晚上在下南乡六圩街头小饭店店主谭俊敏家用餐，吃饭间谭的妻子问笔者："你不是本地人吧？来这里有什么事？"我告诉她我是到毛南山乡看风俗的，并问她关于肥套的情况。谭妻很不自然地说："你说的我不知道。我们不做那东西。"然后很快岔开话题："我们这里明天过庙节（笔者注：庙节即分龙节），很热闹的，你好好看看吧。"

2012 年 10 月 24 日，在中南村北宿屯旁边的山坳上，一妇女背一婴儿在劳动（妇女叫谭美玉，时年 32 岁，身上背着的是其第二个孩子。谭美玉的娘家在下塘村，嫁到北宿屯已有 4 年）。笔者及同伴趋前与其闲聊。谈别的话题，谭美玉非常热情。但一转到肥套话题，她便支支吾吾，不愿多谈。其后笔者与同伴到堂八村上八屯采访，该屯妇女谭春兰的话也间接证实了，毛南族人一般不太愿意随便谈论肥套的话题。

考诸文献与实际生活景象，土地与三娘的性爱生活情景曾存在于毛南族风俗中："瑶人风俗，最尚踏歌，浓妆绮服，越阡度陌，男女杂遝深林丛竹间，一唱百和，云为之不流"；"思恩瑶居五十二峒及仪凤、茅滩上中下疃之间……仲春，男女成列入山谷中，相悦者负之而去，遂婚媾焉"。② 一直存在于当今广西许多地方的"歌圩"，与肥套中土地配三娘的情景极为类似。相关表演艺术形态或许在特定时期及特定场合深受人们欢迎与乐见，但时过境迁，人们的审美趣味发生变异，便就对其另眼相看了。

四　神灵形象日益丰满

毛南族肥套中的神灵形象，其塑造方法与其他民族塑造艺术形象的方法基本相同，主要有三种：一是通过语言对神灵外形进行描绘，对神灵特点进行展示，对神灵属性进行揭示，从而塑造神灵的整体形象；二是利用笔、

① 谭亚洲：《抛砖引玉引起的争议——兼答邓如金同志》，载覃永绵编《毛南族研究文选》，广西民族出版社 1987 年版，第 209 页。

② （清）谢启昆：《广西通志》，广西人民出版社 1988 年版，第 6873、6876 页。

刀、凿等工具，对神灵形体进行勾勒和雕琢，从而展现神灵的神情与属性；三是借助于相应的动作（比如舞蹈及法事形态等）对神灵的外形和性格进行展示。毛南族肥套仪式中的艺术形象多样，包括神灵形象及生活场景等。其中尤以神灵形象最为生动丰满，艺术发展的轨迹最为清晰。

毛南族肥套在塑造神灵形象的时候，主要依赖的是傩面造型、说唱词语及舞蹈表演三种手段，所塑造的神灵形象无论外表还是性格都较为直观。毛南族将自己的神灵谱系分类，按照文神、善神和凶神塑造神灵面容，刻画其神迹，并赋予他们不同的性格。民间艺人们根据自己对社会现象和自然生态特征的认识，以及从祖先那里继承下来的宗教观念，借鉴其他民族的艺术创造手法，去勾勒、雕琢、打磨和渲染毛南族认可的艺术形象。所以，一般毛南族观众往往是通过直观的影像而不仅仅是借助于语言描绘、通过思维再造去感受艺术形象。但是，多种艺术手法并用，毛南族民间艺人所创造的艺术形象应该比早期的神灵形象更为丰满，这应该是没有疑义的。

毛南族肥套所展示的艺术形象，其丰满性的发展轨迹主要通过傩面造型、舞蹈动作和说唱词语等方面体现出来。毛南族肥套的傩面，发展的幅度应该是比较大的：早期傩面概念性（亦即依据人们对神灵的想象，以及人们对相关的神灵的情感对神灵面目进行塑造）较强，人物面部形象或者夸张，或者各个部位不成比例。由于20世纪50—70年代末长时期的毁坏，毛南族师公保留下来的成套古老傩面大多散佚。但我们可以通过一些零碎的材料在这方面做些比较。由这些图片我们可以看出，毛南族较早时期一般巫傩活动所用傩面形象与毛南族肥套后期傩面相比，显然粗糙得多。毛南族肥套的傩面无论是造型还是刀法，已臻成熟，神灵性格更为鲜明。

毛南族肥套仪式涉及许多器物。这里的器物暂且界定在肥套表演过程中所需要的器乐、道具、服装以及陈设场景所用之物。由于没有文字记载，加上特殊历史时期的浩劫，肥套仪式表演中曾经使用的实物大多被毁损，我们要对毛南族肥套中的早期器物艺术作出精确的描述有相当的困难。但我们可以根据一些遗存的图像资料、毛南族师公当今表演时所用的相关物品与世俗生活中相关物品之比较、毛南族肥套仪式中所用器物与周边其他民族在同类型表演中所用器物之对比，以及民间老艺人的相关描述等，对毛南族肥套仪式表演中的器物作大致的推测，以寻求毛南族肥套仪式中早期器物的大致特征。

毛南族肥套所用的器物往往处于两个极端：要么简陋，要么奢华；或者粗糙，或者精致；有的粗陋质朴，有的雍容华贵，而且表现出极端特性的器物常常同处一台。这既可以从中窥探出肥套仪式所涉及器物的早期形态，也标志着其器物艺术形态由民间业余性向专业性过渡。这种器物制作态度及制作工艺的两极化在肥套所用器物中表现得至为明显。肥套里形成历史比较长的场次、重要的神灵所使用的器物，一般都制作得较为精致华美，而后来添加进去的场次、一般人物使用的器物则较为粗糙、简陋，比如《三光》、《三元》、《社王》、《万岁娘娘》等场次所出现的器具，无论是服装与法器，还是傩面与其他道具，都制作得十分精美；而瑶王、小土地等穿着的服饰及使用的道具，都极为简朴、粗糙，有的就是从主办仪式的家庭中随便借用。由此我们不妨作出推断：毛南族早期肥套仪式表演中所使用的器物应该较为简单粗糙，只是随着神灵职分的明细化，以及制作技艺的不断提高，其形象才不断精致和丰满。

【田野笔记】

毛南族早期肥套仪式使用的某些器物原始宗教内涵极为清晰，例如搭建花门的两根竹子就极为讲究。笔者于 2011 年 7 月中旬赴毛南山乡考察肥套，毛南族诗人、作家、学者的谭亚洲先生（谭亚洲先生出生于毛南族师公世家，其父谭善明系毛南族师公戏班松崖班主，谭亚洲的二哥以及二哥之子承袭师公职业。其二哥已经去世。谭亚洲本人也曾表演过肥套仪式）向笔者讲述了两个情况：其一，搭建肥套仪式重要场景 "红桥" 所用的竹子，必须从山上找取，而且最好是同一母竹孪生的两株，形状要相同或者极为相似；必须连根挖取；挖取时要举行一定仪式，取回后不做太多的艺术处理，尽量保持其粗糙、简朴特性。红桥是师公从婆王手中接花、将花送入主妇房间等必经之处。孪生或者相当于孪生竹子象征主人多生儿女、儿女情系一心。为了寻找这样的竹子，主办仪式之家往往要费时一整天或者许多天，走遍山岭沟谷。（笔者2012 年 7 月 14 日赴毛南山乡做田野，在下南乡堂八村就此询问了毛南族师公、毛南族肥套代表性传承人谭三岗先生，谭先生所云与谭亚洲先生所述基本无二。）2012 年 10 月 25 日毛南族人谭亚洲家举办肥套仪式。下午有师公在整理扎制红桥所用的两根竹子。此竹由谭亚洲的三哥谭乾洲选定。选择、寻找红桥用竹前曾经请人占卜，挖取时要吉日、吉时。如果生长竹子的场地属于他人，要送山场主人红布带 2 条，红封包一个（封包内装钱 3.6 元或者 7.2 元）。到山场挖取竹子的必须是剪花公。挖竹前要在竹山举行仪式：燃香，化纸，供饭、酒、肉等物，要祷告。用红布条 1 双分两度将挖取的两根竹子捆扎好带回。由此可看出毛南族肥套所用某些器物的原始性状。其二，毛南族师公在表演肥套仪式中，负责接花、送花的师公内层要着主妇本身（主妇平常贴身所穿内衣）。笔者在实地观看毛南族肥套仪式时，亲眼看过肥套仪式搭建的红桥，抚摸过两根具有特殊蕴意的孪生竹子，还翻看过师公穿着的主妇"本身"。谭亚洲先生说，毛南族师公在表演肥套仪式时必须使用此两种器物。此环节当可体现毛南族肥套所用器物的早期情形。

师公们表演肥套所用的器物，一直处于发展演变的过程之中，尽管这样的演变极为缓慢。就此，笔者在做田野调查时，询问了一些师公。

【田野笔记】
采访者：你们现在使用的道具，比如木面、服装、法器、乐器等跟以前的相比有什么不同？
谭三岗：大体上差不多。帽子比以前的做得精致、好看一些；服装没有以前的好，主要是布料没以前的好，手工做得少，都是机器做的；服装的图案没有以前的绣得好，比较粗糙，绣龙绣凤的也很少见了。很多都是原来布料上的图案，不怎么绣花了。
——笔者 2012 年 10 月 24 日在环江毛南族自治县下南乡堂八村上八屯采访毛南族师公谭三岗

采访者：你们现在使用的木面具和服装跟以前的也有些不同？
谭金赞：有些不同。以前的木面更像神灵，现在的木面更像人。以前的服装面料好，做工讲究一些。现在的服装粗糙多了。
——笔者 2012 年 10 月 27 日在环江毛南族自治县洛阳镇团结村团社屯谭亚洲家的场院里采访毛南族师公谭金赞

毛南族肥套仪式表演所使用的一些器物最初还应该具有临时性特征，并向持久性过渡。毛南山乡周边的壮族地区偶有驱邪祈福傩仪，其仪式主旨、表演方式和宗教元素与毛南族的肥套有诸多相似之处，所用傩面与毛南族的傩面本质上无太大差异，但在面部造型、色彩运用、线条勾勒及材料选择上远逊毛南族傩面：毛南族傩面造型周正丰满，比例和谐，能够体现不同神灵性格上的细微差异，材料精选，做工考究；有的壮族师公戏所用傩面造型随意，做工粗糙，材质多为纸板或简易木板。毛南族师公表演所用的符笤、曹标、三元宝印（以上三者皆为师公必备法器）和傩面，选材和做工都非常考究，具有相当高的专业艺术水平；而肥套表演中所用的纸花和花桥，一般为一次性使用，因而往往出自非资深神职人员之手，做工较为随意、粗糙。当然，毛南族肥套也曾经使用过纸质面具，比如师公们在表演中曾经用纸质三元祖师面具接引三元祖师，其绘画及制作技艺较为粗糙。① 另外，毛南族村寨村口路旁所立的神像与表演用的傩面神像在塑造方面也有很大差异。这说明肥套仪式经过长时期发展以后，对形象塑造提出了更高的要求。由此我们可以推定：毛南族肥套表演所用器物在初期，无论是选材还是做工，都应该较为随意和粗糙，只是随着肥套仪式的普遍和频繁，其器物的选材与制作才逐渐发展到专门的艺术化的水平。

　　毛南族肥套仪式所使用的表演服饰应该经历了简朴—华丽—相对简洁的发展过程。而这些与神灵形象的塑造有很大关系。从现有的间接资料来看，毛南族早期肥套仪式表演用服饰应该较为简朴。这与当时毛南山乡的社会经济状况有关。据推算，毛南族肥套仪式约成形于明朝正德年间（公元 16 世纪）前后。其时岭右经济较为发达的地区民众衣物用料主要为麻布。② 毛南山乡自然环境恶劣，经济条件艰苦，衣着当更为简陋。"思恩瑶居五十二峒及仪凤、茅滩上中下疃之间。其俗男衣短狭青衣，老者衣细葛，妇女则小袂长裙，绣刺花纹，其长曳地。"③ 其时居于该地的"瑶"有的实为今天的毛南族。旧时一些文献将广西地区的某些所谓"未开化"的少数民族统称为"苗"或"瑶"。传统毛南族师公来自社会底层，亦农亦巫，肥套仪式初创时不太可能费大量银钱置办华美服饰。发展到清朝乾隆后期，或许受外地戏班影响，服饰较为讲究，重要神灵的装扮渐趋雍容华丽。绘制于乾隆四十五年（1780 年）的三元神画像，着装甚为繁复华丽，具有明显的戏剧服饰特征，应该是以毛南族师公表演肥套服饰为原型。到 20 世纪 50 年代初期，毛南族演出师公所着长袍一般为缎质绣绘，饰以龙凤，亦即蟒袍。而在今天，毛南族周边地区的师公演出服装仍然较为简朴，仅在生活服饰的基础上附着一些法相，以便与表演仪式的宗教主旨即通神、敬神、祈神、酬神和驱邪等主要功能相一致。相比之下，毛南族师公的表演服饰普遍庄重、华贵得多。

------

① 韩德明：《与神共舞——毛南族傩文化考察札记》，广西人民出版社 2006 年版，第 50 页。
② 钟文典等：《广西通史》（第一卷），广西人民出版社 1999 年版，第 384 页。
③ （清）谢启昆：《广西通志》，广西人民出版社 1988 年版，第 6876 页。

毛南族师公演出肥套时舞蹈、歌唱伴奏用的主要是鼓、锣等打击乐器，少丝竹之属，因而较为简朴古拙，仅仅突出舞蹈及歌唱的节奏而已。这也会影响到对神灵整体形象的塑造，因为舞台上神灵形象的丰满度与舞台氛围有一定关系。神灵上场表演时右手还持有串铃，不时摇动，以渲染气氛及确定演出者方位。其中祥鼓和木鼓较有特色：祥鼓质地陶制，中间细小，形如蜂体，两端蒙以牛皮或羊皮，声音洪亮清越。木鼓质地为一段原木，中间掏空，两端以牛皮或羊皮蒙之，击之声音洪亮浑厚。据谭亚洲先生说，很早演出时伴奏乐器无祥鼓，后来受佛教影响，采用祥鼓（祥鼓两端状如莲蓬，应该是取佛教莲花之意）。此说存疑，但或可佐证毛南族肥套仪式早期或无此乐器。祥鼓与周边地区的师公戏演奏用的蜂鼓造型有相似之处，但祥鼓结构较蜂鼓匀称，造型似更美观。据毛南族师公、肥套代表性传承人谭三岗介绍，20世纪50年代前舞蹈功夫了得的毛南族肥套师公悬祥鼓于腰间，一边击打一边翻空心跟斗，营造的气氛非常热烈。毛南族肥套表演所用的乐器变化不大，当与肥套仪式受宗教桎梏太重、毛南族音乐发展缓慢、音乐与肥套仪式中的舞蹈、歌唱结合得较为松散等原因有关。

【田野笔记】

采访者：仪式上伴奏的乐器比较简单。其他师公班子也都是这些乐器？

谭金赞：基本上就是这些乐器。以前的仪式，师公演奏有喇叭和箫，那时候班子人员多，有十二三个人，有会吹喇叭和箫的。现在班子成员普遍少了，一般就六七位。而且会吹喇叭和箫的师公基本上没有了，现在这两种伴奏乐器省掉了。

——笔者2012年10月27日在环江毛南族自治县洛阳镇团结村团社屯谭亚洲家的场院里采访毛南族师公谭金赞

由此看来，毛南族肥套仪式中器乐的单调，还与人才的匮乏及仪式的精简有一定的关系。

五　人神界限逐渐模糊

在外人看来，毛南族喜欢造神，也善于造神，这是没有疑问的。在广西各个少数民族中，毛南族整体宗教热情较高，其生产、生活及艺术形态中的神灵色彩较为鲜明浓厚。毛南族艺术形态除了小部分以外，许多都被烙上鲜明、深刻的神灵印痕。但是毛南族在创造神灵的过程中也表现出一个突出的特点，那就是通过世俗生活的锤炼，赋予神灵一些世俗生活元素，以拉近神灵与世俗人生的距离，营造出人与神灵更为亲近的氛围，从而为人们事神、祈神以及神灵施福于社会底层百姓做好铺垫。这实际上是在通过神的人格化和人的神格化艺术手法创造神人和融的情境。毛南族的神灵有许多具备世俗人生的经历，走过一段坎坷的人生之路，或通过自身努力，或借助于神力而获得了非凡的超自然力。毛南族肥套中的三界公爷、太师六官、灶神、蒙官、三元神、鲁仙、花林仙官等神灵的幼年磨难，实际上是世俗社会里底层百姓生活经历的艺术写照。毛南族如此创造神灵，无论是主观效果还是客观效果都已经模糊了常人与神灵之间的界限，体现出毛南族在畏神、敬神和酬神的同时，还具备了倔强不屈、极力与命运抗争的性格；另外还具有表达神人和融的特殊蕴意。

毛南族肥套在塑造神灵的时候，有意模糊人与神灵之间的界限还表现在赋予凶神某些恶劣的人性，再通过人间正道去制服、惩戒那些恶劣的行径，以表达惩恶扬善的道德追求。尽管这种艺术创造方式在其他民族中也颇为多见，但此种方式在原始宗教观念浓厚、超自然力崇拜行为遍行的毛南族传统社会仍然值得深思。在肥套里，雷王、蒙官等凶神被赋予人间的一些恶劣行径，然后人们再通过一些文神、善神去降伏他们。这表明，某些存在于人类社会中的恶行，在神灵世界也照样存在；神灵世界的恶行尚且受到惩罚，人世间的恶劣更不可肆无忌惮。这种类型的人神相通乃至神人和融，主观上虽然未必有意但客观上已经被赋予另一深层次的人生哲理——肥套在塑造这类形象时，本意可能是驱邪镇恶，保佑人畜及庄稼平安丰稔，但客观上却体现出警示世人的强烈作用。本来，神话世界也往往是人类社会某些现象和观念的曲折反映。毛南族社会发展到一定的阶段以后，许多社会矛盾显现，人们在进行艺术创造的时候，借助于人与神灵的模糊界限表达特定的认识，也是艺术形态的应有之义。

毛南族肥套在试图模糊人神界限的性状下，隐含了人类在不同时期所表现出来的与自然的关系。在毛南族传统的"万物有灵"和自然崇拜观念里，神灵与自然是相通的，神灵是自然相关属性的集中体现，处理人与神灵的关系在某种意义上讲就是处理人与自然的关系。因此，毛南族肥套为人们描绘了一幅人与自然的关系图：人对于自然界的依附状态→人与自然相互竞争的状态→人对于自然依附与争竞相交织的混融状态，亦即毛南族民间艺人通过自己的创造性活动，初步营构了局部范畴内的具有天态审美场和人态审美场属性的人神对应关系。① 这种营构也许是不自觉的，但客观上却明显具有这样的效果。婆王是毛南族的原始神灵之一，也是最重要的神灵，在毛南族的神灵谱系和宗教理念中具有至高无上的地位。在肥套及其他神话中，她表征的是生命与自然的内在关系，而这种关系昭示着人类的繁衍与生存。在婆王面前，人们表现出高度敬仰和虔诚崇拜的情感，不敢有半点亵渎之情。这实际上可以看作是人类蒙昧时期对自然绝对依从情感和对母权制依恋情结的孑遗。雷王作为人们从诸多复杂的自然现象概括、抽象出来的自然神灵之一，在毛南族的神灵谱系中是由龙王分化出来的，其成型与发展应该与毛南族的农耕社会雏形以及人们在野外劳作易遭雷伤有关，因为只有到了农耕社会，人们才较为关注风调雨顺；只有经常在野外劳作，才有可能经常遭受雷击伤害。人们需要雷神，畏惧雷神，但为了生产和生活又痛恨雷神，期望在必要的时候降服雷神，使之为人类服务。所以在毛南族的神话故事中，出现了一个与之争战的土地神，然后又出现了一个降伏他的三界神。毛南族肥套对此也有间接反映：在《封斋》一场，雷王先是吃素，然后有限吃荤，显示其属性的多重。这表现出人类与自然的较量。到最后，善神与凶神达成妥协：趋利避害。这展现的则是人对于自然依附与竞争相交织的复杂状态。

六　整体形态更为娱人

艺术形态是否与人们的生活相适应，人们能否从相应的艺术形态中获得精神上的愉悦和满足，必须从当时的历史条件出发进行讨论。岭南古百越民族的许多文化习俗，比如节庆之日人们喜欢群处从事集体形式的娱乐活动，娱乐活动往往与宗教事神活动交织在一起，与男女择偶以及性爱活动相结合等（应当说类似的习俗在很多民族包括汉族先民中就曾经盛行过：《周礼》有"仲春之月，令会男女，奔者不禁"；《诗经·郑风·溱洧》有"溱与洧，方涣涣兮，士与女，方秉兰兮。女曰观乎？士曰既徂。且往观乎？洧之外，洵訏且乐。维士与女，伊其相谑，赠之以勺药"；杜甫《丽人行》有"三月三日天气新，长安水边多丽人"）。这样的习俗传播到毛南山乡，或者毛南族先民原本就行此习俗，经发展变异以后，与特殊的自然环境融合，成为影响人们的艺术观念和艺术创造方式，并因此而形成独特的艺术形态。毛南族肥套后期补充的《土地配三娘》一场，正是上述情景的再现；增加的《瑶王拾花踏桥》一场，则为人们展现了更多的生产、生活情趣。毛南族肥套

---

① 　袁鼎生：《生态视阈中的比较美学》，人民出版社 2005 年版，第 111 页。

经过发展、分化、重组和再生，形成了适宜于人们不同文娱活动需求的不同类型，例如毛南戏和明显保留有肥套舞蹈特性的毛南族现代歌舞。毛南族肥套的这种宜人主要体现在下述方面。

首先，发展后的毛南族肥套适宜于不同的人群。传统社会中的毛南族人在不同的成长时期具有不同的角色定位，而具有不同角色定位的男女被允许参加何种群体形式的社交娱乐活动，习俗中往往有明确的界定："西南诸夷，种类既繁，俗习介别。在广右者，曰瑶、曰壮、曰伶、曰侗、曰水、曰佯、曰𠅤……田事毕，则十余人为群越村，偕其村之幼妇偶歌，谓之博双亲。三旬以上则否……新娶入门，不即合……答歌通宵，至晚而散，返父母家。遇正月旦、三月三、八月半，出与人歌……及有娠，乃归夫家，以后再不如作女子时歌唱也。"① 具有某种身份的人只能在特定场合唱特定类型的歌。与此文化氛围相对应，发展后的毛南族肥套客观上也适合不同的人群：其百科全书式的知识体系是旧时毛南族人尤其毛南族青少年了解自然和社会的良好教材，其设定的道德规范是毛南族人处世立身的重要标准，其宗教诉求是毛南族全体尤其中年男女自我慰藉的良药，其对家仙的敬重与崇拜，让毛南族长者认识到自身价值，等等。作为综合性的宗教形态，肥套虽属老少咸宜，但其中的某些说唱和舞蹈，例如三娘与土地的性暗示类型的情歌和舞蹈、瑶王的交媾类舞蹈动作等，则只能由特定的人戴着面具在肥套仪式中表演，一般人是不能随便演唱和舞蹈的。

其次，发展后的毛南族肥套适宜于特定的场合。传统的毛南族社会在性爱方面较为严谨和严肃，生产生活中有许多禁忌，因而某些艺术形态的展现场合往往有极为严格的要求。青年男女的情歌对唱一般限定在旷野的山坡沟谷和特殊仪式之所，通常在家庭或者庄重严肃的公共场所是严禁演唱的；某些特定的庄严场所，诸如肥套仪式、婚礼现场所演出的带有性暗示、性教育内涵的歌谣和舞蹈，必须由特定身份的人戴面具演出，其他场合一般不能表演；婚礼仪式中演唱的《嘱咐欢》，其中有性暗示或生殖崇拜内容，但用词极其隐讳，一般采用比兴和隐喻等艺术手法处理，极少见直白的性爱词语。而且毛南族传统的艺术形态被事实上细分成文化传承、一般娱乐、性爱与生殖教育、道德规范教育等不同类型，各适应于不同场合表演。毛南族肥套在这方面也基本上承袭了毛南族传统艺术的一些特性，甚至在许多方面有过之而无不及，展现的场所以及受到的限制更严。比如肥套中《柳朗哩》曲调，

---

① （清）谢启昆：《广西通志》，广西人民出版社 1988 年版，第 6872 页。

优美而极有特色。但它仅仅是在特定场合演唱、表达特定含义、塑造特定神灵形象的，"平时是严禁唱的，尤其在办婚筵和春节等节日里，连谈及还愿的话都忌讳"[1]。毛南族肥套在发展的过程中所体现出来的此类特点，与毛南族社会整体发展水平相适应。

最后，发展后的毛南族肥套适宜于表达不同的主题。毛南族的生活丰富多彩，宗教观念普遍而且对日常生活影响深刻，这只是毛南族生活中的一个方面。毛南族的传统艺术或艺术元素无疑会对其作出恰当的反应。作为社会生活的艺术呈现，毛南族的肥套所涉及的社会生活是极为广泛的，需要表达的主题也是多样化的，只是有些主题或多或少会与毛南族原始宗教意识形成联系。我们探究毛南族的畏神、敬神和祈神的观念及行为，会发现其宗教期盼大多均处于极为素朴的层面：他们绝大多数祈求儿女双全、家道平顺而已，极少有大富大贵的奢望。他们为自然生态及社会环境所迫不得不求助于宗教，但绝不会沉溺于宗教的虚幻世界里。故而毛南族肥套在舒缓内心压力、消除内心恐惧方面具有较为浓厚的原始宗教色彩，而在反映世俗生活、抒发世俗情感方面却与宗教藩篱保持相当大的距离，甚至敢于嘲笑神灵、挑战神灵的霸道行径。肥套的主观要旨在于祈求子孙繁衍、家道平顺，但客观上却告诫人们诚实守信、知恩图报，以及传播毛南族式百科知识，展现毛南山乡的生产生活情景等，客观使命远比子孙繁衍、家道平顺要丰富、厚重得多。至清朝中叶以后，儒家的读书做官思想逐渐渗透到毛南山乡，许多毛南族人也切身感受到读书的好处，于是毛南族的艺术形态或艺术构件随即对此作出反应。肥套中的文神无论是从面部造型还是从舞蹈动作来看，"读书人"的特征都较为鲜明，营造的是一种温文尔雅、读书识礼的气氛。这些都表征毛南族肥套在发展的过程中体现出主题多元化及生活领域的广泛性与多样性特征。

七　和融模式大为拓展

毛南族肥套注重神人和融，试图通过营造神人和融境界以实现神佑人生的宗教期盼，亦即达成利生的愿望。毛南族肥套在产生和成型的过程中，建构了具有毛南族山乡自然生态特色和文化生态特色的神人和融模式。这样的神人和融模式主要有三种类型。

---

① 谭亚洲：《抛砖引玉引起的争议——兼答邓如金同志》，载覃永绵编《毛南族研究文选》，广西民族出版社1987年版，第209页。

　　其一是面对具有至高无上神力，尤其对人们的子孙繁衍、民族壮大具有绝对主宰作用，融毛南族祖先神和生育神为一体的善良化身婆王，以及主宰毛南族人身家平安的雷王，肥套仪式采取虔诚的、多维的尊奉与颂扬手段，表达人们和融于神灵的情感，以建构神人和融的境界。肥套（红筵）《三光过桌》一场，三光女神登场独舞，然后引领众神登场；师公齐声歌唱，颂扬的歌舞描绘了庄严、隆重的情境，以表达人们对于婆王的尊崇与虔诚，体现肥套神人和融的最重要模式。仪式和虔诚之心都尽善尽美，对婆王的尊崇以至于无以复加。肥套（黄筵）《雷王坐殿》，一场，雷王全身披挂，持大刀舞蹈，雷兵挥大刀献舞，风伯、雨师、闪电小娘纷纷助阵，师公齐唱《雷神歌》，营造威严、壮观的情景。同是尊崇之心，但人们的尊崇掺杂了许多敬畏之情。肥套所表达的尊崇雷王与尊崇婆王的情感一起，建构的是祈求与神灵和融的模式。

　　其二是通过神灵之间的相互制约，建构起主客体力量相对平衡的神人和融模式。毛南族先民将自然生态中恶劣因素神格化，使其附着于某些神灵身上，从而使该神灵具有凶神的属性。人们意识到单凭自身力量无法与某些神灵的凶劣行为进行直接抗争，除了通过相应的祈祷仪式期盼神灵化凶为善、福佑人间外，又期望这些凶神的恶劣行径得到改善或者消失，于是赋予其他相应神灵特别的威力，以便对那些凶神有所制约。肥套仪式中，师公请出大量的神灵，包括神通广大的外神和全数家仙，亲临现场"保筵"（被邀请的神灵亲临肥套现场以便保护整个肥套仪式不受邪神干扰，使仪式顺利进行，行此职能的神灵极为众多），这实际上是毛南族"物物相生相克"观念的延伸。在毛南族神话中，雷王凶顽的恶性被三界公爷辖制，其威严凌厉的本性被用来为人们驱逐瘟疫虫害，保佑人畜平安和五谷丰登；作恶人间、散播疫病的蒙官被太师六官制服，收敛了自己凶恶的劣行；潜伏沟谷、伺机作恶的鬼怪冤魂被六桥（又被称为桥仙）镇辖，六桥保佑花童安全过桥，降临人间，等等。这些都成为肥套的情节，通过神与神和融进而达致神人和融的典范模式被广泛运用。

雷王怕三界

　　古时候，雷王饿了就到人间抓小孩吃。一次，雷王看中一家毛南人的独生男孩，命令家长准备好，等他来吃。家长恳求，雷王跺脚发怒："三天后来吃，如不给吃，劈人！"第二天，父亲上山打柴，非常痛苦地蹲在地上。忽然来了一个人，身长丈二，脸如铜盆，八字胡须，两道粗眉黑如锅底，弯腰问他为什么哭。父亲诉说原因。这人说："明天我藏到你家，雷王来，由我收拾他。"嘱咐不要泄露，说完就不见了。原来这人就是三界公爷。

第三天中午，雷王冲到小孩家门口，大呼："小孩在哪里？"父亲身后闪出三界公爷，劈胸抓住雷王，拖到牛栏里，拿过一个铜圈套在雷王头上，又用大锤把铜圈钉死。雷王被勒得龇牙暴眼。如今的雷王像都是两眼突出，就是被三界公爷勒暴的。三界公爷问："以后还敢吃小孩吗？"雷王答："不敢再吃了。不过没有东西吃，就会饿死。"三界公爷说："以后只准你吃小猪。"

毛南族肥套最重要的宗旨在于求子保平安，而司此职责的主要是两位大神：婆王和雷王，其他神灵发挥的主要是协助作用，亦即毛南族肥套是通过某些神灵与其他神灵建构和融关系，最终达成人类与主要神灵的和融关系，实际上是利用神灵内部复杂的关系建构成整体的神人和融局面。

其三是赋予一些重要神灵以平民生活经历，建构起神我同一的和融模式。在毛南族肥套中，一些与人们关系密切、对普通百姓具有重要福佑职能的神灵大多都被赋予下层百姓一般的艰难生活经历，从而在情感上更容易与普通百姓沟通，达致神人和融境界。这一和融模式反映出毛南族人朴素的神人和融期盼。例如在肥套中处于重要职位的三界公爷、灶王、太师六官、覃三九、鲁仙、三元、花林仙官等，都是幼年或中年曾经饱受磨难的贫苦百姓，后来成长为神通广大的神灵。这些形象的塑造，既在民众心理上落实了对该类神灵的倚重，似乎也隐约地展示了善良人有可能出现的归宿：成仙得道的结局有可能发生在每一个善良人的身上，或者善良神灵的神迹就蕴藏于每一个善良人的言行之中。毛南族肥套的表演者和受众主要是下层百姓，他们对成长于下层、与他们一样有着艰难身世的神灵很容易产生亲近感，也容易相信与他们处于同一阶层的神灵更能护佑他们，这些都是建构这一和融模式的情感基础和主要驱动力。因此，不管是处于主观意图还仅仅是客观效果，师公们秉持的这种平民方式，更容易建构神人和融的境界。

其四是通过一些情节的加入，毛南族肥套原有的神人和融模式得到丰富与延展，被赋予和融社会、和融自然的内涵。瑶王及其情节的加入，其舞蹈的呈现，就是毛南族所追求的和融民族、和融社会的艺术境界。肥套中有许多神灵来源于自然，是自然生态元素的凝聚与升华。人们祈求与这些神灵和融，客观意义在于期盼与自然和融。例如肥套中关于雷王的故事，有一些就蕴含有减少自然灾害、消除自然生态元素对人身伤害，从而达致人们在自然环境中平安生存、平安生活的愿望。其他如社王的故事、蒙官的故事、覃三九的故事等，都蕴含有保护自然生态、和融自然的期盼与实践。

八　审美功能益渐增强

如果以粗略的方式来给毛南族传统艺术形态或者艺术元素丰富的文化形态分类，那么大致可将其划分为世俗生活类艺术形态和宗教生活类艺术（文化）形态。世俗生活类艺术形态虽然有许多也杂糅有宗教元素，但主旨及表现方式主要为满足世俗生活需要、体现世俗生活情感，在世俗生活情景中展现艺术形象。毛南族传统的世俗生活艺术形态较为丰富多样，其审美功能本来就极为鲜明而单一，即以传承教化、抒情娱人和满足人们的世俗生活需求为主，比如毛南族的许多民间歌谣、民间故事，以及世俗生活领域内的建筑、雕塑和手工织造等。宗教生活类艺术（文化）形态以表达人们的宗教情感为目的、以人与神的活动相交汇、神之功能为人所用等形式展现出来，其中以事神、祈神等宗教活动为代表。任何公开演出，表演者都希望观者众多，场面热烈，社会影响最大化。肥套的表演虽然基本上不存在商业竞争的意味，但无论从这一传统宗教仪式的存续影响而言，还是从师公班子个体的社会声望而言，师公们无疑都期望自己的演出能够获得观众的喜爱，能够取得良好的社会影响，以便为自己的班子、为肥套的存在和发展拓展更大的空间。而此类空间的拓展，除了主要依赖于人们的宗教观念的巩固和持续（客观因素），还依赖于师公班子的表演（主观因素）。毛南族的宗教观念主要表现为功利性强（通过事神活动实现神人和融，借以达成人生期盼）、基本无宗教献身精神等特点，行宗教仪式的主要原因为岭南古百越文化基因的传承与孑遗、为自身为家庭祈福禳灾而已。随着社会的发展，此一层面的宗教热情总体趋势是不断弱化，人们对宗教的期望值不断降低。事实上，到中华人民共和国成立前夕，毛南山乡规模较大、耗费较多（连续七天七夜，以当今物价折算耗费当在七八万元以上）的肥套仪式已不多见。除了家境较为殷实的家庭（例如官僚家庭或者地主、富农、大商人等）举办排场较大的肥套仪式外，一般家庭所举办的肥套大多相对简易（连续三天三夜）。

毛南族的肥套至为开放——从师公戏班成员的进出、仪式举办规模的大小、仪式的相关内容多少以及场次安排的先后等，全依相关人员的自我意愿，因而极为容易受社会整体生活的影响。人们期望其中的娱乐成分不断增加，审美功能逐渐增强。"古老的唱本和表演形式乡亲们都看腻了，师公们为招徕观众，便逐步增加了这些内容（指娱乐性强的瑶王舞蹈及三娘与土地的情爱歌舞之类——笔者注）"。① 事实证明，肥套仪式里观众较为欢迎的，正是这些后来添加进去的世俗生活情趣浓郁的成分。世俗生活情景的加入，强化了肥套的艺术审美成分而相对淡化了其中的宗教成分，客观上也就淡化了肥套的宗教色彩。随着人们科学知识的增加，随着导致内心恐惧的事象逐渐改善，随着人们原始宗教热情的降温，增强肥套之类宗教仪式的审美功能，也就成为包括神职人员在内的毛南族社会的共识。这种审美观念的发展，以及其他因素的共同作用，导致了毛南戏的产生——从某种程度上讲，毛南戏可以看做肥套发展过程中孳生出来的一种新型艺术形态，以及毛南族傩舞的根本性变革——现代毛南族傩舞更是尽可能淡化了宗教色彩而最大化地凸显了艺术审美功能。

　　毛南族肥套的某些元素，包括其中的符号性元素，正在相对地离开宗教仪式，独立地显示其艺术审美功能，成为人们喜爱的手工艺制品，而且这一趋势越来越明显。例如在肥套仪式中塑造神灵形象、具有丰富宗教内涵的傩面，人们越来越注重其手工艺品的美学价值，但同时又不割断他们与宗教观念的联系，逐渐将其发展成毛南族传统艺术的符号。实际上，在族外人看来，甚至在毛南山乡的许多毛南族人看来，这些曾经富有宗教意义的艺术作品在离开肥套仪式之后，就是一件具有独特意义的手工艺品而已，其附着的宗教神秘色彩正在慢慢消退。这类现象是肥套及其构件发展的独特方式。

---

① 蒙国荣：《毛南族傩文化概述》，《河池学院学报》2008 年第 6 期。

第 四 章

肥套的建构与特性

　　毛南族肥套可以看成系一个巨大的神话集合，即主要企图用众多的神话故事以及敬神、祈神仪式达成人们的宗教愿望，因而在仪式的很多环节其建构观念着眼于仪式的整体效应而不仅仅注重于仪式的个别环节。神话的意义不存在于构成的孤立单位之中，只能存在于这些部分组成的一个整体的方式中。[①] 列维·斯特劳斯的这一论断几可用于肥套的建构特点分析。另外，不管肥套建构者的主观意识如何，但肥套的建构在客观上较为充分地体现出对于整体生态的观照。"神话系统和它所运用的表现方式有助于在自然条件和社会条件之间建立同态关系，或更准确些说，它使我们能够在不同平面上的诸意义的对比关系之间确立等价法则，这些平面是：地理的、气象的、动物学的、植物学的、技术的、经济的、社会的、仪式的、宗教的和哲学的等平面。"[②] 这些可以成为研究毛南族肥套建构诸特色的重要方式与视阈。毛南山乡自然生态与文化生态融合而成的整体生态孕育了毛南族肥套，其生态元素促使人们成就了独特的建构肥套的观念与方式。

　　毛南族肥套的独特性既体现在这一仪式的本身，即肥套从形式及内容所显示出来的神人和融的期盼与实践，以及与此相关的艺术方式，体现在这一仪式所展示的生态审美范式，同时也体现在毛南族民间艺人乃至毛南族相关宗教心理的形成与升华方面。这样的建构及其效果，毛南族民间艺人也许未能给予充分的理性及从相应的境界上给予足够的关注，但肥套在客观上确实具备这样的特质，而且在广泛的世俗生活中予毛南族人以心灵上的熏陶与

---

　　① ［法］列维·斯特劳斯著，陆晓禾等译：《结构人类学》，文化艺术出版社 1989 年版，第 47 页。

　　② ［法］列维·斯特劳斯著，李幼蒸译：《野性的思维》，商务印书馆 1987 年版，第 107 页。

净化。

第一节　肥套的建构

一　世俗生活艺术化

一直到 20 世纪 80 年代，毛南族的传统艺术基本上仍然处于业余的民间的水平，文人及专业性艺术活动相当稀少，因而从艺术审美的高度对毛南族人民的生活进行概括和升华的力度极为有限，进展也极为缓慢。这是毛南族传统艺术包括诸如肥套这一类艺术元素较为丰富的文化形态具有极大原生性的主要原因。毛南族肥套表演（在某种程度上也可以说建构）队伍的构成、表演仪式的观念以及表演的整体水准，大致决定了呈现这一传统宗教仪式的方式之一，就是比照现实生活的基本图式，对现实生活进行初步的浓缩和变形，再适当糅入生活的期盼与想象。所以，毛南族的肥套还极为切近自然生态特征和社会现实生活，有许多仅仅是初步地跨越了简单模仿及复制生活的阶段。从仪式的呈现而言，世俗生活的艺术化可以分为两个层面：一是将生活素材加工成艺术材料，将生活视为艺术建构取之不尽的源泉，并发掘和强化生活中的典型元素乃至于生活整体的艺术审美色彩；二是在现实生活中融入艺术元素，从而增加生活的审美情趣，客观上为艺术形态的创造准备相应的素材。这两个层面都在肥套的表演和发展过程中有相应的体现，但难以达到如此理性化的高度，因为毛南族肥套建构的主体尚未具有相应的文化素养，因而他们将世俗生活艺术化的观念与程度均受到极大的限制。但即便是低层次的，肥套所体现出来的建构方式与手法仍然蕴含有将世俗生活艺术化的成分——师公们起码在朝这一方向努力而且取得了初步成果。

毛南族的肥套基本上是对毛南山乡、毛南族社会较为直接的反映，是对毛南族生活的模仿、概括以及某些观念的升华。毛南族跟其他民族一样，其生活大致分为两个领域：物质范畴的生活及精神范畴的生活。毛南族的宗教观念及宗教活动往往直接服务于世俗生活，或者直接体现世俗期盼，因而在一定程度上也可以将其视为世俗生活的有机组成部分。毛南族肥套基本上是毛南族人对现实生活采用直接截取、简单模仿、艺术再现及想象加工等方式创造出来的。毛南族民间艺人生活在社会基层，虽然其审视社会生活和自然环境等领域的观念与能力受到诸多限制，但他们在长期的生活中传承并展示了一整套社会伦理价值体系，而这些价值体系所蕴含的价值观念及评价标准往往是人类所公认的良好规范，具有普适性价值，适用于一定区域内不同的时代和不同的社会层面。毛南族肥套中的许多语词和舞蹈实际上是毛南族先民在长期的人际交往中总结出来的和融于神灵、和融于亲邻以及和融于社会的良好观念及行为准则。这些观念和准则被初步艺术化以后成为肥套的有机组成部分，再返回到社会生活中成为人们判断社会伦理价值以及人的综合素养的标准之一。毛南族师公选取毛南族生活中具有代表性的片段、场景、习俗和观念等，经过相应程度的艺术加工，突出现实生活中的美感，进而使人们能够感受到生活中的美质，提高生活质量。毛南族师公们的截取、模仿、再现及想象虽然在很多地方显得粗糙和幼稚，但它们往往直接来源于社会生活和自然环境，与人们的社会经历极为切近，因而可感性极强。

毛南族的日常生活中充满艺术元素，世俗生活被艺术化的迹象随处可见。传统的毛南族社会，虽然生活艰难，但却不缺乏乐趣，毛南族人民往往通过艺术化的精神生活来弥补物质上的匮乏，用充实的精神生活去化解物质生活造成的压力。在很多时候和很多地方，毛南族的世俗生活与艺术形态是融为一体、难分彼此的。艺术形态几乎可以等同于世俗生活的某些片段，亦即毛南族世俗生活的艺术化作为毛南族艺术形态的建构方式，很早就伴随着毛南族人的物质和精神生活流程，成为毛南族传统艺术建构整体的有机组成部分。毛南族人在整个生命进程之中——从父母结合到孕育新的生命，再到出生、成长、婚姻，再到添寿、逝世等——伴随着一系列的仪式，如果将毛南族人一生中的其他仪式归结在一起，那更是数不胜数。而一个仪式就意味着一段艺术形态或者一个艺术形态整体的呈现。肥套就是毛南族人一生中极为重大的仪式，人生仪式与艺术追求在这里融为一体。所以，此一层面的世俗生活艺术化，实际上是具有特别内涵的艺术形态或艺术元素以生活场景为舞台所作的展示。与此同时，毛南族肥套相对独立于生活原型以后，回过头来再作用于生活，即仪式中所推崇的伦理规范成为人们世俗生活中的相关准则。这种现象在人们的日常生活及艺术追求中多有体现。

二 宗教观念世俗化

宗教意识普遍而浓厚、宗教信念坚定而持久、宗教仪式与世俗生活交织广泛而紧密，是毛南族传统宗教信仰的主要特征。这一文化特征一直延续至中华人民共和国成立后的一段时期。20世纪50年代到80年代初期，这种状况有所变化，但并未从根本上彻底改变这一特质。无可否认，毛南族的宗教情结与人类社会其他地方的原始宗教情结有极大的相似之处，例如生气主义信仰、魔术的信仰、超自然力信仰和灵感的客观表现等。① 不过，毛南族传统的宗教情结尽管仍然有原始宗教中的生气主义信仰、魔术的信仰和超自然力信仰的基因，但在这些宗教信仰的外壳里已经被赋予新的内涵，形成了具有毛南山区自然生态特征、与毛南族的生产生活状况相适应、融合了周边其他民族文化元素的一整套宗教思想体系。这一整套宗教思想体系以神人和融为旨归，进而孕育了肥套。

毛南族宗教意识中保留了岭南古百越民族原始宗教意识中浓烈的"巫"、"鬼"观念，并在此基础上孕育出了具有自己民族特色的宗教思想体系。毛南族的生理及心理均流淌着岭南古百越民族的血液，民族血液中当然会有岭南古百越民族崇尚巫鬼观念的文化基因。这种文化基因随着自然环境和文化环境的不同而蘖生与变异，形成了毛南族宗教信仰的内核，即多神崇拜和祖先崇拜，并通过相应的巫术及其他方式表达自己的宗教情感。毛南族人民传统上相信万物有灵，也相信祖先的福佑神力。毛南族在生产生活中有数不清的禁忌，这实际上是万物有灵信念在整体文化意识中的反映；毛南族葬礼的烦琐和墓葬的奢华，显示出祖先神位的崇高以及人们对先辈神灵的敬畏。毛南族的这些传统宗教信仰元素在肥套的形式和内容中都得到充分体现。

独特的自然环境加重了毛南族传统宗教意识中的"万物有灵"色彩。在毛南山乡，与其说人们思想中巫鬼观念的产生和演变有民族因素的作用，还不如说环境因素的作用更为强大一些。尤其在山险水恶的峒场地区，人们的巫鬼观念更容易形成并趋向浓厚，因为山险水恶的环境容易导致人们产生恐惧心理，动物、植物、山水等奇特的形状以及自然界发出的声响极易加剧这样的恐惧心理。加上民族传统文化的浸染，内心中相信或产生巫鬼观念的土壤就更为厚实、丰腴。考察广西山区各个民族，包括汉族，人们多有不同程度的巫鬼观念。其巫鬼观念的浓厚与淡薄，往往随自然环境的变化而变化，受之于民族的影响远不如受之于自然环境的影响来得深广。族源上同样与岭南古百越民族有密切联系的壮、仫佬等民族，由于所居住环境的差异，其现存神灵谱系就远不如毛南族传统神灵谱系庞大而复杂，宗教意识也不如毛南族的浓厚。世代生活于山区的百姓，无论属于何种民族，居家、出行、生产、生活，往往有难以数计的禁忌，这在广西山区所在多见。这实际上是自然环境因素与传统文化中的巫鬼观念交织、融会使然。当然，传统文化差

① 林惠祥：《文化人类学》，商务印书馆1991年版，第294页。

异较大的不同民族，巫鬼观念会有很大的不同。毛南山区缺水，因而其巫鬼观念中与水相联系的成分略少一些；个别地方的水源在于深邃悠远的岩洞里或地下河里，因而偶然与水有关的巫鬼观念便平添了这种深邃悠远的悠洞、深潭成分，例如蒙官神就与居住在深潭中的水獭有关，是寡妇与水獭的私生子。毛南族宗教信仰上的地域性因素，在肥套中表现得较为明显。

毛南族通过肥套体现的传统宗教信仰，最终也是最直接的归宿在于优化现实生活，即通过和融神灵的手段以实现利生愿望。毛南族信奉神灵的情感至为朴素而单纯：希冀子孙繁衍、儿女安康、生活平顺。分解起来就是家中儿女双全，孩童无灾少病、有病易愈，家人无伤无痛，六畜兴旺，稼穑丰稔等。这在现在看来并不高远的人生目标，在封建半封建社会里，是毛南人梦寐以求的。为了达到这样的目的，人们向神灵祈祷，向神灵许诺；把本该属于自己的东西看成是神灵的恩赐并予以诚心的回报。毛南族传统宗教信仰的最高宗旨或者实现神人和融的图式，大致可以用两个字来概括："回报"——神灵用恩赐回报人们的诚心，人们用诚心回报神灵的恩赐，如此反复，代代轮回。毛南族向神灵祈求的回报以及对神灵实施的回报是现世的，人们能够亲眼见到的。这种追求现世报应的宗教观念或许更符合宗教的本义：自身不修，即可危及下一代；个人不修，便有可能危及全家。修与不修，实则是坚持完善自己，还是放任自己。人们不仅仅要求自身时刻保持"回报"意识，坚持"回报"言行，同时对执行"回报"活动的使者，亦即毛南族师公也有相应的要求：儿女双全、"有福"之人才配做师公。倘若某人有儿无女或者有女无儿，便基本失去了做师公的资格——自己都祈求不到神灵的回报，又怎么能帮别人求得回报呢？① 我们不必责难毛南族传统宗教信仰的目的过于浅近。毛南族传统宗教情感就是这么直白，距离世俗生活就是这么近切。

传统宗教情结处于发展变化之中，神秘、虚幻的宗教意识趋于澄清，敬神、娱神与娱人结合起来，神人和融的境界在肥套中得到拓展。应该说，任何民族的宗教情结都处于发展变化之中，只是其发展变化是剧烈还是缓慢而已，因为人们的宗教情结往往伴随着社会生活的发展而变化。从清末民初开始，毛南族的宗教情感变化较为迅速而广泛，比如祭祀毛南族重要神灵三界公的庙宇到民国以后基本消失；分龙节（庙节）等群体祭祀活动需求淡化，

---

① 韩德明：《与神共舞——毛南族傩文化考察札记》，广西人民出版社2006年版，第66—70页。

被简化为一般的家庭祭祀活动以及走亲戚活动等，显示出毛南族人民自信与他信的心理状态渐趋平衡，以及源于自然环境与文化浸染的恐惧心理正被逐渐矫正，蒙昧、虚幻的宗教观念逐渐向科学观念转化。这些宗教情结的演变，也反映到肥套这一综合仪式中。毛南族肥套本来与周边其他民族的傩愿有很大不同：毛南族肥套在表达宗教期盼、抒发感恩之情的同时，很注重对毛南族传统文化的传播，注重观众的娱乐及审美需求。毛南族肥套原本仅仅是单纯的娱神、敬神、祈神和酬神活动，随着人们精神需求意向的不断变化，逐渐增加了世俗性、趣味性、娱乐性和艺术性成分，[①] 将敬神、娱神与娱人，以及传播毛南族历史和艺术有机结合起来。新增加的成分具备更多的科学元素，更符合毛南族生活发展背景。

毛南族与广西百越系其他民族一样，酷信巫鬼，原始宗教观念深植于全民意识之中；而且由于自然和文化相对自成系统，毛南族的原始宗教观念尤盛于广西百越系中的其他许多民族。但是，毛南族的原始宗教观念传承于岭南古百越民族的文化体系，孕育并且浓厚于毛南山乡的自然生态体系，且有着明确的世俗生活依归，因而其宗教生活与世俗生活极易融为一体，许多宗教观念常常以世俗生活的形态展现出来，宗教生活成为世俗生活的有机组成部分。由于原始宗教产生的缘由，独特的自然特征和文化特征为原始宗教观念的蔓延构建了极为合适的温床，以及在毛南族传统观念中构成的原始宗教意象与毛南族的生产生活密切地联系在一起，道教、佛教的某些元素只是从形式上补充了毛南族的原始宗教体系，其教义对毛南族原始宗教的核心要素基本上不构成冲击，毛南族的宗教观念也就很容易和融于世俗生活之中，成为毛南族建构肥套的重要方式。

毛南族将宗教观念渗透到生活中的各个方面，使其具体化为日常生活习俗的相关仪规，以强化自然神灵和祖宗神灵的虚拟存在。毛南族习俗中有许多与宗教意识，尤其与毛南族原始宗教意识有关，并且由习俗衍生出许多对人们的观念和言行具有极为强大的约束力的仪式与规定。毛南族这种将宗教观念世俗化的期盼和方式开辟并拓展了毛南族传统艺术的建构道路。肥套在很大程度上讲就是宗教观念世俗化背景下的产物：毛南族将大量的世俗生活元素糅入他们构拟的神灵世界中，营造一幅幅亦神亦人、人皆伸手可及的神灵生活情景，从而使神灵与世俗人生走得更近，甚至朝夕相处。在这样的艺术转换当中，肥套的建构者们可以充分发挥自己的想象力而不受现实生活的

---

① 蒙国荣：《毛南族傩文化概述》，《河池学院学报》2008 年第 6 期。

约束。

　　毛南族师公将宗教观念外化为神灵形象及其生活故事，并将其普及于毛南族传统社会，这既强化了传统观念中的万物有灵意识，又促使毛南族的传统宗教观念向艺术思维转变。毛南族肥套将神灵的"魂"与世俗生活中的"形"结合在一起，促使毛南族的传统宗教观念普遍跨越了抽象的意念阶段，复又进入形象状态。自然崇拜的思维发展途径往往是由形象到抽象的过程，即人类受自然现象的触发，通过联想和想象，赋予某些自然物象以超自然的力量。许多民族的自然崇拜观念往往至于此，将绝大多数超自然力神灵停滞在想象的意念阶段，不再令其回归世俗生活。而毛南族肥套将一个个神灵塑造成性格各异、鲜明可感的艺术形象，这些形象经过数以百年计的普及，已经鲜活地存在于毛南族传统的物质世界和精神世界之中。肥套中的傩面造型，不仅从性格而且从形态上刻画了诸神的面貌，连同民间传说一起，将各位神灵的超自然力具象化。这样的艺术建构方式客观上当然有助于强化人们的宗教观念，但更多的是促进了毛南族师公的艺术思维活动，促使他们进行艺术建构的时候将人的世界与神的世界融合起来。

　　建构肥套的毛南族师公们在社会生活中寻求艺术元素，将宗教观念转换为艺术建构观念，从而赋予那些处于虚无缥缈境界的神灵及其生活以更多的审美特质。毛南族的许多艺术形态都与宗教存在着或多或少的联系，有很多就直接以宗教的脸谱化体现出来，而且这些具有宗教属性的艺术形态反映的就是毛南族较为原始的宗教情结——自然崇拜和祖先崇拜。在毛南族肥套中，虽然有文神、善神和凶神等不同属性的神灵，但经过毛南族民间艺人的调遣，这些神灵无一例外地都在为人们的世俗生活服务，都在体现着人们的现实追求，尽管这些调遣是通过各种虔诚的事神方式进行的。在肥套仪式中，庞大的神灵队伍在师公们的指令下各司其职，通过艺术表演，共同为主人的求嗣禳灾服务。毛南族宗教观念以及与宗教观念相联系的宗教行为的世俗化，既标志着毛南族在保留着敬神、娱神、祈神、酬神观念的同时，也在役神，即驱使神灵为人们的世俗生活服务，包括为人类创造艺术形态，客观上标志着毛南族宗教观念的革命性进步。

　　毛南族在逐渐弱化神灵对公众的造福功能而强化其对个人的福佑功能。人们总是根据他们自己的情感取向以及对现实生活情景的认识去塑造神灵形象，营造神灵生活的环境，并将期盼寄托于神灵。在这一点上，毛南族与其他民族没有本质的差异。但随着社会分化的加剧，人们的私有观念日益强化，以及生活在社会底层的人们生活状况的迅速恶化，毛南族在传统宗教意识中赋予神灵的福佑功能以及表达对神灵的寄托心理等方面也在发生明显的变化：人们举办公共宗教活动的热情在不断消退，对于神灵的社会功能期盼值在不断降低。人们更多的是从个人和家庭的角度保持相应的宗教观念以及进行相关的事神活动。例如，曾经盛行于毛南山乡的分龙节，原来的主旨为祈神求雨，希望有一个风调雨顺的年成，形式由公祭和家祭两部分组成。这一习俗虽然至今仍然隆重，但至迟从清末民初开始，内涵已经发生根本性变化，即由祈雨为核心内容改变为走亲访友、娱乐对歌为主要内容的社交活动；公祭活动逐渐消失，家庭祭祀活动却活力不减。① 毛南族肥套活动也由公共祭祀、祈求民族子嗣繁衍转变为家庭祭祀，其主旨也变为祈求家庭儿女双全、家道平安顺畅；其样式中有一些就跟某些传统节庆中诸如分龙节的公祭仪式大同小异。② 这实际上是毛南族传统宗教观念逐渐淡化的一种表现。

三　自然元素凝练化

毛南山乡的自然生态特征前文已广泛述及，此处不再赘言。毛南山乡的自然生态元素被广泛用于肥套建构，成为毛南族肥套的重要组成部分，并为凸显毛南族这一仪式的特色服务，则为显而易见、俯拾皆是的。毛南族民间艺人在肥套中往往选取毛南山乡最有代表性的风物作为素材，或者作为肥套展现的背景，而且这些元素进入肥套之前，往往要作相应的提炼或升华。毛南族肥套正是凭着这些富有毛南山乡自然生态特征的元素，而体现出民族色彩。毛南族肥套建构者们凝练自然元素的方式，主要有下述三种。

一是选择毛南山乡具有典型意义的风物，作为塑造神灵的材料或者作为神灵活动的背景。婆王既是母系社会权威的象征，还应该是自然界以花为代表的植物要素的凝聚，因为人类早期只知其母不知其父，"毛难族的各大姓都说自己的祖先是由外地来的男子，后来与本地的妇女结亲后，儿女随母亲

---

① 《毛南族简史》（《毛南族简史》修订本编写组编写，民族出版社2008年版）第114页记载，毛南山乡下南地区的六圩曾经有一座规模宏大、建筑华丽的"三界庙"，为一处分龙节公祭活动的重要场所。该庙毁于民国初年。《环江毛南族自治县志》（环江毛南族自治县地方志编纂委员会编，广西人民出版社2002年版）第919页记载，分龙节祭庙、椎牛在民国初年被禁止。《环江毛南族自治县概况》（《环江毛南族自治县概况》编写组编写，民族出版社2008年版）第44页记载，自民国以后，分龙节的椎牛仪式已基本消失，活动内容侧重于娱乐方面。《毛南族风俗志》（蒙国荣、谭贻生等著，中央民族学院出版社1988年版）第153页记载，分龙节的祭祀，从20世纪20年代以后已不再到庙堂椎牛祭神，仅在家里供献神农和家神。

② 广西省民族事务委员会：《环江毛难人情况调查》，1953年12月编印，第93页。

过活，因此都说是一个老母亲的后代，都共同尊称她为'母老'"①。这应该是母系社会元素孑遗与民族源流传说混融的产物。婆王的宗教地位，显然已经融会了自然界的花卉万象以及人们将花朵的生命特征与人的生命特征联系起来而确立的。肥套中的另一位地位重要的生育之神地主灵娘，传说是毛南山乡云峒山中的一棵大榕树精变成的，具有极强的生育能力。这一形象实际上是融合了榕树的生长特征以及富于生产女性的生理特征所创造的艺术形象。肥套说唱经文描述地主灵娘"面白青云（云发）两奶大，眉毛光彩好威仪"，生育力极为旺盛。② 自然环境要素与女性的生理特征在这里得到很好的结合。肥套虽然很少采用语言工具对毛南山乡的生态特征作大量正面描绘，但其中的舞蹈及少量的道白，则形象地展示了古时候毛南山区山高林密、鸟兽繁多的自然生态景象（毛南族《谭家世谱碑》记载毛南山区及其周边地区在明朝中叶曾经"鸟兽逼人，虫蝗凶恶"，当可作毛南族肥套所表现情景的佐证）。上述具有象征意义的物象，实际上既是毛南山区自然环境的局部，也是毛南族师公浓缩毛南山乡自然生态景象的产物。

二是将自然元素凝聚之后，与图腾崇拜的原始观念及民间传说糅合起来，成为具有原始宗教内涵的艺术形象，有的甚至体现新型的生态伦理观念。在毛南族神话中，龙神（雷神）是司天大神，主管风、云、雷、电、雨，对自然环境影响巨大。它们既巡游于天，又潜藏于地（毛南族的"龙脉"观念非常浓厚，亦即对山川形势十分在意）。龙神（雷神）实际上是毛南族将风、云、雷、电、雨和山川形势等元素凝练化、意象化的产物。毛南族将这些外在元素与自己的恐怖畏惧、期盼福佑、设法和融等情感结合起来，并使之成为民族的图腾。肥套中的黄筵（"雷王愿"）部分，雷神家族的地位十分显赫，作用非常广泛。"鸟是越人最古老的图腾"③，广西百越系民族对鸟以及鸟的变体——例如鸡、蛋之类——有着特殊的感情，在他们的原始宗教情感中对鸟存在着深深的依恋和祈求之情。这种情结甚至影响到居住于广西地区的非百越系少数民族乃至汉族。广西民间的一些重大仪式，例如丧葬、婚娶、建屋、祭祀、开工、乔迁等，至今仍尚杀公鸡取其血淋抹，以祈驱秽祛邪，求安纳福。这实际上是鸟图腾崇拜的遗迹或变体。包括肥套

① 广西壮族自治区编辑组：《广西仫佬族毛难族社会历史调查》，广西民族出版社1987年版，第42页。
② 毛南族师公谭圣慈（法号仁三）收藏手抄本《红筵过桌》第二集。
③ 李路阳、吴浩：《广西傩文化探幽》，广西人民出版社1993年版，第152页。

在内的毛南族传统艺术形态或艺术元素有许多以鸟（包括鸟的变体）作为素材或题材。在凤腾山墓葬石雕中，以鸟为局部画面主题或组件的甚为多见。毛南族传统习俗中有一个非常隆重的节日"放鸟飞"，应该就是古老的图腾崇拜在毛南山乡的孑遗：春节前夕，人们从山上采回菖蒲叶精心编成各类小鸟，除夕那天清晨主妇往百鸟腹中灌入香糯、饭豆、芝麻、花生等物，放入锅内煮熟，分给家中孩子每人一只。刚做母亲的少妇，还专程回娘家为孩子取回一只小鸟。人们还将编织的鸟儿悬挂于厅堂正中，祈求百鸟驱逐虫害，确保丰年。此一习俗本身即为艺术的一种形态。如果说该习俗的前部分体现的是人们从祖先那里遗传下来的图腾崇拜情结，那么期望百鸟驱除虫害以求丰年，则具有生态伦理内涵。毛南族肥套仪式中有一节，师公让主人背一公鸡缓缓步入主妇房内，其意应该包括两个层面：其一是借助于图腾（祖先）的魂灵驱逐邪秽，其二是将魂灵（生命）引入房中以获得子嗣，这些都应该是广西百越系民族图腾崇拜情结的反映。在这方面，毛南族与广西百越系其他民族基本类似。此一情节同样具有相应的审美内涵。

三是通过自然生态元素的凝练进而有机组合，促使肥套所呈现的艺术情境与自然生态系统相互融合。毛南族师公们在肥套建构中大量使用比兴与象征手法，许多自然元素被凝聚为肥套的有机组成部分，同时又使肥套的某些场景融入生态系统所构建的情景之中。例如肥套中的《十二月歌》从多个侧面展现了毛南山乡的自然生态缩影，即从一月到十二月毛南山乡的自然特征被描绘出来。毛南族传统的艺术建构手法、形象塑造要领、毛南人倔强不屈的性格，也因此在一个相对完整的自然系统（严格说来应该是一个子系统）中得到生动的体现。

四　他族元素本土化

毛南族是一个善于传承本民族文化和善于吸收其他民族文化的民族。对于自己的根性文化，毛南族表现出深切的眷恋和顽强的坚守；对于他族的先进文化，毛南族表现出无比的饥渴和宽阔的胸襟。在肥套仪式建构过程中，毛南族极为注重吸收周边其他民族的艺术元素，善于采取相应的措施从形式到内容再到艺术形态的精神，将周边其他民族的某些艺术元素融化、再创为本民族的艺术形态。这应该是毛南族和融期盼在艺术上的实践，是从神人和融走向更高层次的民族间的文化和融，亦即社会和融。在这样的民族文化和融氛围下，毛南族师公通过肥套这一平台大规模展示其他民族艺术成果，尤其壮、汉等民族的艺术成果，然后将其融会为自己民族艺术的有机组成部分。毛南族民间艺人在肥套中将其他民族艺术本土化或曰本民族化的方法，大致有下述几类。

其一，借用其他民族艺术的形体，以本民族艺术的内核充实之。广西各族人民关系总体而言极为和融，民族之间的文化隔阂极为淡薄，一直到 20 世纪 50 年代初期，不同民族的人通婚和"打同年"（不同姓氏而出生于同一年的人结拜为兄弟或姊妹，也叫"打老庚"）所在多有，"同年"之间关系之亲密，甚至有胜于亲兄弟姐妹者；不同民族之间"寄父母"、"寄子女"（寄者，寄于名下也，即平常所言之"干父母"、"干子女"）现象普遍存在，寄父母往往视寄子女如同己出，寄子女也尊寄父母如亲生。这一习俗沿袭到 20 世纪 70 年代仍然较为盛行。长期居住于同一地域的各个民族，艺术形式的互相借鉴和借用是很常见的，只是相对而言毛南族借鉴和借用周边其他民族的艺术形式的比例显得略大一些。毛南族的民歌基本上是借用周边壮族的语言工具及形式，在其中赋予毛南山乡的风物与毛南族情感，并使用毛南族民歌的格律呈现之。毛南族肥套中情歌演唱在接受壮族语言的同时，还借用壮族民歌的音韵旋律，因而在民歌的形式方面与壮族民歌有极大的相通和相似之处。[①] 毛南族肥套中的道教元素，基本上借取于汉族，但借取的也仅仅是形式，其内核仍然是毛南族的原始宗教观念以及源于岭南古百越民族浓厚的祈求子嗣繁衍和驱邪保平安的各种仪式环节。肥套仪式中的许多神灵、法器及法事与道教的关系极为密切，但处于尊位、主办之家执意祈求的神灵主要是婆王和雷王两位，其他的神灵和环节大多为该二神服务；肥套傩面的造型上，有的体现出道教或者佛教的教义，但毛南族本土神灵职能却主要是围绕着毛南族原始宗教习俗而设置的，例如婆王、雷王和三界公爷等。

其二，以毛南族肥套为载体，纳之以其他民族艺术元素为内核。毛南族所承袭的岭南古百越民族的某些艺术元素，在长期的发展过程中已经发生了极大的改观，在某种层面上来说已经仅仅成为一种形式上的载体，其中的主要成分多为借取的周边其他民族的艺术元素。毛南族肥套中的巫语，就是借助于肥套这一仪式，用汉语华丽、典雅的辞章，描绘令人向往的奇妙神界；肥套中广泛使用的傩面，基本上仅仅保留了岭南古百越民族某种"傩"的概念，其面容造型和图形蕴意多取自汉族戏剧面相造型特点以及道、佛二教的某些教义。

其三，肥套的某些场次和场景从形式到内容均吸收其他民族艺术形式并

① 蒙国荣、王弋丁等：《毛南族文学史》，广西人民出版社 1992 年版，第 29 页。

予以精心传承，久而久之将其化为本民族独特的艺术。从毛南族史诗可以看出谭姓毛南族始祖在迁徙到毛南地区之后，从语言到服饰，再到某些饮食习俗，其后裔广受原居住于该地的少数民族"土苗"各族影响并基本上被当地民族的语言、服饰及饮食习俗所同化（或者说相互同化），亦即毛南族在形成和发展的过程中，继承了该地区原有民族的某些艺术形态。到后来，这些少数民族或迁徙他方，或为毛南族所整体同化。而这些民族原来的语言、服饰及饮食习俗等艺术形态为毛南族所继承与发展，最终成为毛南族较为独特的艺术形态。在此艺术氛围下建构起来的肥套，源头基本上为岭南古百越族的傩愿，但发展到今天，已经成为独具毛南族特色的文化符号，在毛南山乡周边乃至广西地区，再难以找到如毛南族肥套这种综合性极强的传统艺术含量极大的宗教仪式。

其四，将他民族的艺术元素与本民族的艺术元素有机地融合起来，重新建构属于本民族的肥套。考诸毛南族的多种传统艺术形态我们会发现，毛南族传统艺术跟其他民族的传统艺术一样，其建构观念与建构方式也都走过了将本民族艺术元素与其他民族的艺术元素相融合，进而创造全新的属于本民族的艺术形态的道路。我们且不说毛南族从岭南古百越民族继承来的那些文化基因，从某种程度上讲已经包含有其他民族的艺术元素，单看毛南族作为一个共同体基本成型以后所走过的艺术建构道路，也体现了多民族艺术元素有机融合最终创造出毛南族的肥套。从宗教观念到语言、文字，到赋比兴等艺术建构手法，再到舞台综合表演艺术等，毛南族师公们都大量地借鉴了周边壮、汉、侗、水等民族的艺术元素，同时赋予毛南族特有的审美情趣及宗教观念，建构了独具毛南族传统艺术特色且具有符号性特点的综合表演仪式肥套。

毛南族将他族人物请入神灵队伍，强化自己民族的神灵阵容；同时接受并融合外来宗教如道教、佛教的某些成分，形成了从内容到形式较为完整的民族传统宗教体系，并通过肥套这一仪式综合体现出来，再通过肥套这一重要仪式将宗教观念外化成人们日常生活中的心理需求。毛南族的文化心态极为开放，这可从其传统宗教意识上看出一斑。毛南族不仅不拒绝他族人物进入自己的神坛，而且往往将其置于崇高的尊位，例如莫一大王、太师六官、三界公、鲁班、韦土地等，原来都不是毛南族人。毛南族通过一系列艺术手段，将这些外族人物神化，并使其成为本民族神灵队伍的中坚力量。毛南族的神灵谱系中，有许多神灵都是从他族借用、移植、改编、融会而成的。毛南族还吸收了道教、佛教的许多元素，加以改造后，将其充实到本民族的宗教体系中，强化了毛南族传统宗教形式的完整性。本来有时候，我们很难将宗教的某些元素认定为形式还是内容。但从与道教、佛教相关的某些人物及程式在毛南族传统宗教体系中的作用来看，道教、佛教元素的外壳性特征还是较为明显的。这种外壳性（形式）特征在肥套中也很突出：大凡仪式铺排、场次衔接、场景烘托等多采用道教、佛教——当然二者都是经过毛南族文化浸染过的——元素，而涉及期盼、酬答等核心内容的，则多采用带有毛南族原始宗教韵味的元素。

第二节　肥套的生态审美范式

一　体现天地混沌之朦胧美

人类很早就试图探究宇宙起源和人类来历课题，而中华民族大家庭中的许多支系得到的结论大同小异：在宇宙成型之前、人类出现之初，天地呈现出混融、模糊状态。在毛南族的创世神话里，迄今为止，人类已经跨越了三个轮回——"朝"，进入由盘、古兄妹相结合而繁衍人类的"第四朝"。在"第一朝"人类到来之前，到处一片黑暗、模糊。一个力大无比的形体"昆仑（混沌）"开辟了天地，然后诞生了人类。毛南族先民认为，在这远古洪荒时期，人类愚钝冥顽，无饥无渴，无欲无念，长期不死不生，世界一片混沌。但毛南族先民构拟的天地混融景象，带有毛南山乡典型的生态特征：

> 昆仑初开天，尚无人世间。
> 昆仑下地来，开辟世间变。
> 法术很高超，天柱他能摇。
> 石块聚成山，泥块聚成地。
> 水滴聚河海，火星聚火堆。
>
> 人住岩石下，日夜睡洞里。
> 渴了没水喝，饿了没粥吃。
> 昆仑剥岩层，人方得透气。
> 吃树叶当饭，吞嫩苗度日。
> 未有男女配，未有房子住。
>
> ——毛南族《创世歌》

毛南族先民所建构的体现朦胧之美的审美范式，与毛南山乡的生态状况高度吻合：岩石、岩洞、岩层、岩柱、树叶、嫩草等，都是广泛存在于毛南山乡、人们日常所见、接触最为密切的事物。这样的愚昧朦胧情景，成为毛南族肥套建构早期整体生态情境的重要依据。毛南族师公将毛南族的神话传说编创成唱词在肥套中合乐演唱（《肥套·三光》唱词："初开苍天先有乾，浩浩荡荡广无边。先前混沌已注定，生养百姓过千年"）。毛南族肥套与其神话故事和神话歌谣一道，展现了天地混融、民智未成，人对自然无知无求、无惧无虑的原始朦胧状态。这既体现出毛南族先民对于天地人世之初所构拟的混沌情形，也体现出毛南族先民对其所构拟的人类原始初级阶段自得自足社会的向往。

应当说，这种以体现朦胧之美为主要特征的审美范式，形成于对天地之形以及对世间相关事物的想象和联想，与中国传统的天圆地方之说、与南方民族的屋宇居住情形有一定的联系。因为在早期人类看来，地是不动的，而天宇万物是围绕大地运动的。而且岭南古百越民族的居住情形为毛南族先民的天宇构想提供了相应的物质基础。晋人张华在其所著的《博物志》卷三描述："南越巢居，北朔穴居，避寒暑也。"此处所言南越居住之"巢"，远非早期南方人结树为巢，当是在桩柱上构架，架上以茅草、树皮、竹片之属覆之。这样的"巢居"既可以避暑热百虫，又便于日常出入。但不管是远古的"巢"，还是后来的干栏式屋宇，都可以作为构想天宇成因的原型，因为二者具有一定的关联性，故而毛南族《创世歌》里有"天柱他能摇"的描述。毛南族肥套实际上是对自然环境要素和社会文化要素的凝聚与升华。

二　揭示人和于天之依生美

依生之美"首先是客体潜能的自由实现，表现为衍生和派生主体，形成客体化的主体，构成客体的对象化世界。其次是主体潜能的自由实现，表现为依存、依从、依同客体，从而使主体更加客体化，最后形成高度客体化的一元整体"[1]。体现依生之美的审美范式具体展现了天态审美场基本的生态流程图式，以及客体对主体的对象化过程。[2] 根据对毛南族某些传统艺术形态分析，此一审美范式在毛南族的历史中萌芽时间甚早，成型时期特长：从世界洪水滔天、人类始祖盘兄和古妹依赖神灵赐予的工具躲过劫难开始，

---

① 袁鼎生：《审美生态学》，中国大百科全书出版社 2002 年版，第 131 页。
② 袁鼎生：《生态视阈中的比较美学》，人民出版社 2005 年版，第 115 页。

就不断得到神灵的资助和点化。这种意识经过长时期的演变，成为毛南族传统宗教意识中的最为重要部分。毛南族这一审美范式的特点主要在于：他们在漫长的历史发展中创造了数以百计的神灵并对其顶礼膜拜，建构了庞大而完备的神灵谱系并使其分工明细，将神灵主宰一切的观念贯穿于日常生活中的各个方面。依生之美成为毛南族主要的审美范式。毛南族人据此创造了肥套。毛南族肥套完全可以被看成是毛南族先民依生之美审美范式的完整性体现：从主旨设定到场景建构，再到敬神法事，绝大多数都是在体现毛南族祈求神灵护佑的原始宗教情结。依生之美的审美范式在毛南族所处的自然与文化环境中具有广泛而深厚的土壤。

毛南族依生之美的审美范式涵括社会生活领域的各个方面。自然环境给毛南族思想意识造成的巨大压力以及由压力导致的内心恐惧，促使毛南族全方位地思考其所处的自然生态体系，对其中的相关要素作多角度、多层面的联想和想象，将其中的许多元素人格化，并赋予其超自然力。在毛南族所涉及的自然生态系统和社会生活领域中，大凡难以主宰的方面，人们就会通过风俗习惯或神话故事来塑造一个神灵或一组神灵，以作为心灵的慰藉和依靠，并祈求神灵在相关方面福佑自己。这种对自然生态要素内蕴力的夸张性想象和描述，以及对这种内蕴力的极度迷思，发展成毛南族最为重要的集体无意识。肥套所展示的毛南族神灵中，最为重要的有三位：三界大王、婆王和雷王，师公们建构肥套殿坛时将这三位神灵置于显要位置。三界大王即三界公，有无所不能的神力，生产生活中的各个领域都离不开他，而且在众多神灵中发挥协调和制约作用。从其职分看，三界大王应该诞生较晚，而且其职能是随着社会生活的丰富而不断递加的。实际上，婆王才是毛南族神灵中地位最为重要、职分最为显赫的，因为她主管的是人间的生老病死，掌握着每一个人的精魂，决定着家庭的子嗣繁衍，是毛南族肥套仪式中祈求和酬谢的主要对象。雷王形象的塑造，则集中体现了毛南族依生之美审美范式的经典之处：自然界的雷，其能量和潜能人人皆可以感受和想象，其神力可以使世间万物生畏和避让，所以毛南族肥套（雷王愿）将其塑造为驱邪祛秽的保护神；又因为其桀骜凶顽，容易给人们带来灾祸，所以毛南族又赋予三界大王制约雷王的神力和职分。在毛南族的传统意识中，自然生态系统日益细化，客体化的主体也随之细化；生活领域日见宽广，人们对神灵的依赖逐渐增多，因而依存、依从、依同意识日益增强，依生之美的审美范式涵括面渐趋广泛。这也是毛南族神人和融模式的浅层次状态，但其持续时间最为长久。

　　毛南族依生之美审美范式的源头，可以追溯到岭南古百越民族文化基因传承与毛南山乡自然生态共同孕育的土壤。岭南古百越民族文化中自然成分亦即自然生态元素至为明显。在岭南古百越民族的心目中，自然生态环境既为衣食之源，系人类最重要的依赖之所，但自然生态系统中蕴含的不可知因素又是人们畏惧的对象——有时这样的对象存在于虚幻的想象空间。故而岭南百越系民族有许多至今仍然具有庞大的神灵谱系。毛南族肥套就形象地为人们构拟了这一结构复杂的文化土壤，以及在这样的文化土壤里衍生并发展着的独特的审美范式。

三　凸显天人对立之竞生美

　　生态审美范式中的竞生之美表现为"主客体的潜能对象性地实现为对立、对抗的格局以及对立、对抗的结果……形成以主体为本体、主导的审美结构"[1]；"是在审美的主客体关系中，主体处于主导的、中心的地位，而客体则处于从属的地位，成为主体本质力量的移注、投射对象，是主体本质力量的确证"[2]。其最初形态应该是人类对来自自然界巨大压力的本能反应，然后经过一定时期发展后所形成的企图化解压力、摆脱压力的系统期盼与构拟方式。人和于天的依生之美虽然是毛南族最为主要的审美范式，是毛南族长期遵循的天、人关系的重要准则，但毛南族人民的内心深处仍然蕴含着与自然抗争、与天命抗争的倔强与坚韧，而且在适当的时候采取相应的方式体现出来。毛南族竞生之美的审美范式主要通过两种途径建构起来。其一是借助于一类神灵的力量征服、制约另一类神灵的力量，以表达改造客体、征服客体的愿望，或期待改造客体、征服客体的结果。这应当属于由依生之美的审美范式向竞生之美的审美范式过渡的阶段。在毛南族肥套仪式里，文神、善神往往能够征服、辖制凶神和恶神，最终促使凶神、恶神为仪式主办之家（推而广之则为民族整体）造福。例如力量无穷、凌厉无比、形象凶狠的雷王被三界公辖制后，大为改变了它性格中一味凶狠暴虐的一面，主要利用其震天撼地的力量为人们兴利除害、驱凶祛邪，保佑人们免遭灾祸、平安顺畅；经常在人间散播瘟疫病痛的蒙官受太师六官的辖制，其恶行不得不有所收敛；一些有可能对肥套仪式构成威胁的外神外鬼被毛南族保护神及家仙阻挡在门外，等等。其二是直接诉诸主体的力量，对客体实施改造或征服，借

---

① 袁鼎生：《审美生态学》，中国大百科全书出版社 2002 年版，第 135 页。
② 黄秉生：《壮族文化生态美》，广西师范大学出版社 2011 年版，第 87 页。

以表达人们与天命抗争、彻底改变现状的愿望。例如三界公爷与病魔及邪秽搏斗、覃九官坚持要为毛南山乡赶走石山造出平原引进河流，等等。这两种途径都符合艺术创造的逻辑性：当凶神、恶神的劣性难以根除，仍然不时对人类造成伤害的时候，人们就创造文神、善神对其予以辖制，例如对待雷王、蒙官之类；当主体战胜客体已有"定论"，则主体直接出面对客体予以改造或征服，例如三界公爷驱逐百病、覃九官改造毛南山乡面貌为毛南族人优化自然环境之类。

四　突出天人相依之和融美

和融之美当是指本体理性地认识到自身与客体的关系存在对立属性的同时，能够通过理解、宽容、妥协、调和等方式，建构起相互依存、和平共处的融洽关系，进而主客体达成有条件和谐共生的状态。应该说，神人和融之美是毛南族肥套最主要、最重要的审美范式，肥套仪式所体现出来的天地混沌之朦胧美、人和于天之依生美、天人对立之竞生美等审美范式当属天人相依之和融美的基础或曰特殊的表现形式。直至中华人民共和国成立，毛南山乡的自然环境呈现出日益恶化的趋势，自然环境压力持续加重；社会分化更为剧烈，底层百姓的生存、生活压力几乎到了令人难以承受的极限。按照常理，在自然和社会双重压力相互夹击的情况下，天、人相依之和融美局面是很难企及的。但毛南族依据其坚忍顽强的民族性格和理性和融的深切期盼，通过肥套这一宗教仪式达成了天人相依和融之美的范式。毛南族肥套所体现的神人和融之美主要采用两种方式来实现。其一是赋予客体的某些要素以平民属性，以最大限度地在客体内寻求同盟力量。肥套中几位举足轻重的神灵，诸如三界公爷、社王、太师六官、三元神、鲁仙及花林仙官等，都是深受磨难、由社会底层成长起来、法力广大的神灵。他们不仅在感情上倾向于广大百姓，而且具有保护百姓的神力，成为毛南族深为信赖的保护神和同盟军。其二是调整客体各要素之间的关系，促使客体各要素之间相互制约，以实现客体的整体力量向主体倾斜，最终主客体之间达成力量相对均衡状态下的和融。这一途径是前文所述途径的自然延伸。毛南族深知客体力量的强大，仅凭自身的坚忍顽强难以与对象和平相处，于是设法调整客体各要素之间的关系，使自身处于与客体平等的地位。例如善神、凶神、恶神之间，他们各有广大的法力，既可以造福一地，也可以为害一方。由于相互消耗、制约，文神、善神福佑人们的本性得到升华自不必说，就是那些凶神、恶神也都不同程度地收敛了自己的恶性而张扬了善性。主体既向客体祈求，客体也乐意为主体服务，主客体之间达成有条件的和融。从这一角度看，肥套在展示神人和融审美范式的同时，也体现了毛南族先民的生存与生活智慧。

从客观上而言，毛南族肥套较为系统而完整地展现了该民族的整体生态观念，其中包括自然生态观念和文化生态观念，建构了该民族较为清晰的生态审美范式。当然，严格说来，毛南族肥套所展现的生态审美范式有大致的阶段性，但阶段之间往往具有极大的模糊性，各个阶段之间有些地方甚至高度混融。

第三节　肥套的特性

一　宗教心理执着与融通

作为岭南百越民族的后裔，毛南族从其祖先那里继承了丰富而复杂的原始宗教理念，并在漫长的发展过程中深受独特的自然环境的影响，同时融合了周边其他民族的相关文化元素，建构起属于自己民族的宗教体系，进而造就了自己别具一格的宗教心理，那就是执着地认为万物皆有灵性，神灵无处不在，神灵主宰着世间万物，尤其人的生老病死及家庭、家族的兴衰荣辱，等等。在毛南族的传统生活中，造神、敬神、祈神和酬神成为重要内容，而且此种观念和行为蔓延至物质创造活动领域的许多角落。这种执着的宗教心理构成了毛南族审美文化场中的主要力量之一，并左右着其中许多种力的方向，诸如认识环境、改造环境，认识人生、优化人生，等等。此类力的形成与演变，均不同程度地受其宗教心理的影响。毛南族肥套显示出浓厚的多元宗教色彩，既形象地反映毛南族执着的民族宗教心理即祈求与神灵和融，又透视出毛南族达观、开放的宗教心态。

毛南族执着的宗教心理，主要通过人生中繁杂而系统的仪式营造成型及生动地体现出来，进而形成毛南族的集体无意识。从胎儿孕育、出生、婚姻直至年老离世，贯穿人生中的每一个重要环节，毛南族有一整套完整而复杂的仪式。这些仪式蕴含和体现了毛南族原始宗教情结、自然元素和他族文化的融合体，尤其民族特有的原始宗教痕迹至为鲜明，例如母系权威、家仙（祖先）权威和自然界神灵的权威都是至高无上，需要时时依赖、时时敬畏的：生命的孕育、成长直至离开人世，舅家或者舅家的象征，其福佑都是必不可少的；家庭的兴旺和人生的平安，祖先神和自然神的护持也被认定为须臾难离。所有这些，往往是通过一定的仪式展现出来。虽然随着社会的变迁，某些仪式已经逐渐淡化乃至消失，或者为其他相应的形式所取代，但铭刻于毛南族人心灵深处的宗教印痕则难以在短时期内磨灭，毛南族的许多人生仪式，皆可以从中寻找出这三路神灵的踪迹。这种观念，通过日常生活的浸染潜移默化成毛南族人自觉遵循的重要生活准则之一，而且逐渐演变为毛南族文化中的重要根性，并为毛南族文化中的其他形态提供养料和范式。而其中具有典型意义的，当属肥套。

毛南族肥套基本上是毛南族宗教心理外化的产物，毛南族宗教心理的一大特色，便是执着与融通的有机统一。毛南族肥套融会、体现了毛南族这种执着与融通的宗教心理。甚至从某一角度而言，毛南族肥套是毛南族执着与融通的宗教心理的结晶。从一般的敬神、祈神和酬神的"跳神"活动发展为娱神与娱人属性兼备、体现神人和融的综合性宗教仪式，毛南族肥套发展的观念、方式和结果都表征毛南族传统宗教心理执着与融通的内核。无论是从肥套的构建期盼而言，还是从其形式所体现的审美价值而言，毛南族宗教心理的执着与融通贯穿其艺术创造和艺术欣赏的全过程。人们在创造和欣赏肥套中，必须遵循敬神、祈神和酬神等和融神灵的宗教心理轨迹，但又可以跳出宗教的桎梏，将敬神、祈神和酬神的宗教诉求与世俗生活融为一体，并借助于世俗生活营造相应氛围，表达宗教诉求。毛南族传统生活中的许多宗教观念或仪规本就是从世俗生活中发展而来，二者往往不具备明晰的界域，其本身大多是执着与融通的产物，只是在不断神化的过程中，导致了世俗生活与宗教生活的分离。毛南族的宗教观念中原始宗教形态居多，与后起的体系完整、仪规谨严的某些宗教不同，其原始宗教仪规往往呈现于特定的时间和场合之中，或者与一般的生活习俗合为一体，因而在执着之中易为融通，也容易通过相应的宗教仪式使其与艺术活动有机地结合起来。肥套的许多场面基本上脱离了宗教仪式的庄严肃穆，充斥了大量的散漫生活情境，俗世内容极为丰富，此为宗教心理融通一证。

在毛南族的传统生活中，宗教往往是大众的宗教，毛南山乡几乎无处不弥漫着强烈的原始宗教气息，原始宗教尤其被生活在社会基层的普通百姓所倚重；艺术更是大众的艺术，人们既用艺术形态来体现宗教情感，又将复杂的宗教期盼凝聚于艺术形态之中。无论是宗教还是艺术，往往都跟日常的世俗生活融为一体：宗教诉求是日常生活的重要组成部分，艺术心理、艺术行为和艺术成果往往在相应的宗教活动中被展现出来。很多时候人们往往在不知不觉中践行着宗教仪规，也在创造着艺术成果。与此同时，执着与融通这一对难于相处的矛盾体，在毛南族传统社会中获得了和谐的生存环境，进而以使肥套这一仪式体现出来。此外，宗教行为、日常习俗和艺术创造活动等等，相互混融，相互促进，因而在宗教心理上更容易表现为执著与融通的有机统一。

毛南族肥套起源于宗教，而且在其漫长的生存与发展过程中与毛南族人民的原始宗教意识有着密切的关系。但我们从生态批评的角度及艺术形态系统性审视的角度去观照，其内涵和价值已经远远超出了一般宗教仪式的范畴。肥套已经发展成为戏剧艺术的雏形。

毛南族的肥套无论从形式还是主旨，与中国傩仪，尤其与广西古百越民族的傩愿有着千丝万缕的联系。但经过长期的发展，肥套此一艺术元素丰富的仪式已经为毛南族所独具：有毛南族独特的傩面造型艺术，有结构虽然松散但已隐约成型的故事情节，有戏剧性明显的舞蹈成分，有说、唱、诵、舞等元素结合相对谨严的舞台形式，蕴含有极为丰富的毛南族古代百科知识，体现出明确的文化传承和社会教化的目的，在保持原始宗教内涵的同时，增加大量的娱人成分，因而其艺术审美性极为显著，等等。所有这些元素都是广西其他民族的傩愿较为少见甚至根本不具备的，因而为肥套打上了鲜明的毛南族文化烙印。

毛南族肥套发展到20世纪50年代初期，几乎成为毛南山乡全民（除一些蒙姓毛南族人之外）共有的、每家每代人必须举办的、人生最为重要的典礼。直至今天，在毛南山乡，肥套几乎仍然是全民性的，与周边其他民族形成鲜明对比。

【田野笔记】

2012年3月18日，笔者赴环江毛南族自治县做田野，拜访毛南族学者、毛南族文学研究专家蒙国荣老先生。蒙老先生告诉笔者："肥套现在又有恢复态势，不管是当地的一般农民，还是在毛南山乡出生后来在外地工作的人，都要依旧时规矩举办肥套。"2012年7月14日，笔者在毛南山乡堂八村采访肥套传承人之一、毛南族著名师公谭三岗。谭先生告诉笔者，该年已经确定由他主持表演的肥套有十多场（肥套一般都是由主办之家和表演的师公班主在每年的立秋前共同确定的。确定的过程中还要有相应的固定程序）。毛南山乡现有师公班子十多个，每年总表演达一百多场。2012年10月25日至28日，毛南族诗人、作家、学者，曾任环江毛南族自治县文联副主席，时年72岁已经退休回乡下定居的谭亚洲老先生在家里举办了规模较大的肥套，笔者受邀全程观摩。观摩过程中，笔者于 25 日下午 2 时许采访了师公覃万畅（简介见第一章第二节）。

覃万畅：毛南人做还愿有主动和被动两种情况。主动的是不分家道是否平顺，主动选择日期做还愿；被动的则是家道不平顺，去巫婆那里请她们看运行，然后决定是否做还愿。

采访者：您见过周边的壮族或者其他民族的人家做还愿仪式么？

覃万畅：听老辈人讲，以前壮族、瑶族人家也有做还愿的，而且请过毛南师公。现在这些民族很少做这个了。听说壮族做还愿的，三代才做一次，是请他们自己师公做的，而且内容跟我们毛南不一样。

采访者：我还希望了解更多的关于毛南族还愿的情况。

覃万畅：做三元公的，要求有儿有女，很少有未婚的人做三元公。还愿中的"求花"环节现在做的也很少了。"求花"环节一般是未生孩子或者不是儿女双全的人家才做。现在实行计划生育，大家多子多福的观念淡化了，只要有孩子就行，也不强调一定有儿有女才行。以前老辈人请师公做还愿仪式，一般要到 60 岁以后，现在婚后生了孩子 30 多岁就做这个。有人觉得，反正要做，迟做还不如早做，省掉一个心事。

采访者：还愿仪式连续三天三夜，你们应该很累吧？

覃万畅：仪式做完下来确实有些累。一般晚上 10 点或者 12 点完成一个阶段后会休息，次日早上五六点再开始做。哪个环节什么时候开始进行，是要看时辰的，由领班师公根据看好的时辰决定。现在做还愿比以前有很大的改革：老辈人做还愿，师公班子一般天黑了才到主家，所以要连续通宵做仪式，不然做不完。现在三元公到主家的时间比较早，你看我们上午就到了，很多准备工作白天就做好了，有的环节还可以提前到今天下午做，因此晚上可以休息一段时间。

采访者：我想很冒昧地问您一个话题，您别见怪。我也是老师，我们是同行。您如果觉得为难，我们就谈别的。

覃万畅：（仰头很开心地笑），没什么，没什么！随便问。

采访者：您曾经是老师。您做这个是否会担心您的学生笑话您？

覃万畅：（再次开心地大笑，一旁的人也大笑）我们这是在做好事，很受人尊敬的。玉环的小学生对还愿都很了解，他们不笑话，觉得很平常，很应该。

肥套在毛南山乡可谓深入人心。毛南山乡周边其他民族对毛南族印象最深的事物有三种：毛南傩（肥套）、墓葬和菜牛，而以肥套为最。笔者2011年3月23日赴毛南山乡考察，环江毛南族自治县科技局的一位吴姓朋友（壮族，环江北部人，老家距离毛南山乡约70里）对笔者说，到环江一定要去看一场毛南傩。如今环江毛南族自治县的人提起该县的名片时，往往首推肥套。甚至该县其他民族的人在提及肥套时，往往跟毛南族等同起来，肥套的民族属性由此可见一斑。

【田野笔记】

时间：2012年10月23日上午9时许

地点：环江毛南族自治县下南乡中南村东信屯

受访人谭体恤（80岁）、谭木基（65岁）、谭中田（58岁）、谭义章（47岁）。上述受访人均为男性，毛南族，环江毛南族自治县下南乡中南村东信屯人。

东信屯距离玉环至下南六圩公路不远处，绕一段峒场山冲路才到其屯。通过政府资助和村民集资，该屯修建了一条平坦的水泥路与峒场外的公路连接起来。该屯在毛南山乡属于条件比较好的地方，但可以想见中华人民共和国成立前未通公路前，该屯仍然属于较为闭塞之地。中华人民共和国成立前，该屯有一个著名的师公班子，系毛南山乡七大师公班子之一，班首为谭公归。由此可以想见其时肥套风气在该屯应该较为炽盛。到今天，该屯的房屋多为三层水泥梁架砖砌楼房。

采访者：这个屯有多大？大概有多少人口？

谭木基：东信屯有400多口人，是一个比较大的村寨。

采访者：村寨里的人都是姓谭？

谭体恤：基本上姓谭。

谭中田：也有几个姓韦、姓莫的，都是外面来上门的（男方到女家入赘，当地人称为"上门"——笔者注）。

谭木基：外姓的很少，才几个人。他们也是毛南族。

采访者：东信屯以前有一个很出名的表演肥套的师公戏班。现在情况怎么样？

谭体恤：解放前（中华人民共和国成立前——笔者注）有一个班子，很出名。那些老人过世了，这个屯里表演肥套的人也就没有了。现在屯里有人家要做肥套，都是从外地请班子来。（此情况与笔者在环江毛南族自治县下南乡文化站获得的资料略有出入。文化站资料显示，该屯在 20 多年前仍然有 2 人从事肥套表演。只是后来该 2 人活动相对较少，也未组班，人们对其印象便不深了。）

谭木基：好像解放后不久，那些老人就光荣了。现在这个村寨的年轻人都不学了。不学就不会做，要跟师傅的。师傅不教就不能做。

采访者："外地"是哪里？离这里远不远？

谭体恤：就是堂八、下塘那边。都不远，才十几二十里路。他们那里班子多。我们村寨里有人家做肥套，都是请他们那边的师公班子来。

采访者：你们都做了？

谭木基：我这一代还没做。想做。总要做的。钱不够，做不起。要很多钱呢。一般要三四万元，屯里好多人做不起。也有一些年轻人不愿意做了。花钱多，也很麻烦。一般人做不起。

谭体恤：应该做的。我也还没做。没有钱。花钱太多了，负担不起啊。

谭义章：以前我外公也是师公，他上辈也是做肥套师公的。后来我叔叔也是师公，现在我的堂弟（谭荣伟，下南乡下塘村豆峒屯人）也是师公。他们在下塘那边。那边有很多人做师公。以前那边师公班子比较多。

采访者：你说的"外公"，应该是你祖父吧？

谭义章：我父亲是来东信上门的，所以我们把我们那边的祖父叫"外公"。

采访者：你叔父也是师公？你堂弟多大了？

谭义章：我叔父接我外公的班，我堂弟接我叔父的班。堂弟 30 多 40 岁吧。他还有一套木面。

采访者：他们这是子承父业。

谭义章：上辈有人做师公，下辈人不做，上辈人做师公的死了没饭吃，也成不了仙，上辈做师公的人在阴间要受苦的。

时间：2012 年 10 月 24 日上午 9 时许

地点：下南乡中南村北宿屯与下塘村之间的山坳

受访人谭成富，男，毛南族，45 岁，环江毛南族自治县下南乡下塘村干克屯人；谭明照，男，毛南族，42 岁，环江毛南族自治县下南乡下塘村豆峒屯人；卢顺贤，男，毛南族，46 岁，环江毛南族自治县下南乡玉环村下开屯人。

下塘村属于大石山区峒场地带，在 10 月 23 日的采访中得知，豆峒屯曾经有一个师公班子，中南村东信屯村民谭义章言其祖父、叔父和堂弟（谭荣伟）都是师公。其祖父、叔父均已去世，现在其堂弟谭荣伟承袭祖业继续做师公。但此前获得的资料，下塘师公班子并未见谭荣伟其名。经与环江毛南族自治县文化馆副馆长覃自昆核实，覃自昆对下塘村的师公班子较为了解，但亦不知道有谭荣伟其人。想是谭荣伟尚未成为著名师公，覃自昆对其还不是太熟悉。但亲去下塘村实地了解是很有必要的。24 日早起即驱车赶往下塘村。过中南村三圩后，即为山区石沙路。过了南昌屯即爬山，山麓间有一条更为崎岖不平的机耕路。由南昌屯前行三四里，爬上一山坳，路往下行。遂停车嘱同伴守车，自己步行往前探看。眼前的机耕路下行一段更窄更陡，然后在峭壁半空中蜿蜒，一直钻进山的背后。心甚惊悚，踌躇不敢前。乃回到山坳上，与同伴商议：如果继续驱车前往，前面路况不明，万一行到半路前进无望，中途恐难以掉头折回；如果就此折回，半途而废，则心有不甘；舍车步行前往，则停车于荒山野岭之中，车子甚不安全。正为难处，忽然见三男子骑摩托爬上山坳来，遂拱手招呼询问。其中年长者谭成富答云，前面的路更加难走，这样的汽车肯定不能去。此地离下塘村还有十多里路，步行得一个半小时。谭明照则说，他家跟谭荣伟家距离很近，谭荣伟经常不在家，很少见到，可能外出打工了。笔者便跟他们攀谈起来。随后卢顺贤也到。

谭成富说，他有三个儿子，干克屯现在有 20 户人家。因为山里的条件比较差，所以十几年都没见人做还愿仪式了，但都认识到总是要做的，不能不做。他经常往来峒场地带和圩镇间做菜牛（久负盛名的环江菜牛就产自毛南山乡。笔者在毛南山乡做田野，经常看到峒场地带放养菜牛。有牛主告诉笔者，养殖菜牛有放养和圈养两种方式，但放养的肉质更佳，价钱要贵许多）生意，对毛南山乡的整体情况比较了解：生活条件越艰苦的地方，做肥套的人家就越多，大家怕家里不平顺，做了就放心了。地理位置越偏远的地方做得越多一些。谭成富的父辈们做过，时间是三天三夜，最少就是三天三夜。村里村外的人都可以去看。亲朋一般要登门祝贺，要送红封包，封包里 50—500 元不等。亲近一点的人一般是给 200 元的。下塘村各屯生活比较苦，到他 20 岁左右的时候，家里才开始通电。男子成家之后才能做还愿，不成家是做不得的。打算等儿子成家以后也做。父辈不做，儿子也是要替父亲做的，一定要做。就是个仪式，宴请乡亲父老来吃饭。仪式至少要请到 6 个以上的师公，多的也有十多个的。三天三夜的仪式是有休息的，亲友乡邻们一般都来，不来是不给面子。毛南族基本都做这个仪式，坚持做，认为这是民族的一个风俗，如果外迁了，可以在外面做也可以回老家来做。亲友还有送礼物的，一般是糖、鸡蛋、被子、肉类等。

谭明照是谭成富的舅家表弟。他说他这一辈已经做过肥套了，做了三天三夜。因为自然条件太差，豆峒屯村民有很多都移民出去了。

卢顺贤说，他日常主要是养菜牛，还会建房子、做师公、刻墓碑、算八字。所跟的班子的班主叫谭义雄。他该年已经为 10 户人家做了还愿仪式。他祖上四代人都是做师公的，毛南族人在 36 岁以上结婚生子后做还愿仪式才有用，小于 36 岁做都没用。有钱人搞四五天的都有。毛南山乡的壮族人也有个别人家做还愿仪式，只是三代人合做一次。做师公的人必须儿女双全。他的儿子当兵去了，女儿还在读书。他说他的儿女都不相信这样的仪式了，大多数人都是当成一个喜事来办的。还愿也不是随便就能办的，得看这个人的八字合不合，不合不给做。该年农历十月廿二日，他要去帮别人做一次还愿。

时间：2012 年 10 月 24 日中午 12 时许

地点：环江毛南族自治县下南乡堂八村上八屯旁岩洞

受访人谭春兰，女，毛南族，38 岁，娘家在环江毛南族自治县下南乡中南村三圩。现有一子一女。

该岩洞有一大股地下水流出，长年不断。屯里人都在洞中水池里洗衣服。采访者先跟谭聊天，然后才切入主题。开始，谭不愿谈论肥套话题，聊了许久，她才慢慢聊肥套的事。这应该是很难得的采访机遇。在毛南山乡，女性一般都不太愿意谈肥套的话题。笔者 2011 年 3 月 23 日在上南村山峒屯、2011 年 6 月 23 日在下南乡六圩、2011 年 7 月 14 日在下南乡仪凤村下里屯、2012 年 10 月 24 日在下南乡中南村北宿屯，共 4 次采访妇女，谈及肥套话题时，她们均笑着说"不知道"，尽量回避。

谭春兰：村寨里的人都做（肥套），小时候看了很多。那时候大人一般不让小孩去看，怕小孩看了夜里做噩梦，常常是偷偷去看。觉得很热闹。娘家父辈已经做了，兄弟也要做的。以前大人跟我们说，我们这一代人做了，你们以后也要做的，儿孙们以后也要做。家公已经做了，我丈夫也要准备做，不做不行的。老人说，肥套做了只有好处没有害处，家里有不顺利的更要做。我们都觉得应该做。家里没做肥套的，不能在家里谈论肥套的话题，只能在外面谈；做了的可以在家里谈论。丈夫也说要做，等积够了钱就做。大人都跟孩子说，大了都要做肥套。这个事不能躲避的，做了家里才好。

采访者：屯里人都像你这样看法？你们经常谈论？

谭春兰：都差不多，毛南人总要做的。大家在外面聊天的时候才会聊起。只是做肥套要花很多钱，有些人做不起，但总要想办法做。

时间：2012 年 10 月 27 日下午 3 时许

地点：环江毛南族自治县洛阳镇团结村团社屯覃美换家大堂里

受访人覃美换，女，壮族，60 岁。生长在该屯，在该屯成家。住处与毛南族人谭亚洲家斜对门，隔一条公路，相距 100 米左右。其时谭亚洲家正在做肥套，笔者的车就停放在覃家场院里。采访者进入场院里有时碰上，都会与其聊几句。覃及其丈夫待人非常和善，言谈必带笑容。他们称毛南族人为"毛南"。

采访者：你知道他（谭亚洲）家在做什么吗？

覃美换：知道他们毛南（人）做还愿。好热闹啊。

采访者：你以前知道吗？

覃美换：以前听说过几回，但从没见过。听说他们毛南总要做的。

采访者：你们壮族人做不做？

覃美换：我们不做。只有毛南才做。我这是第一次见毛南做还愿。我们壮族不做的。做这种东西很花钱。我们不懂毛南话，他们平时也讲壮话。听他们讲，做这种东西很辛苦，没钱做不来。我们就是有钱也不做。做这个花力气太多，太麻烦，而且也没意义。

采访者：你不去看看？

覃美换：不去。我们壮族人说，看了的话，那些鬼神就跟回家里来了，家里就不顺利了。毛南不怕，我们怕。你也是毛南？你们那里也做这种？

采访者：我不是毛南族人，是汉族人。我们老家不做这种。

覃美换：你不怕？看了那种（仪式）不好的。

采访者：不怕。就是来看看热闹。你们上辈有人做这个没有？

覃美换：没有。听老人讲，这里的壮族老辈人也很少做。我们壮族人跟他们毛南不同。

毛南族的宗教心理于执着中体现出融通顺变的智慧，这可以从举办肥套仪式以及仪式中的神灵塑造窥探出来。毛南族的宗教心理执着而不呆板。他们特别注重人生中的相关宗教仪式，但并不将其作为精神上难以挣脱的特别枷锁；他们坚守其民族宗教的信念，但往往又能够科学地吸收自然生态元素和他族文化元素，随着自然生态和文化生态的变化而变化，并能够将其融化于心境建构之中。毛南族宗教心理的这种复杂性表现在对其原始宗教观念的保持及其相关仪式的存废态度上。自然环境与社会生活的变迁，导致毛南族原有宗教观念的某些方面发生变化，但毛南族对此并未表现出过多的焦虑，而是抱持静观其变的超然心态；当周边其他民族的某些宗教元素渗透到毛南族的生活中并对其宗教形式产生影响时，他们并未表现出盲目的拒斥心理，而是有选择地吸收相应成分，用以丰富自己民族的宗教形态。比如毛南族在日常生活中是否举办某一宗教活动以及如何举行相应的宗教活动，往往并无特别的硬性规定，而是在一般的约定俗成中视举办者的经济情况由举办者作相应的选择；又比如肥套中的面具造型、表演语言以及相关仪式等，就大量地吸收了周边壮、汉等民族的一些宗教文化元素；从事肥套表演活动的师公"职业"具有很强的开放性：他们可以自由选择进入或者退出该行当而不受任何约束或非议，他们从事或者放弃该表演行当后社会地位并无特别巨大的变化，等等，这些都体现出毛南族的宗教融通智慧。

从肥套通常的过程我们可以看出，肥套仪式的主要环节呈现出大同小异，而且有的环节可以前置或者后移。这种书写随意性的原因，除了要以重要环节为主安排进程以外（肥套仪式中的重要环节往往要由领班师公根据主家运行、举办肥套仪式的时机、举办肥套仪式之年、月、日、时辰各元素以及东南西北朝向的吉利与凶险匹配等情形择定），师公们认为一些次要环节的前置或者后移并不会对仪式整体构成影响，也不会导致主办家庭或旁人的非议。毛南族人至为关注的是，肥套仪式必须举办，仪式必须完满；至于仪式过程的散漫或紧凑，师公吟诵经文、表演歌舞、讲述神迹等是流利或是生疏，受众并不十分在意。在肥套仪式现场，笔者多次看到，师公在聚精会神念诵经文的时候，突然中断默想片刻仍不得要领，乃侧首询问其他师公，其他师公吟诵几句，诵经的师公再接上继续念诵下去。甚至有时在一旁提醒的师公也念诵错了，别的师公再打趣地纠正。在场的师公并不以为意，哈哈大笑几声后，方复归庄严肃穆。毛南族的传统观念注重肥套仪式，但对于肥套仪式中的某些环节以及人们在仪式过程中的言行，却表现出极大的通融与顺变心理。即使热衷于此业的毛南族师公，对肥套仪式也是如此。

【田野笔记】

时间：2012 年 10 月 27 日下午 16：00 时许

地点：环江毛南族自治县洛阳镇团结村团社屯谭亚洲家大堂里

肥套仪式中的"三元过桌"一场开始，领班师公和主持文事师公诵经念咒，着红袍之三元、穿蓝袍之社王均左手持三元宝印、右手持串铃端坐殿坛前。众师公合唱《献茶酒给三元歌》后，领班师公用汉语朗诵巫语："辰到正时，日架半天，宫廷辉煌，花蕾初绽，花朵初开，五行起发，六甲花红，重逢花结，春旺甲乙花明，夏旺丙丁花符，应度楼门，秋旺壬癸花开，四季楼台，花正中宫，花应牡丹，花山分别，儿师进入坛前，才郎烧香一炷。"主人在司仪引导下焚香拜揖。许久，鼓、锣齐奏，三元、社王随乐起舞。有顷，乐止、舞息，领班师公和主持文事师公继续诵经念咒，其中主持文事师公不时掷符筊于箪内，双阴，吉（毛南族掷卦，以双阴为吉，此俗与京族同）。在二位师公诵经、掷符筊期间，坐于殿坛前的三元、社王形态不拘，跷腿、倚靠均可。许久，扮演社王的师公想是烟瘾难禁，乃取下面具抽出香烟两支，将一支在扮演三元的师公傩面前晃动（师公所戴面具仅有两只极为细小的孔眼透明，师公戴上面具后一般不容易看清外面物体），见扮演三元的师公无有反应，于是径自抽吸起来。想是扮演三元的师公闻到烟味儿，亦取下面具，接了同伴递与的香烟抽吸不停。有顷，扮演三元、社王的二位师公复戴上面具，轻诵片时，乃以三元宝印指画悬挂于殿坛门框上的《许愿雷王》书。在二位师公的吟诵声中，主人饮酒 1 杯并接花 2 枝送入房间（此段文字在本文第一章第二节记录肥套特定程序时曾经出现，但这里为说明毛南族宗教心理的融通再作使用，仍然是极为必要的。下一段文字的引用，其意亦同）。

时间：2012 年 10 月 27 日下午 16：40 许

地点：环江毛南族自治县洛阳镇团结村团社屯谭亚洲家大堂里

肥套的场景结构，除殿坛以外，其他部分相当随意和松散。即便是众神集聚的辉煌殿坛，也常常与庄严肃穆有相当的距离：绘制神像的卷轴长短不齐，师公或观众的茶水杯可以在坛上任意摆放。场景设置的随

意性和松散性导致仪式氛围也别具特色：除个别情节外，仪式气氛宽松
而不神秘，神话世界与世俗生活现场交织，似无任何界限。观众以及暂
时无表演任务的师公，或走或蹲，或站或坐；嬉笑打闹，抽烟喝茶，任
其自便。甚至那些正在击鼓锣伴奏的师公，也会偷闲匆忙燃上一支烟，
然后再赶上节律一边击打一边吞云吐雾，任由烟头上的灰烬悬挂而无暇
将其弹落。

　　时间：2012 年 10 月 27 日晚 11 时许
　　地点：环江毛南族自治县洛阳镇团结村团社屯谭亚洲家大堂门口
　　受采访者覃祖教，女，壮族，80 岁，生长在团社屯，说壮话，略
懂一点桂柳话（汉语方言西南官话），但不能与笔者正常交流。笔者请
一位壮族妇女还有覃祖教的女婿做翻译。
　　采访者：您老人家身体这么好。这么晚了还来看热闹。
　　覃祖教：听说这里热闹，就想来看看。
　　采访者：您老以前看过么？
　　覃祖教：从没见过。我们壮族人不兴这个，他们毛南才有。
　　采访者：您来看了，觉得有不有意思啊？
　　覃祖教：还是蛮好看的。有钱的话，做一下也好。（覃祖教老太说
完哈哈大笑，旁边的壮族妇女也笑着说："你有钱也舍不得做，留着买
肉吃吧。"在一旁抽烟歇息的毛南族师公也跟着大笑："阿婆，不要做
这个了。有钱吃好点，穿好点吧。"满堂的人跟着哄笑。）

毛南族在宗教方面执著与融通之情跃然纸上！

二　和融自然的仪式精神

　　人类是天地的产物，人自降生以来就无法割断与天地之间联系的纽带。
因为自然环境的关系，生活在广西地区的人们，尤其百越系各民族，对
"天"有着特别的感受和热情，因为构成"天"的重要成分——天象、地理
等相关要素——跟他们有着极为密切的关系，他们也依据天地万物的形状与
属性，构拟出名目繁多的天地代言人，亦即无所不能的神灵，并设法加强与
这些代言人的沟通。毛南族创造的神灵队伍因此而极为庞大。在生产力极为
低下的时代，上天直接赐予人们衣食；人们日常的生产、生活要直接面对千
姿百态、变化无常的天颜。这是广西百越系民族早期朴素、混沌、对天地极

度畏惧与膜拜的天人合一关系。不过，这一时期的天人合一关系具有更多的自然属性，尚未升华至理性层次，与理性营构的、具有意象内涵的天人合一关系有着本质的差别。到建构肥套的阶段以后，毛南族民间艺人们虽然主观上未必有意但客观上已经将新型的天人合一观念融入精心营造的景致之中，创造了新的意象，理性内涵就大为不同了。

　　毛南族在传统生活中保持着浓厚而稳固的原始宗教观念，其艺术形态在创作主旨及创作过程中或者受相应的宗教观念主导，或者明确地表达宗教期盼。如果说毛南族人民在民间故事和民间笑话里时不时会对"天"——通常表现为自然之天与意念之天的综合体"神灵"——表达嘲弄之意的话，在很多的场合，他们对神灵往往是虔诚有加的。尤其在相关的传统宗教活动里，毛南族人更是倾尽财力与心力，竭力向神灵表达敬奉与祈求之意。毛南族的传统艺术形态大多与宗教意识有关，因而在传统艺术形态里所营造的意象，较为注重天人合一，即在特定的艺术场景中，追求人的情感与神灵的情感融为一体，达至神人和融的境界。毛南族肥套相关场次所营造、展现的景象，绝大多数都是在追求天人合一的意象。这是毛南族民间艺人们在艺术建构中自觉或不自觉遵守的，也是毛南族肥套所体现出来的重要规律之一。

　　与周边壮、汉等民族的"天"概念一样，毛南族所谓的"天"往往具有多重含义：自然现象的总成，社会观念的升华，内心意象的凝聚，等等，是各种相关形态及意念的综合或结晶。毛南族与"天"朝夕相处，既依赖"天"，也力求探讨和认识"天"，甚至在不知不觉中创造"天"。毛南族的主要审美范式——体现天地混沌之朦胧美、揭示人和于天之依生美、凸显天人对立之竞生美、突出天人相依之和融美——从另一侧面来讲，所追求的基本上是天人合一境界，即通过期盼的阐述或物化，使人与"天"之间去除形体或心理樊篱，达到"天"人和谐、相互混融、人在"天"地之间理想生存和生活的状态。毛南族的肥套基本上可以概括为：试图从多方面对"天"——自然现象、社会观念和内心意象等要素的总和——进行阐述及优化，以营构出一个既能够与"天"意相谐调，又在一定程度上适宜于人的生存与发展的综合境界；毛南族肥套的发展，也往往是为了适应"天"的内涵——自然现象、社会观念以及人的内心意象等——变化的需要。这些应该是毛南族肥套所体现的较为重要的规律，因为毛南族的"天"观念在很多时候是与其传统的原始宗教观念相混淆的，其肥套的很大一部分也是与这样的原始宗教观念密切联系在一起的。

　　毛南族肥套中的天人合一意象是建立在心理抚慰的基础之上的。正如上文所言，毛南族的"天"是多种要素的混合物，而观念这一要素在其中占有极大的比例。毛南族观念中的天人合一境界，在很大程度上是人们通过相应的仪式，包括有形的仪式以及人们仅在内心显现的仪式，达到心灵的宁静与平和状态。在现实生活中，毛南族人往往面临着来自自然、社会及自我内心等多重压力，而这些有形与无形的压力大多会转化成心理压力，亦即传统现实生活中的毛南族人难以获得天人合一的理想之境，心灵上有诸多坎坷，于是他们常常通过艺术活动诸如肥套一类仪式获得力量，以抚平心灵的坎坷。所以说，毛南族传统上的天人合一意象是在艺术形态中获得，或者是在创造艺术形态的过程中获得的。不同时期和不同环境下会产生不同的现象，人们相应地会有不同的心理需求，于是要有不同的艺术形态去抚慰相应的心理欲望。因此，毛南族肥套在追求天人合一意象方面是一个不断运动的过程。因为一方面，在半殖民地半封建社会里，毛南族人民面临的诸多压力难以从根本上解除，人们的心理需要有相应的抚慰；另一方面，当某些压力减缓或者消除以后，心理坎坷的平复往往需要较长时期，传统观念所形成的惯性力量仍然会持续相当长的时间，以推动艺术活动的延续。毛南族肥套的早期形态为单纯的跳神，那是在"天"对人处于绝对权威时代、人不得不祈求于天、人完全从属于天的追求天、人合一的方式；后来俗世生活情节不断加入，人们可以根据自己的需求塑造神灵形象，显示在天、人整体关系中人的地位有所上升、人能够在一定程度上影响"天"，追求的是一种心理补偿式——更高层次的心理抚慰——的天人合一境界。

毛南族肥套中的神灵——尤其是重要神灵——大都有着平凡人一样的遭际，这是从建构手法上凸显神与人的平等地位，亦即毛南族师公们在建构仪式环节中追求天人合一的具体措施。毛南族肥套中的重要神灵，除了婆王以外，其他神灵大多被敷陈有艰难悲惨的身世，经受过人间的苦难遭遇，具有与毛南社会底层平民相似甚至相同的经历。他们几乎全都是在被贫民化之后，再被赋予神的属性。因而这些神灵既具有神的威力，又具有底层百姓悲天悯人、乐于济世、扶危济困的情感。之所以如此，应该是毛南族劳苦人民从阶级社会的惯常现象中认识到，只有与他们同处于一个阶层、经历过人生磨难的人才有可能与他们保持心灵上的最小距离，才有可能处处护佑他们，神灵也是如此。特别是那些被赋予毛南社会保护神角色的神灵，其出身、成长道路以及基本情感，基本上是毛南社会底层贫民的写照。这种观念被渗透到毛南族的艺术创造观念之中，于是毛南族师公在建构肥套时，从基本情感上追求与神灵，亦即"天"的重要象征，保持同一的角度入手，进而在意象上寻求神灵与人之间、人之个体与社会之间、人的相应观念之间等方面的平衡与同一，从而将天与人融合成一个有机整体。这既是毛南族肥套所体现的建构规律，也成了毛南族民间艺人常见的建构套路。

这样的意象呈现观念与方法，与毛南族坚忍倔强、不甘人下的性格有着内在的联系。毛南族人民深切理解到生计的艰难，但他们很少在生活中自怨自艾、安于贫困，而是要顽强拼搏，努力争取到与别人平等的地位。这样的性格在毛南族民歌《旱情歌》里得到充分的展示。最能从外观上体现农村生活水平的，莫过于民居建设，毛南族人多注重于此。家境富裕的毛南族人自不必说，即便是生活一般的普通基层民众，往往也会着力改善居住条件，因而毛南族人整体居住状况优于周边其他少数民族。"毛难人的住屋，一般较壮族为整齐与坚固，面积较仫佬人为宽阔。"[1] 直到今天，外人走进毛南山乡，仍然为在如此艰苦的环境中有如此良好的村寨建设而惊讶。有的人说这是毛南人"爱面子"使然[2]，其实更深层次的原因主要是毛南族人倔强进取、不甘人下的民族性格导致的结果。这样的民族性格在毛南族肥套的建构规律中也得到充分体现，那就是将人与天置于同样的地位，将人的情感与神的情感共同融入天人合一的情节和景致之中。当然，这样的建构规律是肥套的客观效果体现出来的，毛南族师公未必都有理性认识。

生活在广西的人们，尤其百越系民族，自然生态观念本来就极为浓厚和稳定。人们在房前屋后或植树，或栽竹，并将局部自然生态状况与心理平衡程度紧密地联系起来。广西百姓注重"阳宅收藏，阴宅开阳"，意即人们应该尽可能在居所周围广种竹木，让屋舍掩映在绿荫丛中，以增加蓊郁翠绿之色；在坟墓周围应该少种树木，以减少阴森恐怖之气。毛南山乡自然生态系统脆弱，人们又不得不在这样脆弱的自然生态系统中繁衍，因而毛南族的自然生态意识更为强烈。毛南山乡的自然环境孕育了毛南族，以及毛南族的原始宗教形式和艺术活动；与此同时，毛南族的艺术又广泛而深刻地体现在与自然生态相融合的建构观念、建构方法等方面，以及融自然生态元素为艺术形象元素，将人的物质生活、精神生活与自然生态特征、自然生态发展规律密切结合起来的人生观和自然观，体现出毛南族与自然生态相生相融的艺术心理特质。肥套中的神灵，有许多就是自然环境诸元素的化身，例如雷王及其家族、地主灵娘、蒙官等；许多神灵的神迹也蕴含了极多的生态元素，例

---

[1]　广西省民族事务委员会：《环江毛难人情况调查》，1953 年 12 月编印，第 69 页。
[2]　韩德明：《与神共舞——毛南族傩文化考察札记》，广西人民出版社 2006 年版，第 6 页。

如雷王及其家属、覃九官、蒙官等神灵的事迹，往往寄托了人们对于和融自然的期盼。

自然生态现状与民族发展期盼所构成的矛盾，客观上要求毛南族秉承和融自然生态的观念，以拓展生存空间，从而使得民族发展条件的最优化。这种和融百物以求自身更好发展的朴素观念反映到艺术建构指导思想及建构实践中，就成为毛南族肥套的重要内涵。生活在广西地区的百越系民族，至今仍然保持着敬畏自然与和融自然的良好风尚：生活在桂西、桂西南的壮族将与其朝夕相处的山、石、田、土神化，赋予这些自然生态元素以人格，并定期举行隆重的祭祀仪式；认为故乡的泥土对外出的游子有神奇的福佑功能，"人们在外出或迁居他方时，都要在神庙前抓上一包土随身带走"①。"侗族从远古时期就认为人类与大自然间的虎、熊、蛇、龙、雷、猫、狐、猪、鸭、鸡等生物不仅地位平等，而且同出一源，亲如兄弟姐妹；人类的生存活动，其实与天地间万物是一个整体性关联，谁也离不开谁。"② 毛南族在生产和生活中也承袭了这样的风尚，并且将这种敬畏自然、和融自然的观念渗透到艺术建构之中，通过艺术形象体现和融自然生态的愿望。与岭南百越系其他民族一样，毛南族将生命喻为"花"，并为其举行隆重的"求花"仪式，于是肥套（红筵，亦即婆王愿）生焉。这实际上具有将自然生态元素人格化、融自然生态元素与人文元素为一体的含义。

在毛南族肥套仪式中，其万物有灵的原始宗教观念与毛南族绝大多数传统艺术形态中通过敬神、祈神和酬神的方式求得民族兴旺、人生平安的艺术活动期盼大体吻合，体现了毛南族认识自然生态本质的水平及和融自然生态的愿望。毛南族传统宗教的根性之一在于自然生态的复杂表象、人们对这种表象的认识水平，以及缘此认识所得出的结果。毛南族肥套所表现的无论是人与自然混融、人臣服于自然、人与自然争胜，还是人与自然和谐相处等愿望，其本质均是人们希冀在特定的自然环境中平安地生存、高质量地生活，并在此基础上获得民族的延续与壮大，其主旨是和融自然，只是其和融自然的观念在认识自然的本质上，因其思维能力的不同水平阶段以不同的方式体现出来，以及受某些传统艺术表现形式的影响，在体现这种和融自然的观念时，相应的情形表现得更为突出一些。在毛南族传统的民间故事和民间歌谣

① 黄秉生：《壮族文化生态美》，广西师范大学出版社 2011 年版，第 21 页。
② 张泽忠、吴鹏毅等：《侗族古俗文化的生态存在论研究》，广西师范大学出版社 2011 年版，第 87 页。

里，表现人们在恶劣的自然环境下不屈不挠、顽强抗争的意识要鲜明一些，因为人们在创作和传播这类故事或歌谣时，场景相对宽松，便于自由而大胆地抒发个体情感；而在肥套里，宗教氛围浓厚，敬神、祈神和酬神的主旨明确，场景较为拘谨，人们对自然生态要素的象征——诸路相关神灵——的情感较为复杂，因而所表现出来的神情和言语要谦恭得多。对于上述两种情况，我们略做体察就不难认识到，前者是间接和融，后者是直接和融。和融的方式有别，但主旨是相近或者一致的。和融自然成为毛南族肥套的重要主旨之一，也是毛南族其他传统艺术创作较为多见的题材。

　　毛南族肥套的建构方法促使毛南族师公们多角度、多维度地审视毛南山乡的自然现象，这既使毛南族和融自然的观念直接外化为艺术活动，又使毛南族和融自然的观念得到强化，从而为毛南族肥套增加更为广泛而深刻的自然生态内涵。毛南族师公们生活的土壤主要包括两个方面，一是为他们提供衣食之源的自然生态现状，二是基于自然生态特点所融会而成的宗教观念。他们要切实地反映这一现实，在这种现实的基础上塑造出相对真实可感的艺术形象，以增强艺术形象的现实亲和力量。与此同时，他们还试图通过相应的联想和想象，建构出在一定程度上具有超越现实的艺术境界，借以减轻不良自然要素带给人们的苦痛。这种现实性和浪漫性兼具的艺术建构方法，既紧密联系毛南山乡的现实自然生态特征，又赋予毛南山乡理想的自然生态样式，均体现出毛南山乡现实中的和毛南族理想中的自然生态内涵。毛南族肥套中的许多艺术场景，正是这种建构方法的集中体现。毛南族肥套仪式中巫语、颂词和神话故事所营造的理想生活图景，既是毛南山乡自然生态元素的高度凝练，又是在毛南山乡自然生态系统基础上对自然环境所做的美化和想象。

　　毛南山乡大量的自然生态要素原型成为毛南族肥套的构件，与此同时被肥套仪式艺术化的自然环境又增强了乡土感染力，从而使毛南族人民与自然环境的关系更为密切，情感更为融洽。在许多外乡人看来，毛南山乡就是一片穷山恶水；甚至连许多毛南山乡人也不否认其自然环境的恶劣。但是，与中华民族大家庭中的其他民族强烈地眷恋乡土一样，生于斯长于斯的毛南族人深爱着这片石土，将这片并不富饶的山川看成情感中的天堂。这片在许多人看来狭小、荒僻的土地，毛南族民间艺人们却认为有取之不尽、用之不竭的艺术源泉。毛南山乡的一草一木，一土一石，被毛南族的民间艺人们精心掬来，或者和之以喜悦，或者渗之以血泪，然后塑造成感人的篇章或场景。虽然毛南族的肥套中极为少见牧歌式篇章，但肥套所体现出来的毛南族人对故土的深情却俯拾皆是。毛南族的肥套被广泛、深刻地打上了毛南山乡的自然生态烙印。毛南族肥套中的许多场景，实际上是毛南山乡自然生态原型的艺术移植；一些神话人物，可以看成是被凝聚后的自然生态要素的人格化；肥套中巫语所描绘的理想乐园，则是毛南山乡的自然环境的美化及自然生态原型中典型片段的升华。凡此种种，都表征毛南族肥套具有丰富的和融自然的内涵。

一个民族或一个地区的民间艺术作品，其民族性或地域性常常是通过作品中的自然生态特征或标志性建筑物体现出来。毛南山乡缺乏民族符号式的建筑物，但有着与周边其他地区不一样的自然生态特征。毛南族的传统艺术往往具有鲜明而独特的地域特征，亦即自然生态特色鲜明。毛南山乡多山、少土、水奇缺，毛南族的民间艺术形态往往紧扣这些特征，蕴含着丰富的毛南山乡风貌，将毛南山乡具有符号意义的山川景色展现出来。例如毛南族民间叙事长歌《枫蛾歌·引歌》：

> 巴音山高高百尺，青石铺路曲曲弯。
> 崖畔潭水深千尺，六月潭水透心凉。
> 依山傍水枫树村，村边枫树血泪养。
> 妮卖艰难达凤苦，寡婆孤媳苦情长。

八句《引歌》中有六句是从毛南山乡的典型自然生态中凝练出来的。尤其前四句所展现的自然风物，地域性特征更为鲜明独特。毛南族的《旱情歌》所展示的自然生态元素，其符号性更为鲜明。在毛南族的民间故事中，绝大多数场景都是选择在上南、中南、下南地区，以及周边曾经有毛南族人居住的地区，毛南山乡的自然景观更是历历在目。毛南族的石雕和民居，从材料选取到规划构建，都充满毛南山乡的自然生态特色。毛南山乡"村寨和房屋……多是选定在避风、光照充足的山麓地方建筑。许多古老的村寨，村后均有茂密的风水林，视为祖先神灵所居，严禁砍伐，故林木郁郁葱葱，防止了水土流失，保住了水源，形成良好的生态环境"①。自觉撷取和突出自然生态特色，成为毛南族民间艺人们所注重体现的，也是在艺术建构中广为人们自觉或不自觉遵守的普遍规律。

---

① 广西壮族自治区编辑组：《广西仫佬族毛难族社会历史调查》，广西民族出版社1987年版，第41页。

　　毛南族肥套的建构者们不管是从现实生活中撷取，还是基于现实生活层面上的联想和想象，所使用的元素绝大多数都被打上深刻而鲜明的自然生态特征印痕，显示出毛南山乡的自然环境特征。与单独呈现的民歌或民间故事相比，毛南族肥套在凝聚及概括自然生态特征方面，在关注毛南山乡自然环境中的符号性事物的同时，还适当地突出岭南地区自然生态特征的共性，显示出作为毛南族综合性仪式在形成及发展过程中，较大程度地承袭了岭南古百越民族的生活场景元素以及吸收了周边其他民族的文化元素。

　　　　（社王）刚生下来丢在路边，一只母羊见了便给他喂奶。第二次她又把婴儿丢在山林里，家神见了又把他抱回来。第三次（社的母亲）想出了巧计，把孩子丢进水塘里……

　　　　　　　　　　　　　　　　　　　　　　　　　——肥套《社王》

　　　　覃九官，当初你还年轻，村里人们都知道，你用芦苇杆挑石山，用竹壳刀来削石柱……

　　　　　　　　　　　　　　　　　　　　　　　　　——肥套《覃三九》

　　山羊、山林、水塘、芦苇、竹子、石山等，是毛南山乡常见的自然景象，民间艺人们将其撷来，未加多少修饰，使它们成为传统艺术形态中的构成元素。这些景象单独来看，虽然称不上独具毛南山乡特色，但将它们置于特定的艺术氛围中，毛南山乡的自然生态特征就被显现出来了。

　　肥套所呈现的自然景观往往不局限于毛南山乡，毛南族师公们还将其他地区的自然生态元素融入相关艺术形态之中，以丰富肥套的整体情节。我们将肥套中的《十二月歌》展开来看，其自然生态的特征就更为完备、鲜明：毛南族民间艺人将常见的自然景观细致划分到时令上，因而其肥套所展现的自然生态画面更为广阔，内涵更为丰富，所体现出来的跨民族、跨地域的整体生态元素也更为多样。

　　毛南山乡独特的自然环境是孕育肥套的重要温床，与毛南山乡独特的社会环境一起构成毛南族相关艺术活动的主要源泉。毛南族肥套理所当然地要展现相应的自然生态元素，否则就会失去架构的根基及远离毛南族民众的生活。毛南族肥套无论从建构观念、建构素材还是从建构者来讲，都是来源于民间，其受众也主要为毛南族社会下层百姓，除了应该具备娱神、娱人功能以外，还必须强调教育功能，而自然生态现状及其对于人类的重要意义，当然应该成为毛南族民间最为大众化教育的主要内容，不管人们是否主动认识到这一层意义，但客观上已经在肥套中形象地表现出来了。以毛南山乡的自然生态元素为主，适当撷取其他地区的自然生态元素，构建毛南族肥套及其生活氛围，成为毛南族这一传统综合仪式所体现出来的重要规律。另外，在很多时候，毛南族传统的自然生态观念与其万物有灵的传统观念紧密结合在一起——这与广西百越系其他一些民族的观念类似。毛南族肥套中的重要神祇婆王就是多种元素——其中包括自然生态元素——凝聚而成的，她所掌管的"花"也蕴含有自然与人文的多重意义；雷王同样是自然属性与社会文化属性的有机融合，其形象中同样具有丰富的自然生态元素；蒙官的神迹，以及与其相关的地理脉象观念等，自然生态成分更为繁多。鲁仙在山中的劳作情景、瑶王的渔猎舞蹈等，许多素材实际上取自毛南山乡的自然生态体系。灵娘是毛南山乡的榕树精，自然生态属性更强。所以说，构成毛南族肥套的素材，大多具有丰富的自然生态内容，能够体现相应的自然生态特征。

我们可以见出，毛南族肥套构件中的自然生态色彩与其素材中的自然生态色彩没有太多的差异——因为直到今天，我们在毛南山乡所看到的自然景观仍然能够与肥套中的某些相关情节对应起来，或者能够探寻到肥套这一综合仪式所表现过的自然生态遗迹。这反映出毛南族民间艺人建构手法的古拙与质朴，即如人们常说的艺术形式保持着自然与社会的原生状态。这在很大程度上也是受相关素材丰富的自然生态属性的影响造成的。

三　和融民族的人生考量

毛南族在早期所感受到的民族外部的压力主要来自两个方面：一是自然生态的，二是外部群体的。这在毛南族史诗中有明确的反映。因此，毛南族祖先曾经采用包括争斗在内的多种方式，试图减轻甚至消除这两方面的压力。与自然界的争斗给毛南族带来难以医治的创伤：直到中华人民共和国成立之初，遍行于毛南山乡的刀耕火种的落后生产方式，导致毛南山乡本来就极度脆弱的自然生态系统更趋恶化，许多地方甚至于不适合人类生存，毛南族不得不采取和融自然的观念与方法。前文已有论及，此不赘言。而与外族的争斗，其后遗症直到近、现代仍然明显：清朝末年太平天国时期贵州荔波县兴起一支黑瑶军，"号称万人，在马登科率领下进入（毛南山乡的）中南、下南，吓得毛南族的统治者惊恐万状，便以瑶人要来收复他们祖先失去的故地为名，裹胁族人纷纷逃往深山躲避"[①]；毛南族的祖先与西部邻居南丹县打狗河对岸白裤瑶的祖先曾经为土地产生过争斗，白裤瑶的祖先不得不离开曾经生息过的毛南山乡迁徙至南丹县甚至更远的地方。到20世纪60年代，两个民族仍然心有芥蒂："白裤瑶来下南赶圩，中午到毛南人家吃饭，不管是哪一家都是尽心招待，但就是没有多少语言的交流。"[②] 另外，毛南族内部各群体之间也曾经有过较为激烈的冲突，而且这样的族内冲突也使民族内部不同群体之间留下了互相嫉恨的阴影，例如毛南族内部谭姓与覃、颜等姓的历史宿怨。[③] 应该说，毛南族在与外族争斗之中，以及在族内冲突之中留下了许多教训，也逐渐吸取了这样的教训，因而在后来处理与其他民族以及民族内不同群体之间的关系方面，和融群体的观念和做法成为主流。这种主流价值观被践行于日常生产和生活之中，在毛南族肥套中更有普遍的体现。在肥套仪式中，白裤瑶首领瑶王被塑造成善神，其憨厚、乐观、和善之态可掬，为毛南族作出了极大的贡献。肥套中的这种和融民族的人生考量，客观上既包含有对历史的反省，更蕴含对民族现实境遇的评价，以及对民族未来的构想。

毛南族在秉承和融民族的期盼与实践准则中，其考量中表征毛南族的深谋远虑。毛南族周边的壮、汉等民族在经济、文化方面相对毛南族而言系强势民族。尤其在文化方面，毛南族清醒地认识到与壮、汉民族的差距，于是努力地向壮、汉等民族学习：毛南族人在其肥套中大量使用壮语和汉语，其经文唱本采用以汉字及其构件为基础创造的土俗字。从毛南族的处世艺术来看，这种虚心向其他民族学习的观念和实践不仅仅着眼于暂时的功用，而更多的是着眼于民族的整体和持续的发展，体现出一个民族的生存与发展智慧。毛南族和融他族的方式之一，就是借用其他民族文化的力量构建自己民族的文化体系（这一体系当然包括肥套的艺术元素在内），从而使毛南族与其他民族——尤其在文化、经济等方面处于领先地位的周边壮、汉等民族——在文化艺术等方面处于相对平等的地位，以便使和融的期盼与行为显得更为主动与自然，也更能彰显毛南族的特色。毛南族师公将从事肥套活动视为应尽义务的善举，本身就成为这一传统仪式和融民族的内涵之一。所

---

① 广西壮族自治区编辑组：《广西仫佬族毛难族社会历史调查》，广西民族出版社1987年版，第17页。
② 韩德明：《与神共舞——毛南族傩文化考察札记》，广西人民出版社2006年版，第112页。
③ 广西壮族自治区编辑组：《广西仫佬族毛难族社会历史调查》，广西民族出版社1987年版，第7页。

以，毛南族肥套无论是从建构者的主观愿望而言，还是从艺术活动的内涵和社会效果而言，客观上其和融民族的视野都是较为开阔的。

与此同时，毛南族还借用壮、汉等民族的文化元素特别是宗教元素，以完善和充实自己民族以原始宗教为核心，吸收了道、佛等宗教元素为外形的混融宗教体系，这既为毛南族和融其他民族奠定了文化心理基础，又促使毛南族在一定程度上缩短了与相关民族的心理距离，从而为和融民族创造了相应氛围。在很多时候，毛南族的肥套与其宗教习俗混为一体，二者难于拆分。就某些情况而言，毛南族的宗教习俗就是一定程度的艺术形态，而某些艺术形态也基本等同于毛南族的宗教习俗。毛南族的宗教体系融合了毛南山乡周边的壮、汉等民族的宗教元素，由此衍生出来的肥套在很多方面也显示出相关民族艺术的一些特征。不管始作俑者本来就是出于和融民族的考虑，还是此类做法仅仅是客观上为和融民族铺平了道路，但多民族宗教习俗的融合与广泛吸收其他民族宗教元素的实践，无疑在拓展毛南族肥套的文化视阈方面产生了积极的作用，从而丰富了毛南族肥套和融民族的内涵。以毛南族混杂的宗教形式为载体的肥套，所体现的和融民族的蕴意也更为清晰，和融民族的作用也更为明显。另外，毛南族肥套的举办者虽然为一家一户，但旁观者往往来自一村一屯，甚至周边村屯。融合了其他民族艺术元素的呈多元艺术状态的毛南族肥套，能够给毛南族人以多元文化方面的启迪，因而在毛南族内部发挥和融群体的作用就更为明显和直接。

四　现实与期盼有机凝结

生活在现实中的毛南族人们，与其他民族的人们一样，要面临人生中的生老病死，要对付生活中的柴米油盐，要抒发情感中的喜怒哀乐。所有这些，都是人们每天睁开眼睛后必须或者有可能直面的现实。生活在毛南山乡的人，因为自然环境的恶劣，所要承担的生老病死和柴米油盐这副生活重担，常常要比周边许多地方增加更多的分量，所以在这一方水土上生活的人们更为不易。在漫长的岁月里，人们日出而作、日落而息，惦记的就是这副生活重担。相较于周边其他地区的人们而言，毛南族人更为现实，利生的愿望更为强烈。毛南族的祖先崇拜、自然崇拜，乃至于创造庞大的神灵体系，以及所从事的敬神、祈神和酬神活动，主要目的也在于现实人生的平安顺畅及子孙繁盛。毛南族的肥套，主观上的旨归也就集中在这两个方面。艰难的现实令人们饱受磨难，饱受磨难的人们会更多地关注现实，这成了毛南族生活中的现实圆圈。毛南族人民必须在现实社会中寻求到适合于自身的、家庭的、家族的以及整个民族的生存与发展之路。所以，踏实稳健成为毛南族人性格中较为重要的特色。这种性格特色也反映到艺术建构中来，升华为毛南族肥套的现实性追求。

毛南族肥套的主要表演队伍所具有的综合素养及其表演目的，基本上已经决定了肥套不得不主要着眼于现实生活。有如毛南族师公一般带着一身泥土的民间艺人们往往难以将太多的时间和精力投入到艺术锤炼中去，因而在艺术建构中有时不得不将原型不加修饰地照搬到仪式之中。而且在长期的建构实践中，鉴于肥套的内涵与主题的特殊性，毛南族师公们强调得更多的是其宗教功能，往往对其审美功能关注不够。我们无论是从毛南族师公们艺术建构的主旨，取材的视角，还是从肥套的构件进行审视，会发现这些要素中的绝大多数都有着浓厚的现实色彩，而且这些现实性极强的原型或者艺术构件，基本上来自毛南山乡的自然环境和社会文化的基础层面。甚至由于毛南族师公们的某些艺术功力所限，有许多艺术片段还过多地带有现实生活的粗糙性和质朴性，从而导致毛南族肥套的原生意味过于浓重而雕琢品质普遍欠缺。所以，毛南族肥套在一些环节所体现出来的现实性，与我们通常在文艺理论中所理解的现实性仍然有相当的距离。但正是这样的原生性成就了毛南族肥套的主要特色，使人们能够从其中窥探出人类早期粗糙的艺术活动向较为成熟的艺术活动过渡的相关景象。

在许多时候，毛南族肥套的主要观赏者们也通过其中的现实元素去认识社会和人生，这就从客观上要求毛南族肥套更多地展示现实生活，揭示现实生活中蕴含的哲理，从而提高受众认识社会和人生的水平；而且这一受众群体生活在特定的自然环境和社会环境之中，他们会用自己的所见、所闻和所感去评价肥套所反映的现实事物。因此从这样的角度去审视，毛南族肥套所体现出来的现实性内涵，往往较一般的文人作品中所蕴含的现实性来得更为直观和形象，更接近社会基层的生活原貌，也更能反映出毛南山乡社会基层民众的期盼。毛南族肥套中的许多情节，多属现实生活中人和事的原生态移植，或者属于粗加工后的艺术呈现。例如鲁仙、瑶王的劳作场景，三娘和土地的情爱歌舞，大多是人们日常所见甚至亲历亲为的；毛南族师公们敬神、祈神和酬神法事，也是人们在日常祭祀活动中屡见不鲜的场景。所有这些，大多是毛南山乡原生态情景的移植和艺术再现，因而强化了毛南族肥套的现实内涵。

毛南族人民也有美好的理想，并且善于通过不同层次的艺术活动将理想展现出来。面对残酷的自然环境，毛南族人民一方面寄希望于自身的努力拼搏，以期改变生存和生活的命运；另一方面寄希望于联想和想象，甚至幻想，以期实现在现实生活中难以实现的梦想，或者凭借理想的形式来化解内心的苦闷与压力，从而获得心灵的慰藉。有些情况本来就是人类正常的生理过程，毛南族人也往往事先将其理想化，赋予其过程及结果以神秘色彩。在漫长的历史进程中，对于艰难环境中的毛南族来说，生存与繁衍是其人生中最为直接、最为质朴也是最为重要的课题，此一课题常常伴随着一定程度的心理恐惧色彩，其理想也往往围绕此一课题展开。从这一层面来说，毛南族的理想内涵，往往带有较多的抵消恐惧心理的因素，与其他许多民族在民间艺术形态中充满浪漫色彩的理想形式有比较明显的差别。在其他艺术形态中，如果毛南族的理想还表现有较为强烈的抗争意识的话，在以宗教仪式展现的肥套里，贯穿的则多是以减轻或消除恐惧心理为主的祈求式的理想形式。这在肥套的宗旨和过程中都表现得至为鲜明。

正如前文所说，毛南族是一个非常注重现实的民族，从思维方式到行为常例往往都有着极为鲜明的现实烙印，故而毛南族在艺术活动中所表现出来的理想维度，绝大多数与现实渴求交织在一起。肥套的某些片段，常常是现实与理想的有机结晶。在肥套中，理想式的祈求或情景体现，既可看作是对美好愿望的模拟，也可看作是对现实行为的指导，与现实情景并没有本质的区别和距离。其中的某些环节，大多是现实生活场景的截取和浓缩；仪式中所蕴含的理想成分，往往经过相应的实践环节就有可能成为现实，或者可以减轻甚至消除内心的恐惧，达至内心的平衡。毛南族肥套仪式采取的多是此类建构路径，其内涵体现的也往往是这样的属性。

五　情感丰富且节律明快

直接、显露地表达情感，设置紧凑、明快的节律，是毛南族肥套所体现出来的较为明显的特征。毛南族的许多其他宗教仪式原始意味浓厚，其敬神、颂神和祈神的期盼极为鲜明，而表达此类主旨的方式就应该明晰、直接。毛南族肥套的形式是在原始宗教观念和宗教仪式的基础上，吸收其他民族宗教元素，糅合毛南族民间的某些表演艺术发展起来的，因而其整体风格与其原始宗教仪式的风格有着密切的渊源关系，而且所体现的情感较为丰富，采用的节律较为明快，但又保持着宗教仪式的基本特征，那就是庄重、虔诚而且舒缓有度。

毛南族肥套所蕴含的丰富情感，可以从其周详而庞杂的内容方面体现出来。为了详尽地表达人们对神灵的敬重、颂扬、祈求和酬谢之意，毛南族肥套的建构者们尽其所能地精心设计每一个细节——从神灵形象的塑造、神灵居住环境的营构、神灵对世人的福佑，到人们请神、事神、酬神的仪式及摆设，其谋虑可谓无微不至——并赋予所有的细节以浓郁、真挚的情感。尽管在肥套中针对神灵所敷陈的礼仪显得繁缛，但人们敬奉神灵时那种质朴细腻之情却是发自肺腑、殷切可嘉的：为了请众神光临肥套现场给主人赐福，主人陈列丰盛贵重的祭品，师公们举行庞大周详的礼仪，相关神灵各施法力"保筵"（保证肥套仪式顺利进行）；各路神灵浩浩荡荡，接受主人的祈求和供品，既普施恩惠，又满载而归。然而，毛南族肥套着眼的是民族繁衍和人生平安，通过展现对神灵的敬爱表达对世人的关爱才是其真挚情感的最终旨归，敬神、祈神和酬神的终极目的是人的切身利益。所以，肥套蕴含和体现的情感是有着深厚的人文基础和明确的世俗指向的。这也是肥套本质中的浅近、质朴与纯真属性，同时还是其延续数百年仍然为人们所喜爱和重视的重要原因。

毛南族肥套所蕴含和展现的情感，深具庄重、虔诚的品格，与宗教仪式和宗教诉求所应该具备的氛围融洽相生。肥套过程实际上是人与神相互沟通、人们祈求与神灵和融的过程。在毛南族传统的观念里，人需要以自己诚实的心意取得神灵的怜悯和同情才有可能获得神灵的救助。因此，无论是从主观上（人祈求神灵的福佑，不敢假以虚情）还是从客观上（神灵无所不能，当然不会容忍人的虚情假意），人们都不能欺骗神灵。与此同时，还有举行仪式的师公们敦厚的济世观念，也加重了道德约束的砝码。这种道德上的自我约束，与人们内心的恐惧压力相叠加，促使人们表达的必须是真心实意。这实际上是与毛南族人平素所推崇的端正、诚实的人格品行相接近的。即使有人在日常生活中思维、行事未必完全依据端正、诚实的处世准则，但面对神灵的拷问，也未必在如此"关键"时刻敢于跟神灵开玩笑，因为从肥套的情节中，人们已经深刻地认识到，虚伪作假和背信弃义将会遭受到神灵的多重惩罚！

音韵节律的美化，是毛南族相关艺术形态——诸如民歌和舞蹈——长期推崇和追求的艺术效果。作为蕴含毛南族多种艺术元素的综合与升华之物，毛南族肥套的节律美更是得到较为全面的体现。在某些祭祀场合，以及在肥套的某些场景之中，我们还能够看到跳神的场面或者跳神的痕迹。神职人员的跳神动作往往节奏剧烈乃至于略显奔放。毛南族肥套从跳神之类的祭祀歌舞发展而来，虽然吸收了舞台戏剧艺术的许多元素，其舞蹈动作与单纯的祭祀型跳神动作已经形成了较大的距离，但仍然基本保持了节奏鲜明的特征。

毛南族肥套的伴奏乐器基本上为鼓、锣、钹等打击乐器，所伴音乐节奏强烈
而旋律平淡，师公扮角色踩鼓点而舞，或舒缓，或急促；或轻盈，或剧烈，
节律均极为明快。从舞蹈动作的节律特征及其组合形式，亦可见出毛南族肥
套尚处于由跳神式"艺术"向戏剧艺术过渡的阶段，仅仅具有戏剧的雏形
而尚未发展成规范的戏剧艺术。

第 五 章

肥套的价值与功能

在特定的历史时期内，宗教仪式往往具有以独特的观念与方式阐释自然和社会，借以创造和谐心境、达致慰藉心灵的目的等功能。处于崇山峻岭、自然生态险恶之地的毛南族人，在漫长的封建与半封建社会除了坚忍顽强、勤苦劳作以求生存与发展以外，花费极多的精力和财力去建构尽可能和谐、和融的心境，以此弥补物质的极度匮乏。肥套正是达致此种心境的最佳桥梁，因而其价值与功能便在表达毛南族人独特的期盼与实践中得以呈现。应该说，毛南族肥套在实现其价值的过程中，客观上暗合了超循环理性并实践了超循环模式；其所呈现的价值往往是在客观世界的基础上，经过丰富的联想和想象，达致内心的平和与超然，因而属于现实社会的理想化境界。

毛南族肥套仍然属于宗教仪式，但从形式到内容再到客观社会效果，肥套已经远远超出了一般宗教仪式的范畴，具有更为广泛的社会文化功能。这样的社会文化功能在 20 世纪 50 年代以前的毛南山乡发挥过其他许多仪式和方式难以替代的作用；从中华文化乃至世界文化多样性的视阈审察，肥套的社会文化功能也是较为显著的。从肥套的价值实现模式及其社会文化功能入手，对肥套进行多层面及多角度的观照，将有助于更为全面和深刻地揭示毛南族的传统文化心理。

第一节 肥套价值的实现模式

一 肥套仪式的超循环

毛南族肥套仪式的建构无论是从建构期盼还是从建构效应而言，都呈现出超循环运行态势：肥套缘于人与自然的不和融关系（毛南族的现实人生境遇），通过相应的仪式以后呈现出艺术化的人与自然的和融关系，即人与神和融、人与社会和融、人与自然和融，从而在客观现实及心理境遇上实现了仪式的价值；而呈现了相应价值的肥套仪式又促使人们对肥套仪式作全方位的审视，将更多的人生波折及生活期盼与肥套仪式联系起来，赋予肥套仪式以更为全面和沉重的担当。于是，肥套仪式本身形成了发展变化的态势，尽管这样的发展变化来得极为缓慢，但肥套仪式在建构上的超循环轨迹仍然较为明晰。

因为人与神灵的不和融而导致人生的不顺，毛南族人不得不寻求一种达成与神灵和融的途径。毛南族肥套体现的是"救世"观念——通过敬神、颂神、祈神、酬神等宗教仪式为主家祈福禳灾；通过说唱内容客观上传承毛南族历史和文学知识，以提高毛南族整体文化素养；以蕴含原始生殖崇拜意义的唱词和舞蹈表达人们对繁衍子嗣、壮大民族力量的期盼，等等——为他人祈福的观念，于是师公们就竭力将这一观念蕴含于一系列的宗教仪式及世俗生活情节之中，并将这些蕴含宗教主旨的世俗生活情节艺术地呈现在舞台上，这样就大大拉近了世俗人生与神灵的距离，从而让主家和其他观众通过艺术化的生活状态感受神灵的存在，以及神灵力量的宽广无边，同时也让受众接收到宗教主旨以外的多种信息。肥套仪式正是在这样的状态中完成复又开始另一个循环过程。

岭南古百越民族祈求子嗣的"愿"，某些环节本来有暗示或点化的内涵，例如涉及生殖崇拜的某些言语和动作，在祈求子嗣的"愿"仪式中并不蕴含猥亵和下流意义，而是对子孙繁衍的变相祝愿。这样的暗示和点化在当今广西百越系某些民族的祈求子嗣"愿"中仍有保留。毛南族肥套无疑会对毛南族认识和创造生活的观念产生影响，进而促使其仪式建构心理的演变。毛南族肥套在演变过程中，将大量的世俗生活情景做艺术化处理后置于仪式之中，不仅丰富了肥套的内涵，也强化了这一宗教活动的审美属性——毛南族师公增加这些世俗生活情节，其初衷就是使肥套更为适合欣赏者已经变化了的审美需求，体现出相应的建构理性。这导致毛南族肥套与原始的跳神傩愿形成了根本性距离。事物的相关属性促使具有某种关联性的相同类或相似类的事物构成一个个系统；系统之内呈现超循环状态，"系统中的各部分以及整体，产生周期性的变化与旋升"[①]。毛南族肥套所昭示的生活、建构、艺术形态所构成的超循环态势，在经过一段时期运行之后，三者既分别

① 袁鼎生：《超循环生态方法论》"前言"，科学出版社 2010 年版。

是某一阶段的起点，也是某一阶段的终点。但每一个循环状态中的起点和终点都意味着一次量或质的提升，或者量与质的同时提升。尽管由于系民间建构，这样的循环周期在肥套中显得极为漫长，有时候提升的幅度也不是太过显眼，但超循环态势是不会停止的。

毛南族肥套所显示的生活、艺术建构和仪式价值所构成的超循环状态有自己鲜明的特征。从毛南族传统艺术实践来看，不同的艺术形态，从生活到艺术创造再到艺术形态，其超循环状态往往有较为明显的区别。在一般艺术形态里，这样的循环要体现得自然、顺畅得多，比如表现毛南族传统社会生活中男女社交场合的行歌坐夜艺术活动场面，从原型到作者的取景视角，再到表现方式，最终到艺术形态，循环周期相对较短，周期间的提升幅度也大得多。而在肥套的某些仪式环节的表现上，这样的循环就显得颇为艰难：肥套展现的生活场景，有的显得过于古拙、质朴，难以体现出师公们于生活中积累的灵气，比如鲁仙模拟的伐木和架桥舞，瑶王模仿的狩猎舞，等等，基本上是生活原形态照搬，概括性和再创造性均较为缺乏；循环过程中的各个阶段都显得较为粗糙，艺术上的打磨力度明显不足。这应该跟宗教观念的束缚有一定关系，以及跟师公们对综合性艺术形态的驾驭能力欠缺，促使纯宗教仪式向宗教艺术与综合表演艺术形态融合的宏观构思能力与微观运作能力均感不逮，对生活、建构、艺术形态所构成的循环态势掌控力不足，师公们的艺术综合集成能力尚处于较低层次等也有着密切的关系。

毛南族肥套中由生活、仪式建构、仪式价值所构成的超循环态势，其整体与内部各个环节或曰组成部分，也处于不断优化过程中。螺旋运转、相互促进状态中的超循环不是简单的机械式运动，而是系统内的整体生发运动。这种整体生发运动时刻伴随着组件与环节的优化和扬弃：组件和环节要么不断优化，融入系统超循环的运行态势之中，要么被磨损进而被扬弃于系统超循环的运行态势之外。毛南族肥套建构中的超循环态势，其整体与局部应该也有如此之命运。毛南族肥套仪式随着三娘、土地、瑶王等人物和相关情节的加入，意味着原来的单纯跳神仪式被淡化；情歌对唱和劳动情景的增加，意味着娱人情节被重视和强化，同时也就意味着原来仪式中仅仅注重敬神、祈神、酬神等单一宗教观念的改变；舞蹈中的审美元素增加，就意味着原来跳神舞蹈所构拟的神鬼动作被逐渐扬弃，等等。所以，毛南族肥套建构中所显示的超循环状态，也意味着这一艺术属性极强的综合仪式整体或者局部的优化。

二 神人和融的超循环

毛南族人由于充满着神人和融的期盼并企图通过多种方式来实现这样的期盼，毛南族肥套在确立期盼、实践期盼和效果呈现等环节上，构成了一个循环往复的系统，并促使这一系统呈超循环运行态势——也许这样的超循环态势仅仅属于客观体现而非纯理性驱使，但毛南族在期盼与实践中通过素朴的艺术建构追求和艺术建构方式，基本上实现了这样的超循环运行过程，即在确立期盼、实践期盼和达致神人和融的境界上，由起点而至终点，再开始另一个新的起点，每一环节在客观效果方面往往都有不同程度的提升。

由于在艰难的自然生态系统中体认到客体的过分强大以及主体的相对弱小，毛南族人试图通过特定的仪式，即通过向客体展现具有特定内涵的语言和行为以求得客体对自身的眷顾，于是毛南族人从自然生态系统中抽象、概括出具有象征意义的事物并将其人格化，从而创造了能够惠顾人生的神灵，尤其能够赐予家庭生命和家境平安的生育神受到高度尊崇。因此，善神与人类之间构成了和融相处的局面，实现了神与人之间初步的、低层次性的和融状态，亦即自然生态系统中的良性元素与人类之间达致最为基本的和融。但由于构成自然生态系统的元素多种多样，其中的一些元素对人类造成损害，这些元素被概括、抽象出来并且被人格化以后，成为人们畏惧的神灵。为了辖制自然生态系统中被认为有害的元素，毛南族人赋予某些善神以特殊功能，从而对某些恶神进行约束和教化——这实际上是通过仪式创造神灵与神灵相互和融的局面，然后在此基础上进一步实现神与人在更高层次的和融，亦即人与自然的和融。从肥套仪式的主旨以及人们认为的实际效果来看，每一个完满的仪式完成之后，这样的神人和融期盼无疑是达到了的，因为各路神灵在师公与主家的祈求与调遣之下，各司其职，共同赐福予主家并护佑主家生活平顺。

除了人与自然的关系需要调节、和融之外，人际之间、族际之间，亦即个人与社会也需要和融。这应该是从整体生态系统的视阈审视各元素之间的关系。尽管毛南族先民或现今的师公未必能够理性地认识到这一层面，但他们举办肥套仪式的客观期盼以及在具体实践中无疑蕴含着这样的因素。于是毛南族人将人类社会中的一些重要元素——例如瑶族首领和逝去的祖先，具有旺盛生殖特征的女性，饱受人间生活磨难同时又对基层百姓充满同情与怜爱的官员，身怀生产和生活的独特技能的匠作，等等，概括抽象出来并赋予其神奇力量，眷顾福佑人们，从而创造出人际和融局面，亦即人类不仅仅是期盼而且完全能够通过自身努力实现的、诗意化的神与人和融局面。

　　毛南族肥套仪式涉及的神灵众多而且神灵的能量广大，师公和主家通过仪式的诸多环节和丰富内容几乎涵盖了生活中的多个方面，亦即整体生态中的至关重要的元素。在人们认识自然和社会尚有极大局限性的过去，这些主要元素几乎意味着人与自然、人与社会等关系的全部。即便是在今天的社会里，人们在虔诚地举办肥套仪式的时候，又何尝不是把仪式中所涉及的事物看成是人生的全部？

　　【田野笔记】
　　时间：2012 年 10 月 24 日上午 9 时许
　　地点：下南乡中南村与下塘村之间的山坳
　　受访人卢顺贤，男，毛南族，46 岁，环江毛南族自治县下南乡玉环村下开屯人。
　　采访者：做肥套要花那么多钱，为什么还有那么多人热心做呢？
　　卢顺贤：哈哈，我们毛南人就是这样，家庭顺利的，做了肥套就更加顺利；不顺的，做了肥套就什么都顺了。有些人家，不做这个就是不顺。

　　这实际上是主观意念中的人与自然和融：与生态中的主要元素和融了，也就意味着与生态和融了——至少，在毛南族人的仪式意识里，他们是这样认为的。因此，我们不妨认为，毛南族人在举办肥套之后，其观念中认为他们已经与神灵（自然）达到了高度和融状态。

三　整体生态的超循环

　　毛南族的肥套仪式应该发轫于岭南古百越民族求子保平安傩愿，抑或人类更为古老的祈福驱邪傩仪，但真正发展壮大，则在很大程度上缘于毛南山乡艰难的现实生存境遇与毛南族的生存繁衍期盼所产生的矛盾。因此从毛南族所秉持的仪式观念以及肥套仪式所体现出来的心理效果来看，毛南族肥套的价值实现模式首先在于追求生存境遇的超循环呈现，亦即毛南族肥套借助于现实生存环境的元素，通过特定的宗教仪式，在受众的观念中建构起超乎现实的、蕴含着理想与慰藉的心灵境界，并对现实的生存境界进行艺术再造——包括通过实际行为和仪式的理想化构拟对生存境遇进行改造，从而完成从生境观照到仪式呈现再到心境建构的超循环过程，具体图式可以概括为：现实生存境遇—祈求神灵仪式—心理生存境遇。而这一循环过程是呈螺旋式递进的。

在漫长的封建半封建社会时期，毛南族所处的生存环境，包括自然生态环境和社会生态环境，带给人们的是无尽的艰辛和恐惧，而引领人们从这样的艰辛和恐惧中走出来，固然离不开人们的顽强与拼搏，但更多地需要从神灵那里获得慰藉及福佑，因而他们要一代复一代地举行肥套仪式。毛南族人几乎将生活中的每一个角落寄托于神灵的眷顾，毛南族师公拜请各路神灵，为神灵施展法力精心设计每一个细节，由此建构并完善了肥套仪式。师公们完成了一整套仪式，受众尤其主办之家领略了这一整套仪式之后，无疑能够在内心建构起一整套补偿和慰藉机制，于是理想的心理生存境遇成焉。从传统宗教角度而言，毛南族现实生活中艰难的生存境遇借助于肥套仪式在人们内心得到本质的升华；而得到升华的心理生存境遇模式反过来促使人们能够尽可能乐观地面对人们所处的现实生存境遇，这就是肥套极为注重的价值超循环模式。

尽管人们举行肥套仪式的本意主要在于建构心理补偿机制，在于从虚幻的神灵眷顾中寻求到理想的生存境遇；尽管从某一层面来讲神灵的眷顾根本就不可能存在，但我们不能不承认在特定的历史时期肥套仪式对于毛南族人具有特定的心理功效，特别是当这样的仪式成为毛南族人所认知的价值体系的重要组成部分的时候。事实上，肥套仪式的客观效果在生存境遇的超循环实现中确实得到了真正的体现：当人们在祈求与神灵和融的基础上追求与自然和融、与民族和融以及与社会和融，并为此类和融期盼付诸努力的时候，其理想的生存境遇就不会是虚幻的空中楼阁而在很多方面能够成为现实，比如毛南族确实在一定程度上建立了与神灵和融、与民族和融、与社会和融，以及与自然和融的关系。应该说，肥套这一价值实现图式是较为清晰的。

第二节　肥套的价值形态

一　诗意化的生态环境

从环境与人们的生活期望所形成的差异、环境所具备的生产潜力、生产生活条件与广西其他许多地方相比较等方面来讲，毛南山区的自然环境相当恶劣，有许多峒场地带甚至不适合人类生存；加上许多地方长时间生产方式粗放，自古行刀耕火种之法："楚越之地，地广人稀，饭稻羹鱼，或火种而水耨。"① 自然环境向称不佳。直至中华人民共和国成立后的一段时间，"许多农民年年开荒，种三四年地力耗尽，便丢荒另种，待二三年后地力恢复，再烧山垦种，以致许多山岭树木被烧光，水土流失，水源枯竭"②，自然生态日益恶化。在一般外人眼里，该地区难以产生牧歌式田园生活的艺术作品。但毛南族人有时候却不这样看。他们以自己独特的眼光审视祖祖辈辈开辟出来的生存环境，竭力凝聚其审美元素，创造出属于毛南族人心灵的田园牧歌：

> 李径桃溪年虽古，火烟宅第望更稠。
>
> ——《谭家世谱》碑背面附诗摘句

> 洞似桃源堪避秦，侬今乘兴再登临。
> 仰观皓月明如镜，俯视黄云灿似金。
> 路折九回龙起舞，山高万仞鸟飞轻。
> 清凉恰至中秋夜，把酒当风好壮吟。
>
> ——清末民初毛南族诗人谭中立题东言村石壁诗

> 梓里风光好，娇娆不胜看。
> 遍乡筑水道，绕境造林山。
> 四野辟新径，千村改旧观。
> 田园庄稼绿，春色满人间。
>
> ——谭魁《三南春色》，作于 1987 年③

　　虽然说毛南山区整体自然环境恶劣，但局部的、个别的地方仍不乏可圈可点之处。况且一方水土养一方人，这些被特定水土养育的人们往往会对这方水土怀以深厚的感情。诗人在这里现实描绘和想象构拟等手法兼用，营造了毛南山乡令人陶醉的美景，展现了毛南山乡审美化的生态环境。不仅毛南族文人如此，民间口头文学艺术也在尽力发掘和凝聚毛南山

---

① （汉）司马迁：《史记》，中州古籍出版社 1996 年版，第 911 页。
② 广西壮族自治区编辑组：《广西仫佬族毛难族社会历史调查》，广西民族出版社 1987 年版，第 67 页。
③ 环江毛南族自治县地方志编纂委员会：《环江毛南族自治县志》，广西人民出版社 2002 年版，第 1019 页。

乡的审美元素:

> 二月初暖茶标芽,赶早采茶上山坡。
> 茶歌飞上白云间,十里茶林百鸟和。

> 采茶姑娘手灵巧,东山采到西山坡。
> 二月初暖茶标芽,赶早采茶上山坡。
> 茶歌声声满茶山,采得春茶箩打箩。
> 茶歌飞上白云间,十里茶林百鸟和。①

这是一首"七言比"毛南族民歌。"七言比"是一种毛南族民歌体裁,每篇三章,每章四句,每句七言;第一章四句分别被第三、第四章重复使用。毛南族传统民歌中还有"五言比"、"五言欢"、"七言比"、"七言欢",格律大致相同:"俍之为歌,五言八句,唱时叠作十二句,多用古韵,平仄互押,或隔越跳叶,曲折宛转,喃喃呢呢,间有一二佳语,颇类六朝情艳。"② 上面所列举的不同时代、不同阶层的人们,大多采取写实的手法,用笔或口刻画了一幅幅迷人的毛南山乡图景。在毛南族人民的眼里,世代生存于斯的毛南山乡并不总是穷山恶水,很多时候仍然是充满诗情画意,令人神往的。

毛南族人民不仅将笔墨聚集于毛南山乡中的清秀之处,艺术地再现峰丛洼地间的宜人胜迹,还注重用艺术的笔触,塑造人们美化生态的情景,从而将人们的审美化生存期盼与生活场景的审美性重构融合起来。

> 毛南人勤山歌多,罗嗨罗喂箩迭箩。③
> 不信你来三南看,千山百弄都是歌。

> 千山百弄都是歌,歌声飞遍环江河。
> 有年上游涨大水,挑着歌书去拦河。

---

① 袁凤辰等编:《毛南族民歌选》之《采茶歌》,广西民族出版社1987年版,第84页。
② (清)谢启昆:《广西通志》,广西人民出版社1988年版,第6894页。
③ 毛南族民歌"比",唱时带衬音"罗嗨",被称为"罗嗨歌";毛南族民歌"欢",唱时带衬音"罗喂",被称为"罗喂歌"。

　　毛南族人民在长期的生产生活中记录、创造了大量的故事，以白描或浪漫的手法塑造了众多相关的艺术形象。例如毛南族青年水弟不辞辛劳、冒着生命危险为乡亲们掘出水井引来泉水，打造出一方山清水秀的鱼米之乡；①毛南族神话人物覃三九不远万里拜师学法，期望移山造海，彻底改变毛南山区恶劣的生态环境；②用毛南族情侣双燕和玉生的爱情故事，赋予巉岩峻岭以灵性，将生境塑造成情景交融的艺术境界，③等等，都是将美化生态环境的过程及情景展现出来，描绘出情与景相互交融的艺术境界。

　　毛南山乡的自然生态特点大致可以概括为山峻、土少、水奇缺。这些生态特征在毛南族的肥套中得到广泛而突出的展示。在肥套中，巫语虽然以构拟、渲染喜庆的环境为主，但对毛南山乡自然环境的展示也可见多处："峥嵘的山头挂满红钱纸"，"峥嵘的山头多僻静"（肥套中"三光过桌"对仪式氛围的描写）；"一守险关和边卡，二守马道及古栈"，"帽上插有凤凰毛，天天下山练军操"，"五杯淡酒献六官，上山种田得米粮"，"丹凤飞过鸟随去，龙回宫殿虎归山"（肥套仪式中"太师六官"），如此等等，我们仍然能够从中窥探出毛南山乡环境的险恶。这些实际上就是毛南山乡某些方面的缩影，具有典型形象的特征。

　　毛南族肥套中对于自然生态环境的塑造，主要分为两个层面：一是着眼于世俗自然环境，通过美化人们现实生活中的环境要素以表达美化整个生态系统的愿望；二是通过想象和虚构，塑造出理想化的生态环境。两相比较，后者的比重远远大于前者。鉴于肥套的宗教性特征，民间艺人们需要为神灵塑造理想化的生态环境以愉悦神灵，从而达到敬神、祈神的目的。第一个层面往往以现实自然环境为基础，对相关的物象作凝聚和移位，对毛南山乡的各种景象作艺术撷取和布局，从而塑造出养人、宜人和娱人的艺术形象。这以肥套仪式中众师公歌唱的《十二月歌》最具有代表性：

　　　　正月立春雨水时，草绿茶青发嫩枝……
　　　　二月惊蛰及春分，桃李花开树如荫……
　　　　三月清明谷雨时，草绿茶青发嫩枝……

---

　　①　袁凤辰等编：《毛南族、京族民间故事选》之《甘泉》，上海文艺出版社1987年版，第75页。
　　②　同上书，第15页。
　　③　同上书，第100页。

四月立夏到小满，犁田播秧时正紧……
五月芒种夏至来，莲花结朵满塘开……
六月三伏大暑天，江海星宿成桃仙……
七月处暑及立秋，瓜瓞连绵满地头……
八月白露及秋分，金黄禾谷满峒村……
九月霜降及重阳，丹桂花开万里香……
十月立冬小雪时，茭笋出土满池塘……
十一月冬至大雪时，汉客染色时千知①……
十二月残冬腊月天，梅花瑞发红万千……

这里用的是起兴手法，叙述、描绘了毛南山乡每个月的时令景色以后，紧接着是叙神、颂神、敬神或劝人行善及民间传说等内容的四句韵文。此处从略。毛南族肥套经文以清丽、质朴的语句描绘的毛南山乡的时令景致，颇具诗情画意。而第二层面的想象渲染，直接效果为展现神灵们所处的环境，潜在效果则是人们对自然生态的理想化勾勒，表达了人们对毛南山乡理想环境的强烈期待：

东西狂风南北起，春夏播雨救凡民。
天仓禾谷养民众，播雨添绿赐福分。

——肥套《雷神歌》

毛南山乡最缺的莫过于水源。人们祈祷雷王恩赐的也自然要集中在雨水方面。除此之外，人们还有强烈的美化自然、美化人生的祈求：

金桥横跨长生国，银桥架到富贵乡。
铁桥架到真武殿，石桥架给牛和羊。

——肥套《鲁仙架桥歌》

毛南族人民所谓的"金桥"、"银桥"、"铁桥"、"石桥"，应该是指被优化以后，能够给人们带来幸福、平安的生态环境之要素。在这里，我们必须将毛南族所处的艰难生境与他们的宗教期盼联系起来才能比较恰当地理解

---

① "汉客染色时千知"为毛南语汉译，意即汉族客商贩卖的染色织物广受毛南族人欢迎。

其生态优化理想。金、银象征富贵，亦即生活的富足；铁、石暗喻坚固，亦即祈求生命力，尤其孩童生命力的坚强。而这些都必须建立在自然环境改善之后的基础之上。我们不必惋惜毛南族人民在旧时代审美需求略显低下。生活环境的改善是当初毛南族人民的最基本追求。在毛南山乡，生态审美意识必须是伴随着基本生活条件的满足和改善而升华的。这正是毛南族传统生态审美意识构建的基础。

　　毛南山乡脆弱的自然生态体系，毛南族人民相对强烈的自然生态意识，尽一切可能保护自然生态的原貌，即使为最基本的物质生活不得不损伤养育自己的自然生态系统同时又利用一切机会对损害的自然生态系统进行修复，等等，这些与自然生态有关的看起来充满矛盾的现象在毛南山乡同时存在。这些现象表面看似矛盾，其实内部有着合理的逻辑结构：毛南族是大山的子孙，对毛南山乡的一山一石、一草一木充满感情，加上原始宗教观念的影响，他们对于动山和动土等行为是极为慎重的；尽管在艰难的自然环境中，毛南族人民为了最为简单、最为基本的生活，亦即为了生存需求而不得不对生态元素及其构成的系统造成一定程度的伤害，但他们期望有一个美好家园的情感是极为强烈的，并且为之作出不懈的努力。这在毛南族的生产、生活等活动中以及艺术形态中有充分的表现。中华人民共和国成立前夕的毛南山乡，刀耕火种的现象随处可见：将成片的山地植物砍倒烧光，垦荒耕种，每亩仅能收获三五十斤玉米。垦荒耕种的山地，一般种上三五年，待地力耗尽，便丢荒另垦。[①] 毛南族民谚："地能生黄金，寸土也要耕。"人们为了生存，不得不尔。与此同时，毛南族人向来都有在房前屋后植树种果的良好风气，或栽竹，或植树，或种果，或辟园作圃，因此毛南族村寨往往绿化得比较优美。毛南族传统民间歌谣、传说故事以及他们的木雕和石雕等艺术作品里，多有反映改善生态的愿望和事迹：

　　　　来到大田垌，垌平好放牛。

　　　　来到小山沟，沟深好放鹅。

　　　　跨步进庭院，院子宽又圆。

---

① 广西壮族自治区编辑组：《广西仫佬族毛难族社会历史调查》，广西民族出版社 1987 年版，第 36 页。

　　　　挨近一菜园，种成千种菜。①

　　平垌旷远，溪流深湛，是毛南山乡人最为期待的自然生态景象。他们将这种期待凝聚成艺术形态，赋予其浓郁的诗意。在毛南族的民间故事《三九的传说》里，就描绘了毛南族英雄覃三九赶山、平地、造海的情形。在毛南族房屋建筑的木雕饰品上，藤缠蔓绕、花开鸟鸣的图像比比皆是。在毛南族的墓葬石雕中，山环水绕、草木蓊郁的田园风光更是所在多见。所有这些实际上体现了毛南族人民营构诗化环境的强烈愿望，以及用艺术形态将相关期盼展现出来的具体实践活动，呈现了自然生态优化方面由诗化意识到诗化艺术的轨迹。

　　如果说毛南族传统民歌中更多地掺杂了现实的考量、墓葬石雕中更多地将现实生活情景理想化之后为逝去的先人营造一个在另一世界中生活环境的话，毛南族肥套在营构诗化环境方面则更多地赋予联想和想象色彩，通过描绘神灵所居的富丽辉煌的诗化场景简洁地表达毛南族创造诗化环境的强烈愿望。应该说，这样的建构观念与建构方式标志毛南族肥套在其发展过程中由原始宗教仪式向语言艺术过渡并取得相应成果。这样的建构观念、建构方式以及相关的建构成果在颂神、娱神的同时，也予人们以丰富的想象、期待与鞭策，是人们对营构诗化环境的更高要求及理想模板。尽管毛南族师公们为众多神灵，尤其为婆王建构的居处带有较为深刻的岭南古百越民族原始宗教印痕，但民间艺人们融合了毛南山乡原始宗教与自然景观的相关要素，具有毛南山乡的鲜明特征，因而带有更多的现实韵味，对现实生活中的人生观念与行为有更大的促进作用。在肥套中，毛南族营构诗化环境的愿望与行为跟毛南族的传统宗教观念及做法密切交织在一起，较为充分地体现了毛南族善于借助宗教艺术表达内心期盼、以宗教景象弥补现实不足的一贯特色。我们且看毛南族肥套唱本中《红筵开坛》、《安楼圣母》、《大供红筵上熟》、《花杯》等场面描绘：

　　　　日出东方，太阳初升，花朵初开，花影重叠，春旺花明，夏旺花荫，秋旺花丽，冬旺花开……
　　　　奏到花山，金阁巍峨，月色迷蒙，迎请上堂六国，婆王万岁天尊圣

――――――――――

① 袁凤辰等编：《毛南族民歌选》之《作客欢》（节选），广西民族出版社 1987 年版，第 63 页。

母，上楼九天玄女，中楼太白仙婆……

　　日归西下，月亮升起，天庭路暗，诸事办完……

　　酉戌二时，日转临西，金鸡未叫，百鸟投林，星辰欲出，江鱼散罢，牛马归栏，坛灯光亮……

　　太阳升起来了，花儿含露盛开，红花四季重叠……峥嵘的群山多僻静……

　　肥套中这些散文式巫语，虽然还称不上特别形象、贴切，但从俗文化的角度审视，仍然堪称凝练，多有雍容富丽的色彩，体现了毛南族人对庄严、壮美场面的礼敬之心，也表征毛南族人对优美田园景致的向往。

　　如果说上述篇章描绘的仅仅是虚无缥缈的神灵居住之境，太过于理想化和庄严化的话，那么毛南族肥套唱本中的《十二月歌》，则是毛南族人在凝聚毛南山乡自然生态特征的基础上，诗化环境的产物。《十二月歌》所描写的这些景象，有的是毛南山乡自然环境元素的浓缩，有的也许非毛南山乡物产而是理想中的艺术形象。尽管有的非毛南山乡物产，但毛南族师公们通过艺术手法将其移植到毛南山乡，也是合乎情理的。毛南山乡现实中的自然环境虽然相当恶劣，其艰难性也给人们带来太多的苦辛，但它毕竟养育了毛南族的祖祖辈辈，毛南族人民对这片土地始终有着深厚的情感。如此艺术化的浓缩或移植，本质上是在突出和赋予毛南山乡的诗情画意。毛南族师公们正是通过肥套某些构件的艺术感染力以及艺术形象的传播，在毛南族人民心目中营构诗化环境的期盼和诗化环境的样本。在毛南族其他的传统艺术作品中，不容易寻找到直接讴歌毛南山水、将毛南山乡塑造成牧歌式田园风光等形象，故而肥套所塑造的诗化环境，可以说是抹去泪水后显露出来的微笑，甜美之中仍然蕴含着丝丝苦涩。

　　毛南族肥套所展现的诗化环境属性，与毛南族人性格中淡泊诚实、敦厚朴质的性格有着内在联系。自然生态系统给予毛南族的压力沉重，而施予毛南族的极其有限；毛南族为基本生计付出繁多，但所获相对微薄。久而久之，毛南族人养成了不吝付出、不甚计较收益，但对自然环境却充满感激之情的淡然与厚道心态。所以，毛南族在其肥套中塑造的诗化环境所蕴含的意义，人们也只能从毛南山乡的自然生态特征出发，考虑毛南族人对自然生态特有的淡泊与感恩情感，对其作相应的审视。如果仅仅是片面地将相关的艺术形象与其他地区的自然生态景象相比，或者与其他地方的艺术作品所展现的诗化环境相较，我们就难以深刻地认识到毛南族肥套所营构的环境，其诗意到底体现在何处，对毛南族肥套在这方面的特征也就缺乏认识了。

二　浓缩化的风物习俗

毛南山乡的风物习俗有其特殊性，尤其在独特的自然环境下，传统文化经过嬗变，演绎成具有地域和民族特点的风俗，更是毛南山乡的一大标记。初进毛南山乡的外地人，总觉得其山、其土，跟桂西南、桂西、桂西北的大多数地方没有什么差异，那里的文化事象也没什么特点。但仔细品味，便会领悟出毛南山乡的许多独特性事物——特别是毛南山乡的文化事象。如果再进入毛南族的传统艺术画卷里，这些风物、习俗上的特征就更为明显，因为在毛南族人民创造的艺术境界里，毛南山乡的自然环境与民间习俗，已经被典型化了。

对于毛南山乡独特的传统风俗，毛南族的肥套有广泛而深刻的展示。毛南族传统风俗中与宗教观念相关的部分最具特色。其与宗教内涵相关的风俗源头，仍然可以追溯到岭南古百越民族文化形态，即以原始宗教观念和祭祀方式为依托的文化样式。正是这些民族文化基因的孑遗与传承，构成了毛南族传统风俗中最为重要的成分：

> 南蛮传俗尚巫鬼，大部落有大鬼，百家则置小鬼主一姓。
> 粤人淫祀而上（尚）鬼，病不服药，日事祈祷，视贫富为丰杀，延巫鸣钟铙，跳跃歌舞，结幡焚楮，日夕不休。
> （庆远府）伶者，壮之别种，其性情习气，饮食居处，服用器械，及婚葬燕祭，皆与壮同。其俗畏鬼神，尤尚淫祀。①

> 信鬼神，重淫祀为"南蛮"（包括楚与后世的南方民族）具有的一种共同文化表征。②

此类信巫鬼、重淫祀风俗在岭南古百越民族中甚为流行，数千百年未见根本性改变。而这类风俗的源头及表现，又是岭南古百越民族的自然崇拜和祖先崇拜。毛南族传统风俗的许多元素，都可以从这一源头中寻求到蛛丝马

---

① 黄振中、吴中任等：《粤西丛载校注》，广西民族出版社2007年版，第755、1030、1032页。

② 吴永章：《中国南方民族文化源流史》，广西教育出版社1991年版，第298页。

迹。毛南族肥套则是将祭祀祈祷之风程序化、系统化乃至于艺术化。在整个肥套仪式中，毛南山乡的崇神重祀观念得到真切体现，"雷王愿"保留了大量的祈求神灵赐福驱邪的场面，甚至还有最为原始的跳神情节。而这些场面和情节在毛南族传统社会生活中甚为常见，是毛南族传统风俗中的耀眼部分。

毛南族的传统风俗有许多与周边的汉、壮、仫佬等民族的相同或相似，但有的是毛南族独具或者形式相似而内涵独特的。比如毛南族过除夕，年轻的妈妈们要到娘家为孩童"领魂"：除夕日一大早，年轻的母亲要备办礼物回娘家（路远的要提前一天回娘家）。娘家人要备办红蛋等物，母亲带着这些礼物在除夕晚饭前赶回夫家（没有年轻母亲回娘家或者年轻母亲不能回娘家的，娘家需派人将红蛋等物品在除夕晚饭前送到孩童家）。主妇将娘家送的红蛋等物品供奉在大堂香火牌位前。等一切祭祀活动结束以后，大人让孩童分领红蛋，谓之"领新魂"。① 这应该是母系氏族社会时期孩童归属之风的孑遗，意谓孩童原属于舅家的，由外祖母赐赠给父系家族。孩童的形体虽然属于父系家族，但灵魂仍然留在舅家，需得舅家每年将灵魂送给父系家族，才能保佑孩童平安。这里的"红蛋"将两种类型的社会连接起来，既喻示毛南族传统风俗中对母系家族的依恋，又表征毛南社会已经从形式上完成了由母权制社会向父权制社会的过渡，风俗中所蕴含的时间跨度之大，颇令人歆歆。笔者在观看毛南族肥套仪式得知，这一风俗在肥套中得到更为形象的展示：新婚夫妇必须向神话世界中的婆王（在人类社会中应该具有象征外祖母的意义）祈求花朵（花朵则象征孩童出生前后的灵魂），婆王然后将花朵赐赠人间，人类才能生育繁衍。有的肥套仪式中"土地配三娘"一场，三娘且唱且舞，左手始终高擎红蛋。其手中的红蛋就喻示孩童的灵魂。肥套将社会观念和生活场景高度浓缩。肥套仪式全过程中要严加看守的花篮里，自始至终安放着一枚染成红色的鸡蛋，喻示孩童的生命与灵魂长在。

毛南族传统风俗中的"赶祖先圩"，则应该是人类原始宗教观念中"万物有灵"及"祖先崇拜"要素，与毛南山乡自然生态环境、社会变迁等多种因素融合演变的产物。清明节那天凌晨，毛南人手执火把或油灯在下南六圩附近叫做"卡林"的小山坡上形成一个"圩场"，圩场上百物齐备，让逝去的祖先到此"赶圩"（赶集）。在毛南族构拟的世界里，世间万物的灵魂，包括祖先的灵魂，都过着与人类同样的生活，都应该与人类有同样的享受，

---

① 蒙国荣、谭贻生等：《毛南族风俗志》，中央民族学院出版社1988年版，第148—149页。

因而巫鬼观念和淫祀之习在这种虚拟的境界中得到集中体现。在肥套中，"万物有灵"及"祖先崇拜"意识被高度概括和全方位渲染，成为仪式的重要组成部分：除了登场的神灵和器物被赋予无边的法力之外，祖先（在毛南族神灵谱系中被称为"家仙"）被赋予重要职责。肥套中不管是"婆王愿"（红筵）还是"雷王愿"（黄筵）都要请家仙到场。而这与毛南族传统生活中的风俗是一脉相承的：家中要办喜事，不管是红喜事还是白喜事，都要请祖宗。这样的目的，"一来祈求祖宗保佑家中老幼安宁，二来也表示对祖宗的怀念和崇敬"①。生活是艺术的源泉，艺术往往是对生活的高度概括，这也在毛南族的肥套建构中得到充分明证。

缘于自然环境的艰难及周边各民族文化的影响，旧时毛南族人体察到生活的不易，尤其民族的繁衍与人生的平顺，往往既需要神灵的眷顾，还需要依赖于人际之间的和谐关系；加上毛南族各大姓的祖先多从外地迁徙至毛南山乡，其生活道路的曲折，促使其在形成和发展过程中，探讨人生哲理的兴趣似乎远远浓厚于探讨自然生态要素及其构成规律的兴趣。毛南族人较为注重人与人之间相处的道德规范，以及人在社会生活中被评价的结果。在记录毛南族谭姓始祖事迹的《占又记》里，谓谭三孝誓言"君子虽贫仁义在，一毫不染入非门"。毛南族历史上的"隆款"（村中长老聚集一处议定乡规民约、决定村屯重要事务）组织延续的时间较长，直至清末仍具活力。"隆款"规定出人人都需要遵守的道德准则，违者会受到相应的处罚。其中尤为注重忠厚淳朴、诚实守信。②毛南山乡下南坡川（即今之波川，在毛南族人说的汉语官话里，坡、波同音）于清朝道光十八年（1838年）公议禁约并勒石为《坡川乡协众约款严禁正俗护持风水碑》：

一、禁下林川一泽，不许私将药毒鱼虾，开坑泄水，以便打网。犯者罚三十六牲安龙，绝不姑贷。

一、禁上林连坡一带，不许挖土打石，损伤龙脉。犯者，亦罚安龙如数。

一、禁坟山及初种田，定四月至九月止，凡牛、马、猪、鸭皆不许故意放纵，踏伤坟冢，踏害青苗，违者并（重）罚。

川原发自天一仙水洞来，流过石崇沟，到孟郎潭潆洄星宿池，湾包

---

① 蒙国荣、谭贻生等：《毛南族风俗志》，中央民族学院出版社1988年版，第172页。
② 莫家仁：《毛南族》，民族出版社1988年版，第107页。

至下相泉，遂曲屈达下林太泽，正是奇观。况显有三级浪，可嘉尧岩龙门。第一级，合水口，第二级，大赏，第三级，鱼登三级，乃变。则此潭实化龙之潭，朝宗之泽也，而可不宝重乎？故特示禁以培厚风水云。

一、禁私开鸦片烟馆。

一、禁窝保匪类窃盗。

一、禁勾党棍徒刁讼。

外禁一切悖理坏俗，指明声罪重轻，如不遵者，众公禀官究治，以正风化，为此特示。

　　　　　　　昝　道光十八年　月　吉旦　公议禁约①

毛南族人从小就受到父母兄长口耳相传的关于为人处世应该诚实厚道的熏陶，待人热情诚恳已经成为毛南族人的集体无意识。② 毛南族民歌中的《嘱女儿》："女儿初当家，早起莫怕苦。孝敬公和婆，关照小叔姑。近邻要多走，工夫要勤做。待客莫失礼，当个好媳妇。"这些都是悟出人生哲理之后所规范出来的言行准则。这些准则成为毛南山乡的基本道德规范，广为毛南族人自觉遵守。所以说，毛南族人有着勤于透过社会现象探究社会生活中人与人交往规律的传统与智慧。就揭示生活哲理而言，毛南族肥套既具备相应的社会文化背景，也具有相应的功能。与此同时，毛南族独特的传统社会生活特点——相对封闭、群体娱乐活动及宗教习俗活动成为人们主要的交往方式、带有多神崇拜遗迹的传统宗教仪式仍然有较为强大的感召力、肥套的宗教聚力与艺术张力，等等——也赋予毛南族肥套以揭示生活哲理、传播相应观念的社会职责。

毛南族肥套仪式早期内涵与岭南古百越民族的求子宗教观念一脉相承，其主要形式及宗教诉求与广西百越系其他某些民族至今的傩愿有许多相似之处。③ 但是发展成毛南族独特的综合性仪式之后，便逐渐脱离了单纯的祈求子孙繁衍的原始宗教诉求，向更为广阔的社会生活层面浸染，其中包括试图揭示生活哲理、传播毛南族社会所公认的生活准则以及其他更为丰富的社会文化知识。这是毛南族肥套仪式与周边其他百越系民族"傩愿"仪式的重大不同之处。到后来，毛南族肥套或其组成部分达到了在艺术上聚合与离散

---

① 广西省民族事务委员会：《环江毛难人情况调查》，1953 年 12 月编印，第 4 页。

② 卢敏飞、蒙国荣：《毛南山乡风情录》，四川民族出版社 1994 年版，第 7 页。

③ 李路阳、吴浩：《广西傩文化探幽》，广西人民出版社 1993 年版，第 63 页。

高度统一的状态：多神聚合（仪式呈现的神灵达三十多位）、多宗旨聚合（既有祈求子孙繁衍、人畜平安的主观宗旨，客观上还体现人与社会和融、与自然和融，传播毛南族式百科知识等宗旨）、多生活形式聚合（传统宗教生活、普通世俗生活等）、多艺术元素聚合（肥套几乎蕴含了毛南族传统社会生活中的各种艺术形态）、仪式起因与人生价值取向聚合（毛南族人给肥套涉及的起因便是韩仲定夫妇及黄莲忘恩负义、背信弃约导致灾难降临，痛改前非后取得了神灵的谅解并重新得到神灵的眷顾，告诫人们要诚实守信、知恩图报）等；各个故事情节之间离散（绝大多数神灵的故事、民族的故事、家族的故事等均互不相干，甚至有的故事与仪式主题亦无多大关系）、某些神灵性格与宗教诉求离散（许多神灵在仪式中能够起到一定作用，但仪式花大量的笔墨去展示其性格，而这样的展示与仪式的主要诉求缺乏必要的联系）、仪式主线与某些情节离散（如从艺术设计的角度而言，韩仲定夫妇和黄莲的遭遇以及他们性格的变化似应该成为仪式的主线，然而仪式的主旨成为主线后，许多情节与主线脱离，尤其一些艺术呈现的故事情节与主线毫不相干）、仪式初衷与实际效果离散（从肥套设计的起因来看，仪式的初衷似乎在强调社会伦理，教育人们要诚实守信、知恩图报，事实上仪式过程对此也有反复强调。但整个过程以及仪式追求的效果却是祈求神灵福佑主家子孙繁衍、人畜平安，即追求神人和融）等，这就导致肥套所体现的属性多样化：宗教慰藉仅仅是其属性之一，而体现人生道德价值取向、确立社会生活规范、传播毛南山乡式的百科知识等已经演变成其越来越重要的属性，甚至成为毛南族肥套的本质属性之一。

　　毛南族肥套在展示原始宗教以外的社会文化功能——其中以揭示人生哲理、宣传社会伦理规范为重要核心——主要是从仪式的起因变更开始的。毛南族师公们说，毛南族古老的肥套仅仅是单纯的唱神和跳神。[①] 这一说法可以从当今广西百越系其他一些民族的"傩愿"仪式得到印证：广西三江侗族自治县侗族的求子"傩愿"基本上保留了岭南古百越民族的单纯唱神、跳神形式，宗教诉求极为单一，那就是通过事神活动祈求神灵福佑，以使民族繁衍壮大，其中多神崇拜和生殖崇拜的物象较为繁多而原始；[②] 广西上林县壮族傩祭仪式，也基本上是唱神和跳神，体现的也基本上是单纯的求子祛

---

① 蒙国荣：《毛南族傩文化概述》，《河池学院学报》2008 年第 6 期。

② 李路阳、吴浩：《广西傩文化探幽》附录之《路冲村还傩愿仪式实录》，广西人民出版社1993 年版，第 233 页。

邪的原始宗教功能。① 但毛南族的肥套（包括"红筵"和"黄筵"）增加了愿事起因情节。"红筵"（"婆王愿"）仪式中的念词特别强调："这个古老的故事不能忘记，大家要以仲定为鉴，天下百姓个个都知道，对婆王神灵要忠诚老实。"这一情节将毛南族新婚夫妇所行的宗教仪式（广西其他百越系民族如壮、仫佬等民族新婚夫妇也行类似仪式）艺术化：毛南族新婚夫妇要给婆王许愿，祈求婆王赐给儿女；他们把婆王的神像挂在床头，不断供奉祈求；生儿生女后要用香烛供品酬谢婆王——这可以被看做是肥套（"红筵"）仪式的浓缩版。由简单原始的宗教习俗演变成艺术含量丰富的表演文本，其教化内涵明显丰富，教化主旨更为鲜明，在揭示人生哲理方面也就显得更为深刻而广泛。"黄筵"（"雷王愿"）起因的故事情节与"红筵"起因的故事情节基本相似。两个类似的故事，蕴含着震慑、规劝、褒奖等多重成分，同时又将人性中常见的奸诈、刁蛮、无赖等恶行揭示出来，以供人们借鉴。因此，肥套客观上对这些哲理的揭示，于提高人们的认识能力方面是很有帮助的。

三　仪式化的生殖崇拜

生殖崇拜源于人类祖先对人类的生殖、繁衍原理及行为缺乏科学的认知，从而依据某些自然现象及人类的生理表征进行推测、想象，进而形成关于生殖心理与行为等方面的非理性表现与特征。生殖崇拜是人类社会各民族的一种普遍文化现象，其延续时期的长短及相关观念的浓淡，往往取决于社会生活中各种要素的综合呈现状况，而不仅仅在于生殖科学文化知识的普及与提高。岭南古百越民族生殖崇拜遍行，并演变为一种宗祧承嗣的追求。探究岭南古百越民族婚姻中"不落夫家"习俗，应该有多种内涵：其一为"夫从妻居"向"妻从夫居"的一种过渡性婚姻形态，表现为母权制向父权制的一种竭力抗争。② 其二是遍行早婚，新婚夫妇尤其新婚女性在生理上远未发育成熟，需在母家继续养育，以利于己身与将来后代的健康。③ 此二者已有多人论及，恕不赘言。其三应为宗祧承嗣观念的广泛与浓厚。中国传统观念中有"不孝有三，无后为大"，此意识在壮、毛南、仫佬等族的传统观

① 李路阳、吴浩：《广西傩文化探幽》附录之《上林壮族傩祭仪式及其经文符语》，广西人民出版社1993年版，第258页。

② 张声震等：《壮族通史》，民族出版社1997年版，第189页。

③ 蒙国荣、谭贻生等：《毛南族风俗志》，中央民族学院出版社1988年版，第106页。

念中尤为强烈。婚娶后无子，则意味着绝嗣。故妇女婚后不落夫家，原因之一应该是男方需要检验女性是否有生殖能力，亦即女性是否具备传宗接代的能力。"壮俗……娶妇回父母家……惟四时节令，方至夫家。至，不与（夫）言语，不与同宿，寄宿于邻家之妇女。一二年间，夫治（干）栏成……（妇）有孕，方归住栏……故夷无无子者。"① 载桂西北伶人（包括今之仫佬及毛南族人）"生子后方归夫家，名曰回家。未生子，终不成家"②。毛南族旧时传统婚俗中不落夫家之情形与壮族、仫佬族的风俗没有什么差异。这实质上可视为生殖崇拜观念的特殊表现方式，即过分看重生殖在社会与家庭中的作用。

在中华人民共和国成立以前，毛南山区社会综合状况较周边其他民族的社会状况显得滞后，因而包括生殖崇拜在内的非理性特征更为普遍和突出，有许多民俗所展现的核心观念就在于祈求多子多福，亦即生殖崇拜观念的具体化。比如结婚当天宰杀酒席需要的猪，必须得儿女双全的人做杀手；女方婚礼中的折被仪式，折被者必须是儿女双全之人；新娘被接到夫家门口，扶新娘登梯（毛南族传统干栏式建筑，上层住人，下层圈养牲畜及堆放杂物。由地面至上层二楼有木梯或石砌阶梯相接，阶梯一般为九级或更多）进屋的妇女必须儿女双全；男方家的开被仪式，开被者也必须是儿女双全之人；做肥套仪式的师公必须是儿女双全之人，才有做师公的资格；肥套（婆王愿）仪式中负责剪花的师公必须是儿女双全的人，如此等等，体现的都是儿女双全，实际上就是生殖崇拜的具象诠释。在中华人民共和国成立前的毛南山乡，不仅有钱人纳妾，就是一般家境不甚宽裕的百姓，如果无子女（如婚后第一个子女夭亡）也往往要纳妾。③ 这些表现也可在一定程度上视为生殖崇拜的变体。这种关于生殖崇拜的浓厚意识已经广泛植根于毛南族生活之中，为其艺术创造准备了独特的条件，成为艺术造型所需要的丰厚土壤。毛南族在其传统风俗中将生育崇拜观念演绎至仪式层面加以普及与强化，在其多种艺术形态尤其在肥套的相关情节中俯拾皆是。毛南族传统民歌中的婚礼歌，有许多就直接喻示着生殖崇拜：

① 黄振中、吴中任等：《粤西丛载校注》，广西民族出版社2007年版，第747页。
② 吴永章：《中国南方民族文化源流史》，广西教育出版社1991年版，第254页。
③ 广西壮族自治区编辑组：《广西仫佬族毛难族社会历史调查》，广西民族出版社1987年版，第45页。

折起新被第一张，红蛋香粽被里放。

粽子芝麻拌香糯，红蛋个个双蛋黄。

张张新被阿妈亲手织，儿女睡来暖心房。

张张新被包含妈心意，但愿来年桃李满园香。

折起新被第二张，选的谷穗长又长。

粒粒糯谷金闪闪，穗穗糯谷喷喷香。

送到婆家做良种，早发蔸来早灌浆。

青青禾苗满田峒，八月秋收谷满仓。

折起新被第三张，金橘蜜柑大又黄。

瓣开金橘好比莲花瓣，送给阿婆阿公亲口尝。

桔籽留下做种子，种在屋前石凳旁。

枝粗叶茂四季绿，甜果密密满枝上……

————《欢折棉》（即《折被歌》）

　　这里所选歌词三章，每一章都寄托着娘家对女儿的生殖期望：早生育、多生育。实际上，在传统的毛南族风俗里，出嫁女只有在怀孕以后，才能长住夫家，才算有个良好的最终归宿。归结起来，《欢折棉》就是人们传统生殖崇拜观念的艺术体现，亦即人们以生殖崇拜观念为指导、以婚姻所涉及的事象为主要素材，采用比兴和隐喻等艺术手法所塑造的典型形象。

　　作为毛南族传统生殖崇拜观念最直接、最集中和最庄重的体现，毛南族肥套可誉为最佳仪式和场所。肥套（婆王愿）以宏阔的场景、众多的人物、虔诚的情感、凝练的颂语、生动的故事、热烈的歌舞和纷繁复杂的法事等将毛南族传统的生殖观念与子孙繁衍期盼，拟构成一个个艺术画面展现出来。肥套中这样的画面分为两种类型：一种是继承传统宗教观念型的生殖崇拜，另一种是蕴含世俗生活情趣的生殖崇拜。前者是在原始宗教观念基础上，将母权社会遗留的一些事象和认识模式化以后，再揉入现实生活中的一些相关要素，浓缩成虚拟的图景。在岭南古百越民族的传说里，自然界的花朵、人类生命的精魂以及花婆所掌管的花园里的花朵是融为一体的，这样的观念蕴含着万物有灵的原始宗教意识；在毛南族的传统风俗里，外祖母掌管着所有孩童的灵魂，则反映了母权制社会的生活现实以及母权制社会向父权制社会过渡以后人们对母系权威的依恋与敬服，故而毛南族传统生殖崇拜观念以婆王为最高依归，肥套仪式中祈求生育旺盛与孩童平安等场面均以婆王为中心呈现。而在呈现此类场面的过程中，添加了毛南族传统的服饰、歌唱、器乐、道具、舞蹈等艺术元素，从而使这些场面充满毛南族独特的艺术特色。后者则反映了毛南族先民对生殖原理有一定程度的理解，但尚未从蒙昧意识中完全挣脱出来，仍然需要借助于宗教方面的某些元素以完成生命的赐予及孕育过程。场面以世俗生活情景为主，适当敷以宗教色彩，体现了毛南族将人类繁衍的生活情景演绎成艺术形态的大致路径：肥套仪式中鲁仙对女性生殖特征的描述和赞美，瑶王关于性爱的夸张式舞蹈以及关于性知识的隐含性道白，三娘与土地的情爱演唱和舞蹈、两人的性爱舞蹈动作等，在表达生殖崇拜观念的同时，已经蕴含了相应的生殖原理。而这些生殖崇拜观念的展现和生殖原理的认识，都是通过相应的艺术方式达成的。应该说，以艺术的形式——尤其在艺术形态中渗透人类生殖原理的形式——表达生殖旺盛及子孙繁衍的愿望，是人类关于生殖认识的一次巨大的进步。毛南族肥套体现出或者帮助人们实现了这样的进步。因此，这标志着不仅人们的观念而且艺术形态本身，都已经进入一个新的境界：在这里，神人和融的期盼被外化成对人类生殖和谐、儿女比例协调的期盼。

四　理性化的人际关系

这里所言之人际关系包括毛南族内部人与人之间的关系以及毛南族与其他民族之间的关系。毋庸讳言，在毛南族形成和发展的历史上，毛南族内部人际之间、毛南族与其他民族（族际之间）有过矛盾，尤其谭姓毛南人与其他姓氏毛南人、与其他民族之间有过较为激烈的矛盾。但从总的趋势以及现实生活中人们所体现出来的观念，追求人与人之间——包括不同民族的人们之间——关系的和谐与融洽，成为包括谭姓毛南族人在内的毛南族主流观念。在人们及民族漫长的生存发展过程中，人与人之间或民族与民族之间难免会有这样或那样的摩擦。是着意消弭摩擦、努力寻求人与人之间和民族与民族之间的共同点，还是将人与人之间、民族与民族之间的芥蒂放大乃至恶化，从而扩大相互之间的隔阂乃至仇恨，体现出人们或者民族的胸襟宏阔还是狭隘，发展观念科学还是愚昧。从毛南族的肥套中，我们能够窥探出毛南族宏阔的文化心胸和较为科学的民族发展观念。例如在肥套中，大量外族人被赋予重要神灵的职分，在仪式中发挥重要作用。另外，从毛南族长期所处的民族文化环境、毛南族今天的生存发展环境，以及毛南族保存到今天的独特的艺术样式，人们也可以反证出毛南族长期以来所秉持的人际和谐观念。

考察毛南族肥套，我们发现其中有大量成分就是在展现人际和谐、族际和融的期盼，刻画社会和谐的生活图像。这种图景可以被理解为神与人之间和融向人际之间以及社会整体之间和融的拓展与升华。

毛南族肥套所展示的保护神、创造神，有许多是来源于族外、被毛南族先民糅入毛南族文化元素以后，被艺术地创造出来的。毛南族的"拿来"意识极强，手段也极为高明。只要认为是对本民族发展有巨大的贡献，对民族的未来有所助益，毛南族常常是不分民族、不分群体，欣然"拿来"。毛南族传统中最重要的集保护神、创造神为一体的三界公爷，"传说他姓李，名凤登，原是广西贵县人，父母早死，小时候就到毛南山乡帮人家砍柴和放牛"，被毛南人塑造成重要的神灵；太师六官是壮族人，桂西北地区壮族普遍崇拜的莫一大王的小老弟，被毛南族塑造成本民族无所不能的保护神；毛南族著名的神灵瑶王，就曾经是与毛南族先民发生过激烈冲突的白裤瑶首领；其他如鲁仙、三元等，都是从外族请来并添加上毛南族艺术元素后，成为毛南族肥套中重要神灵的。毛南族的肥套在塑造人物、展现主题等方面，较为注重民族间融合的关系，很少刻意张贴民族标签。如果说毛南族的肥套也有揭示人与人之间的对立的话，这样的对立更多的是集中在阶层之间或者阶级之间，而且更多的是集中于人间善、恶之间，比如蒙官、雷王等。从民族属性来讲，这些形象的毛南族色彩更为鲜明一些，但在毛南族肥套中，从傩面造型到他们的舞蹈动作，这些人同样被塑造成凶狠、险恶的形象，与许多外来的善良、正直的神灵形象形成鲜明的对比。所以，毛南族肥套的建构者们在从事艺术活动时，破除狭隘的民族意识樊篱，尽可能从毛南族人的整体利益和长远发展出发，同时也是基于现实，大胆地吸收其他民族的优秀文化元素，营造出宽松、和谐的生存与生活环境，并实践着人与社会和融的期盼。

毛南族民间艺人注重通过世俗化艺术形象表达其民族和谐期盼，构建理想化的人际关系。在毛南族的传统艺术形态中，青年男女的情爱生活得到相当的重视，成为民间艺人们塑造艺术形象的重要素材。而这些情爱故事中的男女主人公往往没有民族间的隔阂（实际上长期以来毛南族在婚姻选择上本来就没有民族樊篱，与其他民族通婚没有任何障碍），不同民族之间的情侣同样将爱情生活演绎得可歌可泣。毛南族肥套仪式《土地配三娘》场次中的韦土地是壮族人，他与毛南族美女三娘就在演绎着生殖崇拜与民族繁衍的故事。这种不同民族的情侣形象的刻画，既是现实生活的写照，又是毛南族对和谐的族际关系的理想表达。肥套中瑶王形象的塑造，无论从其塑造观念还是从这一形象所揭示出来的社会效果来看，表征民族和解与和融的主题都是极为鲜明的。毛南族师公在增加这一宽厚、仁慈、助人为乐的形象时，为什么选择瑶族而没有选择本民族或者其他民族的人，曾经引起学者的疑问。① 如果我们把瑶王形象的塑造及其所揭示的深刻内涵置于毛南族民间艺人们力图构建和谐、融洽的民族关系，体现朴素的人与社会和融期盼这一层面进行思考，答案也许就不难找到：瑶王这一形象具有更为深厚的生活土壤，以白裤瑶老人为塑造艺术形象的基本素材更符合艺术创造的规律；白裤瑶曾经与谭姓毛南族人发生过较为激烈的冲突，塑造瑶王这一形象更能展示毛南族人特别是谭姓毛南族人内心复杂的情感（谭姓毛南族人较其他姓氏的毛南族人更为重视肥套这一艺术形态，比如下南乡仪凤村的非谭姓毛南族人已经不太注重举办肥套仪式，而谭姓毛南族人仍然乐此不疲），也更利于构建毛南族人与白裤瑶之间和谐的民族关系。从社会整体客观效果而言，肥套的文化传播功能及民族文化意识塑造功能要远远大于宗教赐予功能。所以，瑶王这一艺术形象对于毛南族民众尤其毛南族青少年认识白裤瑶的宽厚、善良等品质，启发和教育毛南族人民尤其毛南族青少年意识到民族和谐的重要性，作用是非常大的。

五　理想化的生活品质

"人往高处走，水往低处流。"人类有着趋利避害、向往富裕生活、提高生活品质的本性。毛南山区的生活条件明显不如周边"种稻似湖湘"的较为富庶地区，毛南族人物质生活的艰难是很早就出了名的。他们也强烈期望能够改善自己的生活状况。当然，人们生活品质的高低主要取决于两个要件：一是实际感受到的相关条件，即物质条件（包括人本身的状况、家庭成员状况以及生活所需之各种物品）加上精神条件所构成的总和与生活的实践者及享受者体认的丰缺程度；二是对生活的评价，即人们（特别是生活的实践者及享受者）对生活本身的满意程度。这实际上是生活条件与生活评价（包括评价理念及评价标准）的双重要素所构成的有机体系。这一体系的构成要素具有非对称性，而且有着极强的可塑性。尤其评价理念与评价标准会随着相关条件的变化而变化，因而会影响到生活品质的优劣。生活条件与生活者的心境往往是决定生活品质优劣程度的重要因素。毛南族人民在很早就清醒地认识到物质生活的艰辛，他们世世代代也在努力地改善着自

---

① 韩德明：《与神共舞——毛南族傩文化考察札记》，广西人民出版社 2006 年版，第 111 页。

己的生活状况，包括物质生活状况及精神生活状况，以提高生活品质。

恶劣的自然条件决定着毛南族人民在改善物质生活条件（当然，在创造物质生活条件的同时也在创造艺术）方面所能够获得的成果极为有限，于是他们在不放弃物质生产努力的同时，通过相应的艺术创造活动来填补物质生活条件难以占据的空间。而其中最引人注目的是，他们秉承了老祖宗留下的祈求神灵的观念和做法，并对其大加发扬。这实际上是企图通过艺术活动达到改善生活状况的目的。从这一层面来说，毛南族肥套所体现出来的理想至为鲜明确切，那就是通过艺术活动提高人们的生活品质。毛南族肥套主要是采取两种途径来实现这一期待的：一是采取与神灵沟通的方法，求得神灵的福佑，达致神人和融，以繁衍家庭成员，壮大民族力量，争取人身平安；二是通过祈神活动消除内心的焦虑与恐惧，以达至内心平衡，进而营造理想化的心境。

毛南族人一生中最为重要的愿望之一，就是家庭成员的增多乃至民族力量的壮大，以及人生的平安顺畅。在毛南族人的传统观念中，儿女双全并在此基础上子女众多是人生中最为重要的福气之一，也是高品质生活的重要保证。因此，毛南族的传统宗教生活以及在宗教生活基础上发展起来的艺术活动，基本上是以这一追求为核心的。虽然这样的观念发展到今天，儿女双全及多子多福的成分已经极为淡薄，但祈求家庭、家族的血脉延续以及家人的平安，仍然是绝大多数毛南族人生活中最为重要的期盼。这一期盼能否得到满足，成为毛南族人评判生活质量的重要标准。因此，毛南族在肥套中反复突出并通过多种方式体现的正是这一理想。可以说，毛南族先民这一朴素但执着的理想完善了毛南族肥套，毛南族肥套反过来又强化了他们这一朴素而执着的理想。两者形成了相互依存、相互促进且呈超循环的关系。

由于毛南族肥套主要着眼于改善人们的生存状态及提高人们的生活品质，因而它切入生活的途径主要有两条：一条是现实生活道路，即以改善人们的现实生活状况为主要诉求；另一条是消除内心恐惧的道路，即通过与神灵沟通，在人们的意识中建构起一面超自然力盾墙，以建立或完善人们的内心定力为主要诉求。毛南族肥套围绕着这两条途径来设置神灵及其职分，塑造艺术形象，以及安排相应的法事。之所以要邀请诸多神灵亲临仪式，是因为在毛南族的传统宗教意识中，神灵各有职分，而且在他们相应的职分里无所不能，于是在敬神、祈神、酬神的活动中，俗世的生活情景被艺术地展现，艺术想象中的神灵被安置到尘世中实践着凡人的诉求。这些活动既体现了毛南族的艺术追求，又在艺术追求中融入了生活期盼，将人世和神界的樊篱拆除了。毛南族肥套之所以要完整、顺利、艺术地呈现一整套敬神、祈神、酬神的过程，并为诸位神灵营造理想的居住与活动场所，这是人们意识中或者潜意识中的需求：人们将神灵尊为礼遇的对象，主要原因在于内心的恐惧，而在毛南族的传统观念中，礼遇神灵并完整地举行相应的仪式，就能够借助神灵的力量吸纳人间的祥瑞、驱除世间凶邪，如此当然也就减轻乃至在一定程度上消除了内心恐惧。

在毛南族传统的观念里，人们对生活并没有太高的奢望，亦即人们有意无意设定的所谓高品质生活标准，实则是最为普通而朴素的生活内容，或曰对生活的基本期盼，只是相对于毛南山乡的自然生态状况以及普通百姓的生活境遇而言，已经是高品质的生活了。所以说，普通毛南族基层百姓传统的生活愿望极为朴素。他们通过艺术活动表现出来的理想很明显地分为两个层次：一个是为神灵构建的生活图景，极尽富丽繁华，远非俗世生活可以比拟，因而具有鲜明而强烈的浪漫主义色彩，肥套的场景设置和语言构拟的神灵生活图景系此一层面；另一个是为世人亦即为自己构建的生活图景，极为简洁质朴，俗世生活中俯拾皆是，因而现实主义内涵较为丰富，毛南族其他艺术形态尤其某些民歌所展现的系此一层次。由此可以见出，在传统观念里，普通毛南族民众对生活品质标准设定了相应的道德域，其艺术活动所表达的对于生活品质的期待也就很自然地被局限于这一道德域中。例如在毛南族的民间歌谣里，人们对纯洁爱情结局的期待往往是极为朴素而感人的：

> 愿变一顶花竹帽，愿变一条裙花边。
> 春夏秋冬晴或雨，时时得在妹身边。
>
> 无田砍山种小米，无房搭个草棚住。
> 打柴烧炭换油盐，烧起火塘当棉被。
> 只要哥妹成了家，吃水当餐也甜蜜。①

毛南族基层百姓对生活的期待就这么简洁质朴，就这么实在普通。在毛南族肥套里，人们向神灵祈求的仅仅是生命的形式以及人生的平安，并没有对人生的未来有过分的设计或者苛求。毛南族把生命看成是一枝花、一枚

---

① 袁凤辰等编：《毛南族民歌选》之《情歌》（节选），广西民族出版社 1987 年版，第 172—173 页。

蛋——在毛南族古老的观念里，花和蛋都象征着人的生命形态和灵魂样式——而从一个地方转移到另一个地方。这枝花或这枚蛋之所以能够属于自己并且平安成长，那完全在于神灵的特别福佑，是神灵施予自己的极大恩惠，因而肥套所展现的人生理想之境，主要在于神与人的和融。于此之外再有过多的祈求，便被视为贪心而为人们所诟病。毛南族师公们正是用毛南族古老而典型的肥套仪式展现生活观念和充实生活内涵，建构起生活品质的评价体系。

第三节 肥套的文化功能

一 反映民族发展历史

作为一个有文献记载的群体，毛南族的历史确实不算悠久；但作为一个文化群体，毛南族有着遥远的源流。也许毛南山区太不起眼，历代文人和官府未能给予相应的关注，这一源流就像一条在沙地中运行的小溪，时而冒出地面，时而在地下潜行。从正史里难以找到的，我们只能从毛南族传统艺术形态里辨认毛南族祖先留下的足迹。尽管从传统艺术形态里梳理出来的历史未必是信史，但艺术形态体现出来的民族历史或许有更强的立体感。因此，在缺乏历史文献记载的情况下，毛南族艺术形态或艺术元素中所凸显出来的历史价值还是很珍贵的。

毛南族肥套揭示了毛南族来源及发展脉络，同时也昭示了包括毛南族在内的广西百越系民族在繁衍发展的过程中融合了外来民族——其中当然包括有汉族——发展而成。在毛南族的史诗、族谱及家族传说里，毛南族中的谭姓、覃姓、卢姓等几个大姓，其父系始祖均系明朝初年至清朝初期来自外地的汉人（谭姓始祖来自湖南，覃姓始祖来自山东，卢姓始祖来自福建等）。其中所言虽不一定全为事实，但有许多还是有根据的。有学者研究证明，上古汉语和壮语的许多基本词语，其声母和韵母有着整齐的对应关系。也就是说，上古汉语和壮语的许多基本词语应该有着共同的来源，[1] 亦即岭南百越系民族与中国中、北部地区的汉族在文化方面具有很大的同源关系。古文献记载，商朝时，包括现今广西范围内的地区向商王朝进贡"仓吾翡翠"；周王朝把岭南的百越划为统治范围；到楚国称霸以后，岭南百越之地又成了楚

---

① 蒙元耀：《壮汉语同源词研究》，民族出版社 2010 年版，第 28—343 页。

的势力范围。① 秦汉以降，岭北汉人更多南下，汉民族与今广西地区的百越系民族融合速度加快。这是毛南族先民与包括汉族在内的其他民族相融合的大背景。"宋、明时期，封建王朝……在这一带（指毛南山区及其周边地区——笔者注）设立卫、所，驻兵屯田等，都有大批汉族和其他民族的人来到毛南地方，其中有的安家落户。"② 这样的人员迁徙及民族之间的融合，可以看作是毛南族先民与包括汉族在内的其他民族融合的必然现象。谭姓毛南人在族谱、传说、史诗及肥套唱本中都说，其始祖谭三孝几经迁徙到达毛南山区后，娶方家之女为妻。这些关键情节与20世纪80年代的田野调查所得的相关材料基本吻合。在毛南族肥套中，谭姓毛南人把现今环江毛南族自治县水源镇三才村（该地区原属毛南山区的上南地区）一带的人称为"舅公"。至今，该地居民多为方、蒙二姓。③ 考诸广西当今民俗，也可寻找出相应的旁证材料：包括汉族在内的广西各民族扫墓祭祖之风甚炽，尤其对于祭扫最先迁徙至广西的始祖（人们谓之"开基祖公"）陵墓最为重视，甚至跨市隔县路途遥远的，也是全族或每户派代表前往祭扫。每年清明前后，各族开基祖公庐墓所在之地往往人声鼎沸，盛况惊人，几成八桂一景。开基祖公来源及其以下各代重点迁徙之地，往往有族谱记载或口头流传，族人将这种记载和口传视为极其严肃严谨之事，代代传承，大致脉络一般极少谬误。综合多种情况并做推测，毛南族《谭家世谱》、《毛南族史诗》、肥套唱本所载谭姓毛南人始祖情况等，除了"中举"、"进士"、"为官"之类情节存疑较大外，其他所述应该是基本符合实际情况的。

毛南族肥套形象地反映了当地习俗。习俗本身有许多成分就蕴含着艺术属性，而艺术形态所展现的习俗则更具有审美价值及历史认识价值。汉文古籍中偶有涉及毛南地区习俗的记载，成为我们考察毛南族习俗形成与演变情况的重要资料。但这些资料的个别作者，往往站在异文化的角度，对包括毛南族在内的广西少数民族的某些习俗极尽鄙夷与嘲笑之能事，对毛南族传统习俗的成因及意义缺乏正确的揭示。毛南族肥套与毛南族其他艺术作品一起，则形象、凝练而且较为真实地展现了毛南族民间传统习俗，为人们研究毛南族历史上的社会形态、文化心理乃至生态特征等提供宝贵材料。毛南族肥套仪式中演唱毛南族历史与风俗的《五湖解》，提到毛南族始祖谭三孝初

---

① 钟文典等：《广西通史》（第一卷），广西人民出版社1999年版，第23—24页。
② 《毛南族简史》修订本编写组：《毛南族简史》，民族出版社2008年版，第15页。
③ 韦秋桐、谭亚洲：《毛南族神话研究》，广西人民出版社1994年版，第69页。

到毛南山乡时，很在意两个极为重要的习俗："妇女穿衣无裙"和"百味用酸"，这对于我们研究当时毛南山区的民族构成情况，进而研究毛南族的形成与发展历史有很大的参考价值：当地壮族、侗族、仫佬族、苗族、瑶族（白裤瑶）妇女传统上喜着裙装，而水族、布依族妇女一般不穿裙子。以此推测，谭姓毛南族始祖辗转迁徙到达毛南山区的重要一站，应该是在水族、布依族先民聚居地区；站稳足跟积聚实力后才逐渐向壮族、侗族、仫佬族、苗族、瑶族（白裤瑶）等先民聚居区扩展，并最终取得了对毛南山区的主导地位。食物好酸，是广西百越系民族的普遍特点。谭姓毛南族始祖谭三孝对"妇女穿衣无裙"和"百味用酸"印象深刻，而且觉得暂时难以适应当地的人文环境（"苗语难通，生疏礼貌"），可以推想其原来属于非百越族系民族的可能性极大。肥套中的《五湖解》记载谭三孝及其后代"土苗互语，了然明白"，可知他们与当地人在语言方面已互相同化。20世纪50年代初，"毛难妇女穿宽长、滚边、开右襟的上衣，绲边的裤，不穿裙子"①，毛南族性喜食酸。由此可以推知，谭姓毛南族从其始祖谭三孝起，许多方面已经接受了当地文化，并基本上继承了明朝初叶毛南山乡某些地区妇女不着裙、饮食好用酸等习俗。

曲折地展示了毛南族人民的文化心理。毛南族肥套吸收并融合了壮、汉、苗、瑶、侗、仫佬等多民族艺术元素，而且在吸收与融合中凝聚了自己民族的艺术特色。以民间传统艺术形态而论，毛南族艺术形态，包括民间歌谣、传说故事、雕刻绘画、综合表演等，其成就有的跟周边民族的同类艺术形态比肩，有的已经远高于周边许多民族的同类艺术形态，尤其毛南族的肥套曾经在周边壮族、瑶族地区颇受欢迎。因此，毛南族对其文化水平所表现出来的自豪感是可以理解的。但有时候他们在其艺术形态里所表现出来的民族自卑心理也较为明显。比如肥套中的情歌对唱以及民间歌谣，在很多场合毛南族师公不得不用壮语编唱，"因为民歌选词、押韵的需要，毛南语词汇少，不能适应"。②毛南族的肥套仪式中，师公在演唱中多次有这样的情形："客家汉话你不懂，我用壮话说你听"、"客家汉话你们听不懂，我润喉咙重讲你们听"、"客家汉话你们不懂，我换口语另讲给你们听"。"客家"在很

① 广西省民族事务委员会：《环江毛难人情况调查》，1953年12月编印，第67页。
② 2011年7月15日早上9时许，笔者与毛南族学者、诗人、作家、民间歌手谭亚洲先生在环江毛南族自治县财政局门口旁一文印店复印谭亚洲先生收集整理的肥套经文，店主崖先生（壮族）说起毛南族人唱山歌用壮语的问题，谭亚洲先生笑着如是解释。

多地方指汉族的一个支派客家人，但封建时代广西一些地区的少数民族常常用其指称汉族人，在涉及广西地区的许多古籍中，也有如此称呼；"壮话"即壮族人使用的语言。毛南族肥套中典雅、庄重的优美散文体巫语用汉语朗诵，歌谣主要用壮语和毛南语演唱。上述歌词明显体现出师公们由于能够熟练地用汉语和壮语进行表演而在乡邻面前多少有一些文化优越感。师公们如此说道，既有向不懂汉语和壮语的人夸耀的成分，同时这种夸耀之中也隐含有一定的民族文化自卑心理。毛南族肥套中这种语言使用现象，隐晦、曲折地表征，在周边壮、汉文化氛围中，毛南族的文化自卑心理多少还是有些存在的。而且这种文化自卑心理的成因与表现，一些在毛南山乡出生、长大的毛南族学者也有比较精辟的解说。① 文化心理在艺术活动中的直白，既为人们考察毛南族语言的演变情况提供了较为直接、有力的见证，同时还应该是毛南族成长历史的形象再现。

　　真实地展示了毛南族与广西百越系民族的关系。广西百越系民族有大致相同或相似的原始宗教意识，有相同或相似的神祇，语言相近，建筑艺术、生活习俗等方面也有极大的一致性或相似性。这些足以说明广西百越系各民族来自于同一个母体。毛南族肥套则更为形象、直接地展示了他们之间的亲缘关系及分化情形，以及百越系各民族独具个性的文化特色，这间接地体现了包括毛南族在内的居住于广西的百越系不同民族的形成与发展历史。生活于广西的古越族后裔各民族，其主要傩祭活动、隆重的求子仪式、生殖崇拜的表现形式，以及参与活动的重要神祇等，基本上大同小异。② 但毛南族的肥套体系更为庞大，结构更为复杂，展现毛南族的历史发展与相关文化情形更为详细而鲜明，傩面造型更具个性且审美性更强，脱离单纯的宗教性跳神仪式而往世俗情趣演变的趋势更为明显，发展成毛南族综合艺术形态的特征更为突出。这实际上形象而有力地表征毛南族在继承岭南古百越民族文化基因的基础上，在独特的自然与文化环境里，形成并发展了与广西百越系其他民族文化特征相异的毛南族文化体系，独自开辟了一条不完全等同于广西百越系其他民族的文化发展道路。

二　突出民族文化使命

　　毛南山乡是广西地域文化中的一个独特之区。其最为独特之处应该在

---

① 韩德明：《与神共舞——毛南族傩文化考察札记》，广西人民出版社 2006 年版，第 125—130 页。

② 李路阳、吴浩：《广西傩文化探幽》，广西人民出版社 1993 年版，第 65—82 页。

于：以并非与世隔绝的弹丸之地，到 20 世纪 50 年代初期不到 2 万的人口，周边围绕着壮族、汉族、侗族、仫佬族、苗族、布依族、瑶族（白裤瑶）等多个民族，毛南族却能够将本民族的文化保存并发展起来。我们从毛南族肥套中能够探究到毛南族民间艺人客观上表现出来的坚定的文化使命以及为实现文化使命所做出的顽强努力。

　　毛南族人民应该很早就已经意识到，处于多民族文化的氛围中，尤其处于壮、汉等民族强势文化的挤压中，本民族文化的生存与发展之路一定是曲折而艰难的，需要选择一些正确的方式，才不至于导致本民族文化的湮没。毛南族的这种顽强的文化使命，未必理性、系统地确立于毛南族人的文化意识里，但其肥套却已经客观地显示出来，那就是毛南族人在努力保持文化开放心态、大胆吸收周边民族尤其壮、汉两个民族艺术营养的同时，竭力创造出本民族带有符号性的艺术形态，以本民族艺术形态的典型性及区域内的不可替代性，去确立乃至强化本民族文化在周边各民族文化中的地位。毛南族肥套就是在继承和发扬岭南古百越民族艺术优势的基础上，大量采用壮、汉等民族艺术元素，发展出超越原有仪式状态、将多种艺术元素纳入其中，在大量革新后仍然保持岭南古百越民族根性文化特色的独具毛南族风格的综合仪式。毛南族的传统民间歌谣无论从形式还是表现手法看，与周边百越系民族的民间歌谣没有太大的差异，但融于其中的自然生态元素以及毛南族特有的民俗，则是其他民族的传统民间歌谣难以具备的；毛南族的花竹帽"顶卡花"吸收了汉族的编织技艺，[1] 但融进了毛南山乡的独特风物，发展成区域内独一无二、享有崇高声誉的艺术形态；毛南族的石雕艺术吸收了汉族的石雕艺术养料，[2] 但其作品的精美与影响力远远大于周边汉族石雕艺术。正是因为具有这样的艺术氛围，毛南族传统仪式肥套中壮、汉等民族文化元素虽然随处可见，但其中相关构件所体现出来的综合艺术造诣却令周边壮、汉等民族人民称羡。毛南族民间艺人们在借鉴他族艺术长处的同时，努力凝聚本民族艺术的独特色彩，以增强本民族人民的文化自信心。毛南族这种坚韧、顽强的文化使命精神，在其肥套中得到较为全面的体现。

　　面对周边壮、汉等民族的强势文化，毛南族所体现出来的谦恭心理无疑

---

　　① 可参见袁凤辰等编《毛南族、京族民间故事选》之《"顶卡花"》，上海文艺出版社 1987 年版；蒙国荣、覃贻生《毛南山乡》，广西人民出版社 1987 年版，第 139 页。

　　② 《谭家世谱》碑有"三楚李明才敬刊"字样，说明至迟在清朝乾隆年间，汉族石雕艺人已经在毛南山乡活动；谭姓毛南族墓葬集中地凤腾山古墓壁画中有大量的建筑物造型呈汉式风格，其田园风格造型及道教风物造型，也显示毛南族石雕艺术吸纳了汉族构图艺术的许多元素。

是非常明显的，这种谦恭心理我们不难从其肥套中透视出来。正是这种谦恭心理使毛南族人很自觉地消除了排斥他族文化的樊篱，从而容易寻求到发展本民族文化、树立本民族文化自信心的良好方式。这也是毛南族肥套所体现出来的毛南族人坚定的文化使命感。面对强势文化，盲目自大或一味排斥，都于自己文化的保护和发展无多大裨益；科学的态度是正确审视强势文化，并从强势文化中吸收适合本民族文化发展的养料，这才是实现本民族文化使命的合理之道。我们从毛南族肥套中发现了这样的期盼和路径，尽管毛南族师公可能尚未明确地意识到这一层面。毛南族师公们主动采纳在周边地区处于相对先进地位的壮、汉等民族的艺术元素，不断完善自己的艺术表演，进而使自己的艺术活动无论从形式还是从品质上都高于周边许多民族的同类艺术形态，这正好说明毛南族传统民间艺人们的文化使命，在独特的毛南山乡得到科学的体现。毛南族肥套让人们全方位地认识到了客观存在的毛南族人于文化发展上的科学期盼，以及为实现这一期盼所作出的不懈追求。也许毛南族师公们在这方面还没有表现出完全的自觉和较为系统的理性，但他们创造出来的肥套对此已有较多的揭示。

三　体现独特教化内涵

毛南族没有文字，而毛南山乡在学校教育设立并得以普及前，家庭的熏陶、社会环境的濡染以及相关的文娱活动等成为培养民众文化素养的主要途径。即便在学校教育受到重视、"三南文风颇盛"的清末民初，能够借助于学校教育途径提高文化素养者仍然是凤毛麟角，绝大多数食不果腹的社会底层百姓难获此殊遇，而提高文化素养仍然主要依赖于家庭的熏陶、社会环境的濡染以及相关的文娱活动，而文娱活动在其中承担的任务更为独特和繁重。毛南山乡虽然地处偏隅，但自清朝直至民国时期，整体文化程度明显高于周边其他少数民族，原因固然是多方面的，而毛南族肥套在营造健康向上的文化氛围、提供普及性的文化教育素材、确立恰当的社会道德标准等方面，不能不说是发挥了至关重要的作用。在 20 世纪中叶前漫长的时期里，毛南族肥套能够在普通民众的教化方面扮演重要角色，除毛南山乡特殊的文化环境外，其内在价值应该是主要原因。综观起来，其教化价值主要体现在下述几方面。

首先是毛南族肥套所蕴含的丰富社会生活为教化活动准备了生动的材料。毛南族肥套虽然包含有许多糟粕性成分，对人们具有客观的愚弄作用，但其中涉及较为广阔而深刻的社会生活及自然生态常识（当然这些常识有许多属于"毛南山乡式"的，具有相当大的局限性甚至有的是不够确切的），基本上都是人们长期认识社会、认识自然所积累下来的宝贵财富。毛南族师公将这些精神财富凝聚在肥套之中，利用人们喜闻乐见的方式年复一年、代复一代、挨家逐户地灌输给受众，特别是青少年受众，其累积式社会效果应该是相当明显的。例如肥套所展现的毛南族民间传统礼俗，堪称青少年进入社会的入门券，对青少年了解社会、认识社会提供了生动而通俗的教材；肥套中的神话歌谣和史诗虽然所言未必真实，但在科学知识未能全面普及的特殊年代，仍然是人们认识人类历史和本民族历史难得的材料；肥套中的抒情歌谣和叙事语词为人们阐释某些社会现象、营造诗化生活心境提供了难得的帮助，等等。因此，具有毛南族传统文化百科全书地位的肥套，集毛南族历史、宗教、文学、音乐、舞蹈、自然以及生活常识等形态为一体，熔合多民族艺术元素为一炉，涵盖的社会生活画面极为广阔，是人们认识"毛南族原始社会结构、文化思想及源流"的极为宝贵的材料，[①] 其良性教化作用客观上已经远远超出这一宗教仪式所标榜的宗教主旨本身。

其次是毛南族肥套所揭示的道德标准成为人们生活中必须遵循的重要规范。毛南族肥套仪式中的民间歌谣及传说故事多有展示社会生活中的公序良俗，广泛为人们树立了诸多道德标准。虽然用当今的尺度衡量，这些被推崇的道德标准未必都值得遵循和称颂，但其中很多方面还是反映了人类文化中的优秀成分，尤其反映了中华民族的传统美德标准，在当时乃至今后人们在立身处世中仍然具有极高的参考价值，富含正面规范意义。这些道德标准不仅涉及人际之间的关系，还涉及相应的自然生态伦理，是人们和融家庭、和融社会、和融自然的修身之本。毛南族肥套中的许多舞蹈动作温文尔雅，谦恭礼让，文士气息浓郁，对教化观众学习和采用礼貌的待人接物之法极有帮助。

再次是肥套展示的惩戒效果对企图逾越公序良俗范畴的不良意识与言行有震慑作用。这也是肥套着力强调的。虽然肥套注重人对神的忠诚，但客观上对于规范人际之间的诚实守信意识与关系极富作用。有学者认为，毛南族的肥套跟广西百越系其他民族的傩仪一样，其源头是-"越愿"，是以娱神、娱鬼为主的求子祭祀仪式。[②] 毛南族肥套中的"婆王愿"确实具有如此内涵。但毛南族的肥套仪式增加了韩仲定许愿、食言、遭受婆王惩罚、悔过这

---

① 韦秋桐、谭亚洲：《毛南族神话研究》，广西人民出版社 1994 年版，第 84 页。
② 李路阳、吴浩：《广西傩文化探幽》，广西人民出版社 1993 年版，第 49—55 页。

一整套故事情节（"雷王愿"的来源情节与此相类，只不过其主旨主要为禳灾保平安）。这一情节已经远远超出娱神、祈神的狭隘范畴，而具有诚信教育内涵的普遍意义。如此"现世报应"所引发的社会效果在特定的社会条件下是有着深远意义的。从某种层面上来说，这种"现世报应"对人们的震慑作用有可能远远大于相应法律措施所导致的社会影响，尤其在20世纪50年代前毛南山乡这一原始宗教意识异常浓厚的特殊地域，其道德教化意义更难以低估。所以，在特定的时期和地域，肥套许多内容的积极意义是显而易见的：它们对于培养人们诚实守信的品质甚为重要。我们今天不能以其方式与缘由带有浓厚的愚昧色彩而片面地否定它们。

四　丰富中华艺术库容

毛南族是中华民族大家庭中的一员，其保留的中华民族早期文化中的某些成分是我们今天认识、研究早期中华民族历史及文化发展状况时难得的参考材料，某些艺术现象甚至具有活化石的意义。毛南族肥套的形式、内涵以及与其相关的民众文化心理现象，为人们研究人类早期宗教文化状况提供了活生生的文化场。更为重要的是，毛南族所创造和保持的具有鲜明个性的肥套，为中华民族整体艺术库容作出了极大的贡献。

毛南族肥套不仅仅以其容量，更重要的是以其独特性展示了中华民族艺术的丰富多样。毛南族肥套饱含原生态要素，让世界看到了中华民族的某些艺术形式从人类早期某些仪式到近代艺术的较为完整、清晰的生长路径，从而为人们研究人类早期艺术形态及其与之相关的艺术环境、艺术心理、艺术发展规律展现了多维度视角，体现了中华民族艺术的独特魅力，形象而充分地诠释了中华民族文化博大精深的内涵。毛南族肥套在一个狭小空间里存在、发展了数百年，如果将其源头——岭南古百越文化基因传承孕育期——也算在内，则年龄更长。这一富含艺术元素的仪式尽管在毛南山乡及其周边地区家喻户晓，影响深刻而广泛，但较少为其他地区人们所知，甚至在特殊的年代里与中华民族许多独特艺术形态一样，险遭湮没。它的被发掘和抢救，令日本、韩国及我国台湾地区文化界瞩目，也引起广西有关部门的高度重视。毛南族肥套被列为国家首批非物质文化遗产保护名录之后，与其相关的一些仪式也在不断得到发掘、保护和发展。[①] 在肥套基础上发展起来的毛

---

① 环江毛南族自治县文化馆：《非物质文化遗产保护工作主要成效》。笔者2011年7月15日赴环江毛南族自治县做田野调查时获得。

南戏及现代毛南族舞蹈，以其鲜明的民族性获得政府部门重视，也广受观众欢迎。

　　毛南族肥套的发现和抢救，补充了中华民族某些艺术形态在许多地区早已经被湮没了的一些环节。"礼失求诸野。"毛南族肥套实际上是人类社会的一种古礼变体，以一种独特的方式存在于毛南山乡。中华民族的许多艺术形态也是一样，在很多地区已经消失，人们仅仅凭有限的文字描述难以恢复其全貌。在原始宗教性质求子仪式"愿"的基础上，借鉴其他地区傩戏形式发展起来的广西傩，有的已经演变为相关的戏曲类型，比如在广西很多地区流行的"师公戏"；有的已经基本脱离了"傩"的形式和内容，宗教属性极度淡化乃至于完全消失，比如与"师公戏"有密切关系、经过改良后的"壮剧"等。毛南族肥套所走的是一条独特的发展道路，而这样的道路或许是其他广西傩戏类型曾经有过的类似经历。因此，毛南族肥套便有可能成为研究意义上的填补"傩愿"发展历史上某些被湮没阶段的作用：毛南族肥套仪式成为人们研究早期广西傩向成型的戏曲发展的重要参考样式，甚至可以将其作为中间环节来看待。

结　语

一　肥套的活力与面临的处境

（一）肥套的活力

从目前来看，毛南族肥套虽然很难再现昔日的辉煌，但相对于许多传统的富含民族民间艺术元素的文化形态，其影响与活力在毛南山乡乃至周边地区仍然是屈指可数的，给当地人民以及其他地区人们以深刻的印象。在漫长的历史进程中，毛南族肥套为该民族不同性别、不同年龄、不同社会阶层的绝大多数人们所共识和重视，能够影响该民族整体文化心理的发展趋向，在一定程度上能够塑造该民族整体性格；其构成要素及其体现出来的艺术内涵在特定范围内能够满足该民族的审美需求，成为该民族道德认知的重要参照意象以及该民族生活中不可或缺的精神支柱。与此同时，毛南族肥套还能够为周边其他民族所熟悉；能够对周边其他民族的文化心理形成浸染效应，成为周边其他民族难以拒斥的文化样式；周边其他民族甚至在不知不觉中能够主动认同该种仪式。

毛南族肥套无论是作为毛南族的宗教仪式还是作为植根于毛南族社会生活中的重要艺术元素的集合，都具有广泛的影响。肥套既能达成人们的宗教愿望，又能满足人们的娱乐需求，因而曾经在毛南山乡深入人心，普遍流行。20 世纪 50 年代前，不仅毛南族热衷于肥套活动，此俗还波及临近的壮、瑶、布依等其他少数民族地区，甚至远达贵州的荔波县。① 肥套及其附属产品吸引了海内外不少学者前往毛南山乡考察。巫文化色彩浓厚的傩愿曾经为中国尤其中国南方许多民族所共有：南方民族中多有"傩愿祈福"的活动。② 今人吴永章先生在其《中国南方民族文化源流史》中转述清代桂馥

---

① 韦秋桐、谭亚洲：《毛南族神话研究》，广西人民出版社 1994 年版，第 83—84 页。
② 陈跃红、徐新建等：《中国傩文化》，中央编译出版社 2008 年版，第 32 页。

的《黔南苗蛮图说》（今环江毛南族自治县古代曾为黔南地）云：白额子
"秋收后则祷神还愿祈福，各寨延巫师跳端公，聚族宰牛宴饭为乐，或延至
二三日不止"①。毛南族聚居区周边的壮、侗、仫佬等少数民族也有还愿。
但发展到今天，毛南族的肥套在桂西北一带最为著名。这充分证明毛南族肥
套至少在目前仍然具有较为强劲的活力。毛南族肥套顽强的生命力主要体现
在三个方面：一是历经数百年的沧桑仍然能够生存。椐毛南族师公口述，肥
套已经走过了 400 多年的漫长道路，其发展过程中经历了太平天国、民国初
年和 20 世纪 50—70 年代末期等三次著名的冲击，但至今仍然活跃在毛南山
乡。二是能够发展成毛南族传统社会生活中最为著名的仪式。毛南族肥套在
区域文化中，亦即在毛南山乡甚至在周边地区是独具特色的。三是能够在相
邻民族的强势文化氛围中取得一席之地。毛南山乡周边以壮、汉两族的文化
较为强势，毛南族人的文化心理深受壮、汉两族文化的影响，但毛南族肥套
在吸收壮、汉等民族艺术元素的同时，仍然能够保持自己的鲜明特色。

　　在漫长的历史时期，毛南族肥套能够适应相应时代的需求，并随着时代
的改变而变更自己的形式和内容。毛南族肥套在其发展过程中，基本上体现
出了相应时代的特点。许多少数民族的某些仪式往往是某一时代该民族社会
生活的缩影，缺乏历史流动感，难以从其形式和内容窥探出该民族艺术发展
的整体脉络。毛南族肥套则突破了这样的局限：毛南族不同时期的肥套基本
上浓缩了相应时代的社会风貌，体现了相应时代毛南族人民的整体宗教期盼
和审美追求。毛南族肥套中的殿坛构建观念与建构方式、木面造型观念及手
法等则在一定程度上体现了毛南族民间艺人不同时代的不同审美追求。与此
同时，肥套还采取增添具有时代特征的元素、由宗教功能逐步向艺术审美功
能过渡的方式，以突出肥套的时代特点，例如《瑶王拾花踏桥》、《土地配
三娘》等场次就是在肥套的宗教功能渐弱、娱乐审美功能需要强化的时代
要求下增添上去的。② 而《土地配三娘》一场的增加，使肥套实现了质的
飞跃。

　　毛南族肥套生命力的顽强，主要在于其内在的某些素质与适宜的社会文
化土壤构成了和谐共处、相互促进的态势。仪式的聚力和张力是仪式生存与
发展的主观条件；适宜的自然环境与文化氛围是仪式生存与发展的客观条
件。仪式的生命力，不仅仅体现在其对自然环境与文化氛围的适应上，还体

---

① 吴永章：《中国南方民族文化源流史》，广西教育出版社 1991 年版，第 296 页。
② 蒙国荣、王弌丁等：《毛南族文学史》，广西人民出版社 1992 年版，第 167—168 页。

现仪式内蕴的聚力与张力对其所处生境的改善与再造等方面。毛南族肥套在该民族社会生活中找到了适合自己生存与发展的土壤，同时又能够在特定的传统社会生活土壤中营构相应的文化氛围。毛南族肥套经过长时间的陶冶与升华，其本质属性中本来就蕴含有可塑性的一些基本要素。而且肥套之所以能够成为毛南族传统文化的名片，在于其可塑性常常在不同时代、不同文化氛围中体现出来。毛南族肥套的发展历史已经表征，这一仪式具有极强的可塑性，能够适应社会的发展变化，人们能够随着时代的变化改善甚至再造其形式和内容。毛南族肥套无论是形式还是内容，今天的与数十乃至数百年前的往往不是一个样子。例如建于清朝咸丰八年（1858 年）的谭上达墓，其壁画中的傩面与今天的傩面便有很大不同。尤其在内容方面，师公们会根据社会的发展，适当更换或者增加某些新的元素，有的元素已经更换为清末民初所发生的社会现象。目前广泛用于现代大型舞台表演的带有毛南族许多传统艺术元素的毛南族歌舞，尽管主旨与肥套有天壤之别，但其造型、道具和舞蹈动作等，仍然有肥套的清晰身影；毛南戏也是在毛南族肥套的基础上发展成型的。这就表征毛南族肥套具有极强的可塑性。

（二）肥套面临的处境

我们应该清醒地认识到，作为传统宗教观念支配下的一种综合仪式，毛南族肥套的未来是堪忧的。这种担忧主要缘于以下因素。

首先是整体生态剧变导致肥套逐渐丧失相应的生存与发展的土壤。肥套与毛南族的原始宗教观念有着密切的关系，而毛南族原始的宗教观念及宗教仪式与毛南族所处的环境，尤其毛南山区的自然生态状况是分不开的。以毛南山乡的自然特征和传统的社会形态为重要元素所构成的艺术土壤，成为毛南族肥套孕育、产生和成长的重要基础。当然，这一艺术土壤从其开始形成的时候就应该处于不断的发展与演变之中。而清末民初以后，尤其自 20 世纪 50 年代以来，孕育毛南族肥套的土壤变化极大，土壤中的许多成分已经大规模变异甚至流失。这样的土壤流失状况，主要从下述四方面体现出来。

社会形态变化和教育的普及直至提高，导致毛南族某些文化心理和文化样式的显著变化。清朝晚期以后，毛南山乡村社原始权威议事组织"隆款"逐渐式微，代之以阶级分化特征明显的"团练"在毛南族社会生活中发挥作用，导致普通毛南族人阶级意识强化，而民族意识趋于淡薄，应该是毛南族社会曾经广为盛行的大规模群体成员参加的公共祭祀活动如庙会消失的重要原因。① 而庙会一类的公共祭祀活动的消失，不仅导致毛南族传统舞蹈中的某些样式，例如大力度的舞蹈动作等产生变化，更为重要的还应该在于表征毛南社会随着阶级分化而导致的群体宗教激情的逐渐淡化。晚清时期，尤其是清末民初时期，毛南山乡兴学之风较盛，毛南人的整体文化教育水平高于周边其他少数民族；20 世纪 30 年代中期，广西省政府推行国民基础教育，毛南山乡的基础教育发展迅速②，至中华人民共和国成立前夕，毛南山乡几乎每个行政村一所小学，毛南山乡学龄儿童入学率达 30%，远远高于周边壮、瑶、苗等其他少数民族地区③。自 20 世纪 50 年代开始，毛南山乡的教育更是获得前所未有的发展，1987 年适龄儿童入学率达95.2%，④ 2011年适龄儿童入学率达到98%。⑤ 毛南山乡重视教育以及逐步普及基础教育，对于提高毛南族的整体文化素养和生活品质，无疑有着巨大的积极作用。

自然生态环境的改善在一定程度上缓解甚至逐渐消除人们缘于自然灾害所形成的心理恐惧，其结果之一便是逐渐动摇毛南族传统宗教意识中的万物有灵信念。应该说，毛南族人自古就有着较为强烈的自然生态意识，并且尽可能为保护良好的自然生态系统而作出努力。但为了获得最基本的生存物资，毛南山乡刀耕火种的原始生产方式延续至 20 世纪 50 年代初期，自然生态系统遭到毁灭性破坏。20 世纪 50 年代后，当地把治山治水当作改变毛南山乡贫困落后面貌的重要工作。1956 年，下南地区修建水利工程 20 多处，解决了 3500 多亩土地的灌溉问题；1957—1958 年，建成容水量达 130 万立方米的南川水库，保证了 2000 多亩农田得到灌溉；此后毛南山乡不断增加和完善水利设施，至 20 世纪 70 年代末，旱涝保收田达 6500 多亩，约占中华人民共和国成立初期毛南山乡所统计水田数量的一半；⑥ 毛南山乡的峒场地区则广修山塘、水柜及人畜饮水池，以解决基本用水问题；一些不适合人

① 广西壮族自治区编辑组：《广西仫佬族毛难族社会历史调查》，广西民族出版社 1987 年版，第 16 页。

② 环江毛南族自治县地方志编纂委员会：《环江毛南族自治县志》，广西人民出版社 2002 年版，第 782—783 页。

③ 《毛南族简史》修订本编写组：《毛南族简史》，民族出版社 2008 年版，第 96 页。

④ 环江毛南族自治县地方志编纂委员会：《环江毛南族自治县志》，广西人民出版社 2002 年版，第 786 页。

⑤ 2011 年环江毛南族自治县教育局统计资料。

⑥ 《毛南族简史》修订本编写组：《毛南族简史》，民族出版社 2008 年版，第 70 页。

类生存的村屯则部分或整体搬迁到毛南山乡以外条件较好地区。① 经过数十年的努力，毛南山乡的自然生态系统逐步得到恢复和更新，因自然生态压力所导致的心理扭曲现象也逐渐得到矫正。

　　毛南山乡的医疗卫生面貌得到根本性改观，从而使毛南族传统生活中最为重要的原始宗教期盼——子孙繁衍与民族力量壮大——逐渐转化为依赖科学力量保证。在 20 世纪 50 年代以前，由于气候湿热、环境恶劣、经济落后及生活习俗等原因，毛南山乡疾病遍行，婴儿死亡率极高（约至 40% 甚至更高）。至中华人民共和国成立初期，这样的状况虽有所改变，但毛南山乡疾病高发情况仍然十分惊人：1953 年 9 月 13 日至 10 月 28 日，广西省派出一卫生工作队赴毛南山乡的第四区堂八乡做治疗兼卫生宣传工作。卫生工作队于堂八乡第三片作出的病患统计表显示，消化不良和妇女贫血等疾病不计算在内，全片 252 人，患病 152 人，患病率超过 60%。② 而此段时间天气转凉，基本上不是该地区疾病高发期。中华人民共和国成立以后，毛南山乡的医疗卫生得到重视，于 1953 年建立了卫生院，为害毛南族山乡极为严重的传染病霍乱、天花被扑灭；其他常见病、流行病得到有效控制；各村各屯均有新法接生员，对孕妇进行产前检查、新法接生、产后访视等。进入 20 世纪 80 年代以后，毛南山乡的医疗卫生体制及设施更趋完善，毛南族人民的身体健康得到更为充分的保证。这些措施和成效从根本上改变了毛南人传统上得病以后求神问巫的观念与习俗。③

　　社会文化生活方式的多样化以及娱乐产品的丰富性，导致毛南族新生代逐渐形成新型的娱乐消费观念，从而促使其对毛南族肥套的娱乐性需求意愿急剧下降。中华人民共和国成立以后，毛南族的社会文化生活日益丰富多彩，其传统的文化生活形式受到强力冲击。尤其与后来广为普及的电影、电视所承载的娱乐元素相较，肥套的娱乐性吸引力日渐式微。在毛南山乡的传统社会生活中影响广泛而深刻，极具该民族艺术特色的肥套，在许多年轻人看来，基本上就是一个求子保平安的祈福仪式而已；而且在新的生育观念左右下，这一仪式的民族繁衍、多子多福诉求也显得越来越不重要——毛南族许多新一代家庭，独生子女现象或者仅生二胎的情形已经较为普遍——在多

---

　　① 环江毛南族自治县地方志编纂委员会：《环江毛南族自治县志》，广西人民出版社 2002 年版，第 399 页。

　　② 广西省民族事务委员会：《环江毛难人情况调查》，1953 年 12 月编印，第 10 页。

　　③ 广西壮族自治区编辑组：《广西仫佬族毛难族社会历史调查》，广西民族出版社 1987 年版，第 32—33 页。

种因素的综合作用下，毛南族新生代越来越多的人对肥套的需求意向变得简单而淡漠。毛南族新生代对肥套的需求意向不振，成为孕育肥套的土壤流失诸多现象中最为引人注目的一种。

文化教育、自然生态、医疗卫生等关系到毛南族普通百姓的切身问题逐步得到解决，科学知识随之得到广泛普及和提高。这是社会的发展，也是毛南族通过努力奋斗所获得的，而且完全应该获得的历史进程。我们当然不应该也没有权力试图阻止毛南族人民与其他民族人民一样所追求的文明进程，而应该努力推动这一进程。但我们有必要思考：当曾经孕育肥套的土壤在不断流失的时候，我们应该有怎样的态度，应该在文明进程与传统艺术土壤的辩证保护方面采取何种措施，从而为这一对矛盾得到合理解决寻求到一条较为理想的途径？

其次是多族融合淡化艺术特色。应该说，毛南族本身及其肥套就是多民族及其文化元素融合与演变的产物，毛南族肥套是在承袭岭南古百越民族文化基因的基础上，吸收其他民族的艺术元素，孕育、发展于毛南山乡的自然环境之中。在地域较为偏僻、交通较为封闭、不同民族文化之间浸染力相对薄弱的特定历史条件下，毛南族肥套的特色得以保持相对完整和鲜明，这既是毛南族特色艺术的幸运，更是中华民族整体艺术库容的幸运。随着社会的发展，越来越多的毛南族人走出大山吸收其他民族文化；与此同时，以汉文化为主的其他民族文化大量涌入毛南山乡。凡此种种，都在不同程度地漂洗着毛南族肥套的特有色彩，从而导致毛南族肥套的民族特色有日趋淡化的危险。例如毛南族肥套所借鉴的其他民族的大量的艺术元素，在相当大的程度上减少了毛南族本土及本民族艺术元素在其中所占的分量，客观上冲淡了毛南族本土艺术的色彩。当然，各民族之间在艺术表现形式上互相移植、互相借鉴是应该的，但这样的移植和借鉴应该富有艺术含量，而不应该是简单照搬，否则就会掩盖甚至消散仪式中原有的民族特色。毛南族肥套借助于道教的大量仪式（包括咒语、符号、道具、服装等）表现毛南族传统的原始宗教诉求，而毛南族原始宗教内涵的核心——万物有灵及祖先崇拜意识——在表现形式上所占比例相对较少，远不及毛南族某些传统习俗，例如"分龙节"、"占卜神判"、"放鸟飞"、"赶祖神圩"、除夕风俗、丧葬风俗等所体现的清晰与系统。虽然肥套这一传统宗教仪式受制于综合性与凝练性特点，在全面、系统地展现民风、民俗方面有一定的局限性，但仪式中外来宗教仪式繁复、琐碎，挤占了大量的时间和空间，从而淡化了毛南族原有本土艺术的特色，却是不争的事实。多民族文化的交融使毛南族民间艺人渐失民族特色的追求热情与创新灵感。毛南族肥套虽然保持着鲜明、独特的毛南族文化特征，但在发展历史和发展趋势方面，其他民族，特别是壮、汉等民族的艺术元素极为多见。尽管多民族文化交融本身已经成为毛南族肥套的特征之一，但这样的特征多少还是淡化了毛南山区的乡土气息，亦即毛南族民间艺人未能注重对毛南族根性文化特色的凝练。这虽然与毛南族民间艺人的艺术借鉴意识与艺术借鉴能力有很大关系——我们不能过高地要求毛南族民间艺人应该具备相应的艺术理性和多民族艺术融合能力——但根源上应该与毛南族传统社会生活深受其他民族文化的影响、与毛南族民间艺人受其他民族文化元素，尤其壮、汉等民族文化元素的浸染之后，相应的文化观念与呈现方式失去了对本民族艺术特色的执着追求有很大关系。

再次是肥套的弱势不容易弥补。毛南族肥套有一个较为显著的特点，那就是从形式到内容在长时期内难以产生较大的变化。这既成为毛南族肥套的优点，也是最为明显的弱点。优点是这样的稳定性容易凸显这一仪式的特色，有利于强化其民族符号性。但如此过分地全方位地稳定，在某种程度上而言往往容易让人将其与停滞不前画上等号，尤其在其他地区、其他民族的艺术作品大量进入毛南山乡，毛南族传统艺术其他类型取得不均衡发展地位的情况下，这样的感觉在人们的头脑中变得更为强烈。实际上，民族传统艺术在当今时代发展力渐趋弱小，是一个较为普遍的现象，毛南族的传统艺术也难以例外，尤其毛南族传统艺术处于其他民族艺术和其他地区艺术的强力挤压下，相对而言发展力受到影响，更是一个值得关注和认真对待的课题。在这样的背景下，肥套的发展力趋弱，则不是令人惊讶的事。特别是当工业文明大量冲击毛南山乡，肥套的弱势就更为明显了。民间现场表演的某些传统艺术往往难以与现代影视艺术同台进行广泛而持久的竞争，这是当今民族民间艺术生存与发展中的一个普遍现象。当银幕、屏幕上各种现代艺术形式光芒四射的时候，毛南族肥套在许多人的眼里似乎又被还原为主旨单纯的祈子禳灾的传统宗教仪式。

最后是肥套的整体队伍有虚化的趋向。与毛南族肥套相关的队伍从广义上讲，主要由三方面人员构成：一是表演人员，二是理论研究人员，三是发掘保护人员（有时候理论研究人员与发掘保护人员身份同一）。当然，这样的划分也仅仅是一种粗略的归类。毋庸讳言，毛南族肥套的整体队伍从表面看来虽然尚具一定规模，但从队伍结构及队伍能量来看，虚化的趋势应该是较为明显的。毛南族肥套的表演队伍经过二三十年的恢复，虽然目前尚未达到 20 世纪 50 年代以前的阵容，但也算较为完整。这些人员目前几乎全部生活在毛南族社会的最基层，有较为深厚、扎实的生活基础。这样的生活经历既可以成为表演队伍的优势，但也很容易成为其劣势：这些人的文化程度普遍不高，而且绝大多数时候从事农业生产，肥套表演仅仅是其业余行当，因而往往缺乏艺术方面的自觉性和对高品位艺术境界的追求热情。而且在现代社会，完全屏除商业竞争的表演，从某一侧面来讲，往往缺乏相应的发展动力。针对毛南族传统艺术的研究，从 20 世纪末起，随着原有研究毛南族传统艺术的队伍的老化，后继研究队伍的建设未能及时跟进；再加上对研究领域的深度和广度拓展不够，一些原有的研究人员认为毛南族艺术可研究对象已经不多，遂逐渐散去，理论研究队伍弱化的趋势便逐渐明显，涉及肥套的研究更为少见。个别曾经从事毛南族肥套研究且有一定建树的学者，多在 80 岁高龄上下，身体状况欠佳，能够真正从事深度和广度研究工作的已为凤毛麟角，因而其总体研究队伍虚化程度极为严重，而且对肥套的研究基本上仍然处于发掘和整理层面。

二　肥套的保护

（一）保护的理念

肥套的产生和发展固然与其所处的整体生态有着密切的关系，但当某种仪式成型并产生一定影响以后，其发展本身具有相应的惯性，并且能够对其整体环境产生相应程度的间接能动作用，比如毛南族社会长期给予极大重视并延续至今的某些生态观念，就不能不说与毛南族肥套的影响有着间接甚至直接的关系，例如神人和融观念以及由此拓展升华而成的和融民族、和融社会与和融自然等观念。因此，在保护肥套的过程中，我们必须确立辩证的整体生态理念，而且要辩证地认识不断发展变化的生态系统与肥套之间的相互作用关系。

首先，整体生态系统是不断变化的，孕育和促进毛南族肥套发展的土壤的变化当属必然，因而我们寻求生态系统与毛南族肥套相互适应、相互促进的观念也应该与时俱进。保护特定仪式在一定程度上当然应该尽可能与保护其生存与发展的艺术土壤结合起来，但这样的保护不应该也不可能以采取静态的观念为指导。科学的理念应该是：探究整体生态系统中既适合特定仪式生存和发展，同时又符合人们整体生活需求、体现生态系统本身发展规律的主要元素，并注重二者之间的有机融合。我们既要科学地恢复那些有利于特定仪式生存与发展，同时又有利于人们时下与未来整体生活品质提高的整体生态系统中曾经具有的元素，更应该注重培育和发展那些有利于特定仪式科学发展的新型生态元素。毛南山乡曾经基本养人、但也对人们的心理构成压力的自然环境，以及浓厚的原始宗教氛围成为孕育和发展毛南族肥套的土壤成分，但发展后的、与毛南族新型社会生活相互促进的肥套应该能够在毛南山乡养人、宜人、娱人的自然环境与日渐优化的社会风尚等元素所构成的整体生态系统中获得生存与发展的机遇。当然，这样的整体生态系统与机遇一方面需要我们去探求，另一方面也需要我们去培育，这就需要我们摒除静态的生态观念。

其次，毛南族肥套在发展过程中会针对整体生态系统变化伴生出自我调节功能，即随着整体生态系统的变化而发展出相应的自我汰除功能和适应环境的功能。一般来讲，艺术形态及其元素受自然环境的影响往往较为间接而弱小，受社会环境的影响直接而强大，当特定仪式发展到一定程度以后，在与自然环境的关系方面，有可能逐渐弱化曾经过分依赖自然环境的自身特征，从而变得更为适应新的自然环境；在与社会环境的关系方面，则会更直接地融入文化生态系统，进而对社会文化系统的其他元素形成能动作用。民间的许多艺术形态的发展历程对此有充分的证明，毛南族肥套也会如此。当毛南山乡的自然环境险恶性浓重、人们的心理感受到沉重压力的时候，毛南族肥套表现得较为多见的是原始宗教期盼；当毛南山乡的某些地区逐渐诗意化以后，毛南族肥套中的恬静、淳美气息渐趋浓厚，而原始的恐怖色彩逐渐淡薄。这些特征我们可以从毛南族不同时期的肥套仪式对比，或者从肥套的某些残存迹象中探究出来。

再次，毛南族肥套具有相对独立于整体生态系统尤其自然生态的属性。随着人们对整体生态系统特点认识能力和概括能力的加强，以及人们艺术地反映整体生态系统特征的实践机会增多，某些艺术形态发展到一定程度以后，往往并不完全、直接、被动地依赖于整体生态系统，而会与生态系统尤其自然生态系统保持相应的距离，民间的许多艺术形态也是如此。毛南族肥套发展到今天，其中许多与整体生态系统尤其与自然生态系统相关的构件并不能与毛南山乡的整体生态系统的相关元素一一对应，有很多是民间艺人们带有艺术性的创造，是对毛南山乡整体生态系统元素的凝练。这表明毛南族肥套对其生存与发展环境而言，仍然具有相对鲜明的独立属性。

最后，毛南族肥套在传播和发展的过程中，对人们的整体生态观念及生态系统本身具有相应程度的再造作用。产生于民间、原本与自然环境关系密切的毛南族肥套，反过来对人们的整体生态观念和自然环境的影响往往是巨大的，尽管有时候这样的影响有可能是间接的或者是隐性的。这样的状况在自然环境恶劣、万物有灵观念根深蒂固的毛南山乡更为普遍。毛南族肥套的某些要素作用于人们的整体生态观念，然后再间接作用于自然环境，此类例证在毛南山乡以及毛南族肥套中较为多见。

毛南族肥套产生的年代较为久远，其孕育和发展的土壤也极为复杂。无论从其原始宗教的意识根源，或是以其呈现方式和所表达的宗教诉求，还是从其构成要件来看，毛南族肥套都是集精华与糟粕为一体。尽管毛南族肥套的某些组成部分具有较高的历史认识价值，但其糟粕性仍然不容低估。因此，在对毛南族肥套进行保护的时候，我们应该坚持明确区分精华与糟粕原则，树立"保护与倡导同重、留存与批判不悖"观念，这无论于毛南族肥套的保护与发展，还是于毛南族今后整体文化水平的提升，才可能有更正面的意义。

就民族民间目前的艺术生存与发展状况而言，被置于保护行列并为其实施保护措施的艺术或者艺术元素，往往面临着一定程度的生存或发展危机。对于这样的艺术或艺术元素，我们应该确定其属性、确定其在艺术领域以及在整体文化建设中的地位，并针对其属性及其艺术地位采取不同的保护理念。我们对于民族民间艺术或其元素，有的应该采取发展式保护态度，有的应该采取留存式保护态度。属于前者的，应该是那些具有精华属性，并在当前和未来的整体文化建设中能够发挥积极作用、不可或缺的艺术或者艺术元素；属于后者的，应该是那些具有糟粕属性，于当前及未来的整体文化建设具有负面影响，但对于认识该民族的历史以及文化心理具备资料价值，而且对于重塑民族文化心理具有参考价值的艺术或者艺术元素。否则，不加区分地采取等同划一的保护态度，于民族民间艺术的保护往往弊大于利。"保护与倡导同重"是我们在确定对于毛南族肥套中的精华元素必须坚持的理念。一般来讲，具有倡导价值的艺术或艺术元素，往往具有艺术精华属性，在目前以及未来的民族整体文化建设中能够发挥积极作用，有利于塑造民族健康、科学的文化心理。采取倡导式保护理念意味着突出其艺术精华属性，促使其在民族整体文化建设、塑造良好民族文化心理等过程中的积极作用得以充分发挥，用发展民族传统艺术及其优良元素的态度和方式，促进对民族传统艺术及其相关元素的保护。这应该是一种较为有效的保护理念与措施。肥套仪式中的许多元素，精华属性较为鲜明，对其采取倡导式保护理念是很有必要的，而且是较为紧迫的。当然，有保护价值的某些传统艺术并不一定具有艺术精华属性。许多具有糟粕属性的艺术及其元素具有相应的资料价值，对于全面、透彻地研究民族文化历史和民族文化心理具有不可或缺的作用，必须精心保护。但其糟粕属性对于民族整体文化的建设以及民族文化心理素养的提升有着极大的妨碍作用，这样的艺术或其元素不宜倡导，只宜保存起来留作借鉴。其渐趋衰弱本身往往已经体现出这样的艺术或者艺术元素在社会整体文化发展过程中的不适应性。毛南族肥套所蕴含的许多要素，即与当今毛南族社会已经形成的良好审美风尚及新型文化发展趋势相背离的元素，当然应该令其处于静态留存状况，而不宜不加选择地恢复或者强化其活力。否则就有可能犯观念性错误，甚至对毛南族的文化建设以及毛南族的整体形象产生恶劣的影响。

世世代代的毛南族师公借助于肥套这一宗教仪式虔诚地实践着他们的宗教期盼，尽管他们在宗教祈求和人生教化活动中所得报酬甚微甚至有可能没有报酬，但他们乐此不疲，因为他们秉持着强烈而坚韧的济世理念，普施着他们的善行。在当今针对毛南族肥套的保护过程中，这样的济世观念仍然值得奉行，毛南族肥套的教化功能应该强化而不是减弱。这是我们着力保护这一仪式的重要原因和主要出发点之一。只是这里所说的"济世"与毛南族师公通过宗教仪式娱神、祈神和酬神以使人们获得福佑、消弭灾难有着本质的不同。这里所说的"济世"，主要应该是指借助于毛南族肥套中的精华元素，为构建毛南族新型的文化体系、提高毛南族人民整体文化素养、丰富中华民族整体艺术库容作出贡献。这是"济"大境界之"世"，应该是旧时仅仅秉持着原始宗教济世观念的毛南族师公所难以企及的。这也是我们今天所必须坚持的信念。这就是我们在从事文化工作时所应该遵循的社会效益优先原则。不如此，我们为保护肥套所作的努力就是不值得的。

当今的社会在急剧变化，商品经济观念冲击着包括毛南山乡在内的社会每一个角落，毛南族民间艺人当然也不可能完全自外于这样的社会大潮。从毛南族肥套的生存现状和发展前景来看，单纯依靠淳朴的奉献精神去调动毛南族民间艺人们对毛南族肥套实施保护将越来越难以取得长期的良好效果。因此，针对毛南族肥套保护活动中的这方面观念必须更新。我们应该设法在保护活动中创造相应的经济效益，尽管目前这样的尝试成效极为有限，但我们有必要逐渐树立并强化这样的观念，尽可能增强毛南族肥套保护过程中的自身造血功能，从而使这一传统艺术的保护活动得以顺利和持久地开展。

（二）保护的措施

一是要健全科学的保护机制。民族民间传统艺术的衰弱与流失，固然有多种原因，但在现今条件下，则与相关的保护机制阙如或不健全有较大的关系，因为国家不断出台相关政策、措施，与此有联系的民间机构众多而且做出的努力也有目共睹。但这些政策措施及努力往往到了基层或者面对具体保护对象以后就被虚化，具体的保护方法很多时候呈现无序状态，保护的效果难以尽如人意，其根源多在于当地缺乏或者未能健全与这些政策、措施和努力相配套的机制。因此，要想使毛南族肥套的保护实效尽可能最大化，针对毛南族肥套的保护现状与发展前景适当地建章立制，不断地完善科学的保护机制是很有必要的。在针对毛南族肥套的保护工作健全科学的保护机制过程中，我们要建立并完善保护项目责任制，要建立并完善项目进展督察制，要确立并执行项目保护问责制。只有这样，我们的相关工作才有可能落到实处。

二是要运用现代传播理念与技术。对于毛南族肥套来说，无论是保护还是发展，都需要保持或强化其活力，亦即保持或扩大毛南族肥套在社会生活中的影响。而要扩大毛南族肥套的影响，除了注重采取优化其外部形式、提升其内在品质、强化其教化与娱乐功能等根本性措施以外，制定科学的宣传策略，加大宣传的力度，注重宣传效果，在目前以及可预见的将来，也是极为必要的。这就需要借助于现代传播理念与传播技术，以扩大毛南族肥套在国内乃至国际的知名度。这种既做足诗内功夫，又注重诗外功夫的内外兼修式保护方法，在民族民间传统艺术的保护中有着许多成功的范例。在毛南山乡这样曾经相对封闭、狭小、偏僻的地区，以及面对毛南族肥套这类在更为广阔的范围内社会知名度不是很高的民族民间综合仪式，现代传播理念与技术在扩大影响、增加对其保护效果等方面，作用应该更大，必要性也更为突出。而且在现代传媒功能强大、各个角落无所不至、信息量如波涛汹涌、人们的生活与传媒的联系日益密切的社会文化环境下，科学地借助于现代传播理念、运用现代传播技术于毛南族肥套的保护之中，往往更能够收到事半功倍甚至意想不到的效果。

三是要局部示范与全域保护并举。毛南族肥套的产生和发展曾经严重依赖于毛南山乡原始宗教文化氛围，原始宗教情感是这种文化氛围中的关键成分。如今毛南族肥套面临生存与发展危机，原因固然是多方面的，但最为根本的是毛南山乡的整体生态环境已经发生根本性变化，原始宗教氛围已经较为淡薄，由此导致的对于肥套仪式的需求有减弱的趋势。因此，如果试图在原有的自然环境和宗教氛围中从事对肥套的保护与发展工作，已经完全没有可能；只能在新的自然环境和文化氛围中展开相关的保护与发展工作。这就需要试验，并从试验中总结出经验和教训，以便使该项工作顺利而有成效地展开。新环境下的毛南族肥套的保护工作，可以选择一些容易开展的地区作为试点，取得成效后逐步向其他地区推广。与此同时，全面的基础性和某些急迫性保护工作也应该展开，以便为整体性的和高层次的保护创造条件。

四是要培养民间保护力量。由于毛南族肥套在民间流行的广泛性及其影响的深刻性，其保护力量主要蕴藏于民间。因此，在政府相关部门的指导与扶持下，激发民间保护热情，努力培养民间保护力量，尤其在毛南族社会基层培养保护力量，应该是较为切实有效的途径。在培养民间保护力量过程中，我们要注重整合民间艺术队伍，要提升民间艺术队伍的艺术品质，要尽可能多地为民间艺术队伍提供展示其艺术作品的舞台。

五是要培育相应文化产业。毛南族的商业意识较为浓厚，20世纪50年代以前，以毛南山乡下南的六圩为中心，周边有多个圩场，每年的交易额都相对巨大。毛南族人赶圩的热情非常高，每逢农历月六日（初六、十六、二十六），六圩的圩场上人山人海，摩肩接踵，其中有许多就是毛南族人。毛南族的传统风俗"赶祖先圩"就反映了毛南族商业意识的浓重而且来源久远。在当地以及周边地区，具有民族符号特征的毛南族民间艺术，有许多就被当作手工业品进入商业流通领域，比如毛南族的"顶卡花"、石雕作品、木雕作品和银、铁制品等，在20世纪50年代以前就已经远销外地，并获得了良好的声誉。近年来，在铜鼓制作和石品制作等项中，毛南山乡已经形成了初具规模的产业。因此，在培育和发展民族文化产业方面，毛南族在思想意识和商业运作方式上，都有着良好的基础和传统。而且利用民族传统艺术及其元素发展民族文化产业，并且将其与民族传统艺术的保护及发展密切联系起来，进而为保护和发展民族传统艺术服务，这在许多地区以及许多民族中已经取得了较为成功的范例。在毛南族肥套的保护与发展方面，我们完全可以引以为鉴，并将其经验及教训与毛南族符号产品的具体情况结合起来，力求做得更好。

参 考 文 献

一 专著

［1］梁杓、吴瑜等：《思恩县志》，民国二十二年九月成书（铅印）。

［2］广西省民族事务委员会：《环江毛难人情况调查》，1953 年 12 月编印。

［3］（汉）班固：《汉书》，中华书局 1962 年版。

［4］［法］丹纳：《艺术哲学》（*Philosophie De L'art*），傅雷译，人民文学出版社 1963 年版。

［5］（元）脱脱：《宋史》，中华书局 1977 年版。

［6］（宋）范成大著、齐治平校补：《桂海虞衡志校补》，广西民族出版社 1984 年版。

［7］广西壮族自治区编辑组：《广西仫佬族毛难族社会历史调查》，广西民族出版社 1987 年版。

［8］袁凤辰、苏维光等编：《毛南族、京族民间故事选》，上海文艺出版社 1987 年版。

［9］袁凤辰等编：《毛南族民歌选》，广西民族出版社 1987 年版。

［10］蒙国荣、谭贻生：《毛南山乡》，广西人民出版社 1987 年版。

［11］覃永绵等编：《毛南族研究文选》，广西民族出版社 1987 年版。

［12］［法］列维·斯特劳斯：《野性的思维》，李幼蒸译，商务印书馆 1987 年版。

［13］莫家仁：《毛南族》，民族出版社 1988 年版。

［14］蒙国荣、谭贻生等：《毛南族风俗志》，中央民族学院出版社 1988 年版。

［15］广西师范学院民族民间文学研究所编：《回、彝、水、仫佬、毛南、京六族故事选》，广西人民出版社 1988 年版。

［16］（清）谢启昆：《广西通志》，广西人民出版社 1988 年版。

［17］［法］列维·斯特劳斯：《结构人类学》，陆晓禾等译，文化艺术出版社 1989 年版。

［18］吴永章：《中国南方民族文化源流史》，广西教育出版社 1991 年版。

［19］林惠祥：《文化人类学》，商务印书馆 1991 年版。

［20］张有隽：《广西通志·民俗志》，广西人民出版社1992年版。

［21］蒙国荣、王弋丁等：《毛南族文学史》，广西人民出版社1992年版。

［22］李路阳、吴浩：《广西傩文化探幽》，广西人民出版社1993年版。

［23］《中国各民族宗教与神话大词典》编审委员会：《中国各民族宗教与神话大词典》，学苑出版社1993年版。

［24］卢敏飞：《毛南山乡风情录》，四川民族出版社1994年版。

［25］韦秋桐、谭亚洲：《毛南族神话研究》，广西人民出版社1994年版。

［26］张声震等：《壮族通史》，民族出版社1997年版。

［27］杨权等：《侗、水、毛南、仫佬、黎族文化志》，上海人民出版社1998年版。

［28］黄泽：《神圣的解构：民族文化研究的多维审视》，广西教育出版社1998年版。

［29］钟文典：《广西通史》，广西人民出版社1999年版。

［30］蒙国荣、谭亚洲：《毛南族民歌》，广西民族出版社1999年版。

［31］过伟：《中国女神》，广西教育出版社2000年版。

［32］鲁枢元：《生态文艺学》，陕西人民教育出版社2000年版。

［33］［法］莫里斯·哈布瓦赫：《论集体记忆》（*On collective memory*），毕然、郭金华译，上海人民出版社2002年版。

［34］环江毛南族自治县地方志编纂委员会：《环江毛南族自治县志》，广西人民出版社2002年版。

［35］袁鼎生：《审美生态学》，中国大百科全书出版社2002年版。

［36］蒋志雨：《走出大山看世界：毛南族》，云南人民出版社2003年版。

［37］央吉等：《中国京族毛南族人口研究》，中国人口出版社2003年版。

［38］黄秉生、袁鼎生：《民族生态审美学》，民族出版社2004年版。

［39］袁鼎生：《生态视阈中的比较美学》，人民出版社2005年版。

［40］陈嘉映：《无法还原的象》，华夏出版社2005年版。

［41］韩德明：《与神共舞——毛南族傩文化考察札记》，广西人民出版社2006年版。

［42］袁鼎生：《生态艺术哲学》，商务印书馆2007年版。

［43］汪森、黄振中等：《粤西丛载校注》，广西民族出版社2007年版。

［44］谭恩广：《毛南族医药》，广西民族出版社2007年版。

［45］王兆乾、吕光群：《中国傩文化》，汕头大学出版社2007年版。

［46］陈跃红、徐新建等：《中国傩文化》，中央编译出版社2008年版。

［47］蒋向明编：《环江毛南族自治县概况》，民族出版社2008年版。

［48］《毛南族简史》修订本编写组：《毛南族简史》，民族出版社2008年版。

［49］段炳昌：《民间生活与习俗》，云南民族出版社2008年版。

［50］黄泽：《非物质文化遗产视野下的民俗艺术与宗教艺术》，海南出版社2008

年版。

［51］袁鼎生：《超循环生态方法论》，科学出版社 2010 年版。

［52］蒙元耀：《壮汉语同源词研究》，民族出版社 2010 年版。

［53］蒙元耀：《生生不息的传承：孝与壮族行孝歌之研究》，民族出版社 2010 年版。

［54］［英］詹姆斯·乔治·弗雷泽：《金枝》，赵阳译，陕西师范大学出版社 2010 年版。

［55］黄秉生：《壮族文化生态美》，广西师范大学出版社 2011 年版。

［56］张泽忠等：《侗族古俗文化的生态存在论研究》，广西师范大学出版社 2011 年版。

［57］（宋）周去非：《岭外代答》，广西民族大学图书馆排印馆藏本。

二　论文

［1］［美］威廉·鲁克尔曼：《文学与生态学：一次生态批评实验》，《衣阿华评论》1978 年冬季号。

［2］姚正康：《血泪交织的悲歌——试论毛难族的〈枫蛾歌〉》，《民族文学研究》1984 年第 2 期。

［3］过伟：《毛南族民歌初探》，载袁凤辰等编《毛南族民歌选》，广西民族出版社 1987 年版。

［4］蒙国荣：《毛南族“条套”的风格与源流》，载覃永绵编《毛南族研究文选》，广西民族出版社 1987 年版。

［5］覃永绵：《毛南族原始社会残余及其影响论述》，载覃永绵编《毛南族研究文选》，广西民族出版社 1987 年版。

［6］谭亚洲：《毛南族民歌的形式与风格》，载覃永绵编《毛南族研究文选》，广西民族出版社 1987 年版。

［7］谭亚洲：《抛砖引玉引起的争议——兼答邓如金同志》，载覃永绵编《毛南族研究文选》，广西民族出版社 1987 年版。

［8］黄泽：《南方稻作民族的农耕祭祀链及其演化》，《思想战线》2001 年第 1 期。

［9］段炳昌：《简论民族审美文化交流融合的一般性原理》，《思想战线》2002 年第 1 期。

［10］黄泽：《人类学艺术研究的历程与特质》，《广西民族大学学报》（哲学社会科学版）2006 年第 4 期。

［11］何明：《学术范式的转换与艺术人类学的学科建构》，《学术月刊》2006 年第 12 期。

［12］吴兰：《毛南族传统宗教仪式“求花还愿”透视》，《广西民族大学学报》（哲学社会科学版）2006 年第 6 期。

［13］何明：《从实践出发：开启艺术人类学研究的新视阈》，《文史哲》2007 年第 3 期。

［14］蒙国荣：《毛南族傩文化概述》，《河池学院学报》2008 年第 6 期。

［15］巫瑞书：《越楚同俗探讨》，载广西民族大学文学院主编《百越论丛》第一辑，广西人民出版社 2008 年版。

［16］孟凡云：《论明代广西毛南族谭姓"轻"组织的性质》，《中南民族大学学报》（人文社会科学版）2009 年第 5 期。

［17］何明：《从团体多元主义的角度重新理解中国的民族和民族关系》，《学术探索》2009 年第 6 期。

［18］黄小明、胡晶莹：《毛南族还愿仪式舞蹈"条套"的动作特征与文化内涵》，《艺术百家》2009 年第 5 期。

［19］刘琼秀：《在发展中保护——浅论少数民族感恩文化的传承——以毛南族傩文化为例》，《今日南国》2010 年第 4 期。

［20］赖程程：《论毛南族舞蹈语汇的美学特征及艺术精神》，《歌海》2010 年第 6 期。

［21］彭家威、吕屏：《毛南族肥套仪式中的造型艺术及其文化功能阐释》，《装饰》2010 年第 10 期。

［22］何明：《迈向艺术建构经验的艺术人类学》，《思想战线》2011 年第 4 期。

后　记

本书稿是在笔者的博士论文基础上略加修改后成型的。论文预答辩及正式答辩时，云南大学中国少数民族艺术专业的导师们以及其他相关专家对论文提出了许多宝贵意见。感谢各位老师为此付出的心血。

要特别感谢我的导师袁鼎生教授。先生敦厚的学人品格，深广的学识积累，敏锐的学术视觉，缜密的学术思维，不懈的学术追求，谨严的治学态度，自拜识先生以来，笔者一直深为仰慕。能够师从先生于修身之道、治学之艺，伴先生左右聆听教诲，系笔者莫大的幸事。笔者的博士论文在构思和写作中得到先生的悉心指导：在选题的时候，先生帮笔者再三斟酌，指明方向；在拟定提纲的时候，先生指导笔者反复琢磨，三易其稿；拿出初稿以后，大规模的修改达五次之多。本书稿在付梓前仍然得到先生的悉心指教，并承蒙先生为本书作序。在此，请先生接受笔者深深的敬意和谢意！

广西民族大学黄秉生教授、周建新教授、秦红增教授、黄晓娟教授、龚丽娟博士给笔者提出过极为宝贵的指导意见；毛南族学者吴兰老师，以及笔者的硕士研究生曾艳、宋丽丽为本书稿的完成付出了极多的艰辛，在此，对他们一并表示感谢！还应该感谢毛南山乡的厚土高天和诚挚朴实的毛南族朋友。

广西民族大学为本书的出版提供经费，中国社会科学出版社的有关编辑为本书的出版做了大量的编校工作，在此一并表示诚挚的谢意。由于笔者学识浅陋，书中恐有谬误之处，欢迎方家不吝指正。

吕瑞荣谨记

二〇一三年初秋于邕城寓所